维京人征服英格兰 · 唐代吐蕃简史 · 莫卧儿皇位之争

WAR STORY/ MOOK 042

指文烽火工作室 著

U0103755

台海出版社

图书在版编目（CIP）数据

战争事典.042，维京人征服英格兰·唐代吐蕃简史
·莫卧儿皇位之争 / 指文烽火工作室著 . -- 北京：台
海出版社，2018.4
　　ISBN 978-7-5168-1797-1

　　Ⅰ．①战… Ⅱ．①指… Ⅲ．①战争史－史料－世界
Ⅳ．① E19

中国版本图书馆 CIP 数据核字 (2018) 第 052576 号

战争事典 . 042，维京人征服英格兰·唐代吐蕃简史·莫卧儿皇位之争

著　　者：指文烽火工作室

责任编辑：俞滟荣　　　　　　　　策划制作：指文文化
视觉设计：胡小琴　　　　　　　　责任印制：蔡　旭

出版发行：台海出版社
地　　址：北京市东城区景山东街 20 号　　邮政编码：100009
电　　话：010 － 64041652（发行，邮购）
传　　真：010 － 84045799（总编室）
网　　址：www.taimeng.org.cn/thcbs/default.htm
E － mail：thcbs@126.com

经　　销：全国各地新华书店
印　　刷：重庆共创印务有限公司
本书如有破损、缺页、装订错误，请与本社联系调换

开　　本：787mm × 1092mm　　　　　1/16
字　　数：202 千　　　　　　　　　印　　张：13
版　　次：2020 年 1 月第 2 版　　　印　　次：2020 年 1 月第 1 次印刷
书　　号：ISBN 978-7-5168-1797-1

定　　价：79.80 元

目 录
CONTENTS

前 言
———— PREFACE ————

千年前在不列颠群岛上，盎格鲁－撒克逊人和维京人之间曾发生过持续两百余年的争斗。从盎格鲁－撒克逊人的迁徙定居、盎格鲁－撒克逊诸国之间的争斗，到维京人的由来，再到两次维京人入侵，尽在《奥丁与基督之战——维京人的英格兰征服史》一文。

《南亚次大陆的命运转折点——莫卧儿皇位继承战争》一文要讲述的，是莫卧儿帝国的第5位皇帝沙贾汗统治晚期在他的4个儿子之间爆发的皇位争夺战。一母同胞、性格各异的四兄弟为了不同的立场而结盟、厮杀、背叛、欺骗。

曾经使唐王朝蒙受大非川战败、安西四镇尽失的耻辱，曾经和东西强国共同逐鹿中亚的吐蕃，其历史发展轨迹究竟如何？《雪域猛虎的怒吼——唐代吐蕃王朝简史》一文将为您讲述吐蕃的发迹、松赞干布的改革和噶氏家族的经营，以及此后的强盛和衰落。

天嘉年间，北朝由于周、齐两国世仇，不断相互攻杀，给陈朝留下了休养生息、巩固统治的良好机会。偏巧此时发生江州豪强叛乱，陈朝相继投入数支主力，最终剿灭豫章熊昙朗、临川周迪、东阳留异、晋安陈宝这四股地方叛乱势力。《太建北伐预演——南陈平定江州豪强叛乱》就回顾了这一系列规模不大、烈度不高又旷日持久的战事。

指文烽火工作室

2018年3月

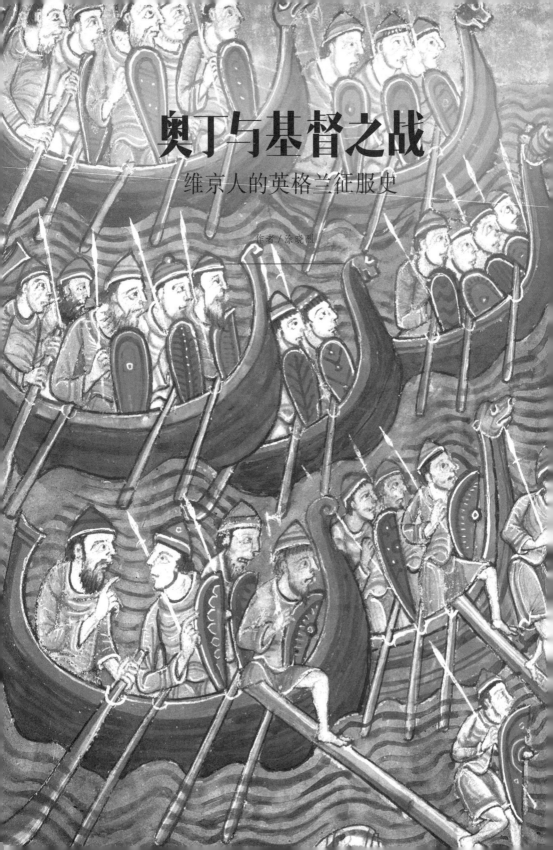

奥丁与基督之战

维京人的英格兰征服史

作者 / 涂晓烈

在英国早期的历史上，发生过一场另类的"百年战争"，交战双方是盎格鲁-撒克逊人和维京人。这两个民族是从哪里来的？为什么他们之间会进行一场持续两百余年的残酷战争？最后的赢家又是谁？本文将带你走进千年前的不列颠群岛，探寻这场战争背后的故事。

迁徙之潮：盎格鲁-撒克逊国家的建立

在叙述盎格鲁-撒克逊人和维京人的战争之前，我们先来了解一下前者的历史渊源。

公元前55年，恺撒从高卢出发，踏上了不列颠的土地，拉开了罗马人对这个偏远岛屿进行统治的序幕。公元43年，罗马皇帝克劳狄乌斯派遣军团出征不列颠。罗马军人沿着恺撒的航路渡过英吉利海峡，征服了不列颠岛的大片土地，并在此建立行省。虽然经历了公元60—61年布狄卡女王发起的声势浩大的叛乱，但罗马在不列颠的统治还是逐渐稳固，士兵人数也随之增加。在巅峰时期，大约有4万—5.5万名军团士兵驻扎在这里，占到了罗马军队总人数的十分之一。克劳狄乌斯死后，即位的图密善对不列颠的兴趣不大，撤回了很多部队，但这并不能使罗马军团停下扩张的步伐。公元83年，当图密善正怒发冲冠地在皇宫中搜捕皇后的奸夫时，第二奥古斯塔（II Augusta）、第九西班牙（IX Hispana）、第二十瓦莱里亚·胜利者（XX Valeria）和第二辅助（II Adiutrix）军团这4个军团在行省总督格奈乌斯·朱利乌斯·阿格里科拉（Gnaeus Julius Agricola）的率领下，拔营北上，寻找不列颠最后的抵抗力量。在格拉皮乌斯山（Mons Graupius），罗马军团击败了聚集在那里的凯尔特联军，1万余名部落战士横尸疆场，而罗马人的伤亡仅为360人。经过此战，不列颠的反抗力量基本瓦解，整个岛屿成为罗马人的囊中之物。然而，命运女神和罗马人开了个大大的玩笑。就在格拉皮乌斯山战役后不久，日耳曼部落对罗马帝国的莱茵前线发动了猛烈的攻击，牵制了罗马人的精力和兵力，让他们无力消化在不列颠北部取得的战果。军团在凯尔特人无休止的骚扰下，被迫放弃了北方的一系列领土和堡垒，逐渐后撤。到了五贤帝时期，罗马人在不列颠修建了两条长城，即著名的安敦尼长城和哈德良长城。前者在2世纪末被废弃，后者则在很长一段时间里成了文明世界和蛮族领土的分界线。

在罗马的统治下，哈德良长城以南的不列颠享受了近400年的和平与繁荣。拉丁式的城镇被建立起来，大庄园如雨后春笋般涌现，商品经济和国内外贸易十分发达，宽阔耐用的罗马大道贯通南北，军团则在边境地区驻守，赶走一切觊觎这里的外敌。在这样的盛世下，罗马人和当地土著逐渐融合，形成了罗马－不列颠民族。不过好景不长，公元4世纪末期，罗马帝国逐渐走向崩溃和衰亡，作为帝国海外行省的不列颠也没能逃脱这个命运。奴隶贸易的萎缩让大农场无以为继，货币的贬值则让商品经济失去了存在的根基，城市也因为各种原因日趋衰落。最重要的变化是罗马军团的撤离，他们或跟随指挥官争夺帝位，或因为别处战事被调走，让不列颠成了不设防的地区。罗马－不列颠人惊恐地发现，没有了军团的支撑，保护了他们上百年的边境线已经不能提供足够的屏障：在北边，凯尔特人的旁支皮克特人大举南下，频繁劫掠富饶的南部地区；在西边，苏格兰人从爱尔兰岛渡海而来，占据了大片土地并定居下来；在东边，撒克逊人（Saxons）海盗则蠢蠢欲动，他们勾结在罗马军队中服役的表亲们，时刻准备里应外合洗劫不列颠的沿海城市。

在上述入侵的野蛮人中，来自高原的皮克特人是罗马－不列颠人的最大威胁。罗马人在统治不列颠时发现，一些来自北方的蛮族喜欢用靛蓝色的颜料在身上画出各种花纹，因而称呼他们为皮克特人，意思是"在身上涂抹颜料的人"。从语言学上来看，皮克特人的语言与不列颠凯尔特

▲ 不列颠总督阿格里科拉的塑像，他将罗马人的疆域扩展到了极北之地

人和高卢人的语言相去较远，而与古爱尔兰语较为相近。一些历史学家据此提出，皮克特人可能是来自爱尔兰的移民，或者他们在迁徙的过程中在爱尔兰停留了较长时间，受到了古代爱尔兰居民的影响，就像来自北欧的伦巴第人在迁徙至潘诺尼亚后变成游牧民族那样，来自别处的皮克特人也可能在爱尔兰改变了语言和习俗。皮克特人聚居区的分布进一步证实了上述观点，他们的据点密集地分布在奥克尼群岛和苏格兰沿海地区，而在内陆地区则少之又少，这证明了他们的祖先确是渡海而来。

与其他蛮族相比，皮克特人有着令人惊讶的向心力。他们称自己的祖先名叫克鲁特尼（Cruithne），是从西徐亚来到不列颠北部的，并统治了这里100年。在他死后，他把土地分给了7个儿子，于是形成了7个皮克特王国。这一传说本身就体现了皮克特人的统一观念，他们并不认为各个部落是分散独立的，而是认为所有皮克特人都应该有一个共同的首领。在现实中，的确有7个主要的皮克特部落，它们分别有一位国王和一位副王，后者通常是前者的继承人。在这7个王之上还有两位至高王，其中南方至高王统治法夫以南的4个部落，北方至高王统治法夫以北的3个部落。有的时候还会出现一位至高王统领所有7个部落的情况。史学家估计，在遇到战事时，至高王能在很短的时间内召集起3000名部族士兵，在极端情况下甚至可以动员起超过1万人的大部队，而同时期的萨利克法兰克人依靠3000—5000名士兵就横扫了高卢全境，足见皮克特军队规模之大。

皮克特人的优势不仅仅存在于数量上，他们本身还是勇猛的战士。在皮克特诸部落中，男孩从小就开始接受军事训练，学会使用剑、矛、斧等各种常见武器。当这些年轻人长大后，一些贵族会来邀请他们加入自己的团队，一起出去烧杀抢掠。在这样一支队伍里，出身高贵的人会骑马驾车作战，出身卑微或家境贫寒的人则充当步兵。皮克特人并不善于使用弓箭，主要的投射武器是标枪。此外他们还从罗马人那里学到了弩的制作以及使用，一定程度上弥补了远程火力的不足。除了常规的步兵、骑兵和车兵之外，皮克特人还会饲养大型战犬，这些凶猛的狗不仅能担任警戒和追踪的任务，还能在战场上给敌人造成一定的混乱，很多关于战斗的诗歌和壁画中都有它们的身影。

皮克特人虽然勇猛，却也有着致命的弱点。首先，皮克特人的盾牌多为方形或圆形的小型手牌。这种盾牌轻便结实，在格斗中既可以用来格挡对手的武器，也可以作为一件钝器来击打对手没有防护的身体部位，是攻守兼备的利器。然而，这种盾牌的面积太小，对身体的遮蔽很差。当几件武器同时袭来时，皮克特人不能像罗马士兵那样缩到盾牌后面保护自己，只能选择后退或者躲闪来避免伤害，而这样的行为在人员密集的大规模战场上是很难做到的。第二，皮克特人虽然使用长矛，但是它的长度很短，只有1.7—2米，种类也很单一。这使得他们既不能像马其顿人那样组成密不透风的长矛方阵，又不能像日耳曼人那样使用2.5米长的双手大戟在近战中大杀四方，只能把长矛作为一件辅助近战武器，和剑配合使用，因此不能发挥它作为长兵器的优势。第三，皮克特人严重缺乏盔甲。在战斗中，皮克特人多袒胸露乳，一方面是因为他们的确悍不畏死，且希望用身上可怕的刺青威吓敌人，一方面也说明他们没有多少防护器具。事实上，只有国王和他身边的少数亲兵能拥有一身残破的铠甲或皮甲，铁质头盔更是少之又少。这样的缺点在攻城战中尤为致命，守军可以从容不迫地用弓箭、石块、滚木和标枪等各种手段杀伤缺乏防护的皮克特士兵，后者却因缺少合适的远程武器，对躲在墙后的守军无可奈何。综合以上三点因素我们可以看出，皮克特人并不善于正面作战，他们的武器装备让他们更适合进行偷袭和劫掠作战，而不是野战与攻坚。

在外敌频繁入侵的同时，罗马－不列颠人内部也矛盾重重。罗马人撤离后，留下了巨大的政治真空，众多拉丁化的罗马－不列颠贵族为了争权夺利，发动了一次又一次的内战，社会各阶层之间的关系也趋于崩溃，民众时常推翻国王，选举新的领袖，贵族也压榨人民，不顾天灾人祸加重赋税。作为精神领袖的原始基督教会对此无能为力，此时的他们还不具备日后教廷强大的经济实力和组织力，还只能依附于某些皈依基督的王公，在世俗权威的阴影下提心吊胆地度日，更别提出面调停不列颠人的内部纷争了。

在罗马－不列颠人社会中，城镇生活依然占据较为重要的位置。一些罗马时代建立的城镇衰落了，但另一些则在强势贵族的领导下展现出繁荣的景象。在圣奥尔本等城市中，新的罗马式水管和装饰有马赛克图案的大厅被建造出来，甚至还出现了地下供暖体系和私人浴室，这说明罗马－不列颠统治阶层的生活依旧保持着很高的水平。一些铁器时代先民建立的山顶要塞也被重新利用起来，成了新的中心城镇。20世纪60年代，考古工作者们在卡德伯里以南的旷野里发掘清理出一座5世纪时期的大山寨，它耸立在一座500英尺高的山头上，俯瞰整个萨默塞特平原。这座山寨共有5层土制城墙，它们从低到高依次排布，每道墙的顶上可能还有过木栅栏，现在已经腐朽，只剩下一些桩子。在山寨的顶端有一块面积达18英亩的平地，这是罗马－不列颠人生产和生活的场所，他们的耕地和房屋都在这里。平地的中心部位有一座大厅，可能是领主自己的居所。这种半堡垒式的定居点可以有效抵御皮克特人的骚扰，所以在5世纪的不列颠非常多见。

城镇的繁荣使得商业活动能够顺利开展，罗马－不列颠人不仅有着国内贸易，还与很多海外民族有着商贸往来。不列颠主要的出口物有两种：第一种是高品质的锡，不列颠的锡纯度很高，所以很受欢迎，甚至远销东欧和亚洲，以至于拜占庭的文献中直接将锡称为"不列颠金属"；第二种大宗商品是盐，古罗马帝国时期，德罗伊特维奇附近的盐井就被开采出来，和海盐相比，这里的盐含有的杂质少，所以很受帝国上层人士欢迎。罗马帝国退出不列颠后，当地贵族接管了这些盐井，他们将开采出来的盐从陆路运到伦丁尼姆（即今天的伦敦）等港口城市，再远销海外，盐的开采地和港口之间的路则被命名为"盐路"。除此之外，不列颠还出口奴隶、猎犬等一系列商品。不列颠主要的进口商品是葡萄酒和油，以及日耳曼尼亚地区出产的高品质武器。据估计，每年有多达100艘来自地中海的船只来到不列颠的南部港口，可见贸易的繁忙。

根据上述信息，一些西方史学家推断此时的罗马－不列颠统治者和军事精英阶层保持了一种特殊的"半封建关系"：领主册封封臣，封臣对领主宣誓效忠，但是维持二者关系的并不是土地，而是来自海外的奢侈品。领主会定期将农民上缴的实物税和海外进口的奢侈品分给部下，并定期设宴款待他们，以此来获得他们的忠诚。这样，罗马－不列颠的统治者们既可以拥有一批封臣，又不至于损失宝贵的土地，可谓两全其美。可是实际上，这种半封建关系是极为脆弱的，因为它在很大程度上依赖着海外贸易的畅通。一旦商路被切断，领主得不到足够的奢侈品，部下就会生出二心，即便此时领主愿意将土地分封下去，没有管理经验的封臣们也不一定愿意接受。这个危险一直潜伏在罗马－不列颠社会中，并在5世纪后半叶成了现实。

公元 449 年，一位被称为沃提根（Vortigern）①的不列颠王正在烦恼：皮克特人屡屡南下，劫掠他和他盟友的领土；长城附近的不列颠小王国非但没有制止这种行为，反而一起参与了抢劫；西方，他的劲敌、罗马遗民领袖奥利安努斯（Aurelianus）正在扩张势力，时刻威胁着他的统治地位。面对咄咄逼人的敌人们，沃提根缺乏有效的应对手段，那么该怎么办呢？他想了一个自以为是妙计的解决方案，就是雇佣大陆上的日耳曼蛮族，让他们来为他作战！沃提根为自己的"智慧"欣喜不已，立刻派人渡海去邀请蛮族首领，殊不知他已经亲手打开了潘多拉的魔盒。

沃提根的使者没有空手而归，盎格鲁人（Angles）和朱特人（Jutes）的首领亨吉斯特（Hengist）和霍萨（Horsa）两兄弟响应了他的号召，带着 3 条船的战士来到了不列颠。他们受到了沃提根的热烈欢迎，双方马上达成了协议，盎格鲁人作为宫廷近卫住进了沃提根的宫殿，时刻保卫他的安全。不久后，一支强大的皮克特军队南下，进入沃提根领土的北端烧杀掠抢。沃提根立刻集结不列颠军队，和盎格鲁人一起前去迎战皮克特人。亨吉斯特和霍萨率领麾下的亲兵奋勇作战，不列颠人甚至还没来得及出手，盎格鲁人就已经击溃了皮克特人，赢得了战争的胜利。欣喜若狂的沃提根在宫廷中设宴款待亨吉斯特和霍萨，将很多北部的土地赏赐给他们，让他们成为阻挡皮克特人南下的屏障。亨吉斯特接受了这一封赏，但同时也提出了一个条件：他要送信给还在大陆的同胞，让他们也渡海而来，为沃提根效力。沃提根同意了这一请求。

在发往大陆的信中，亨吉斯特撕下了伪装的面具，他赤裸裸地告诉故乡的日耳曼同胞，不列颠土地肥沃、物产丰富，但是这里的人非常怯懦，所以只要有足够的援军，他们就能赶走这里的不列颠人，自己占据这片沃土！收到亨吉斯特信件的日耳曼人大受鼓舞，除了他的同族外，撒克逊人也参与到了这一冒险活动中去。他们派出了 18 艘满载着最优秀战士的船前往不列颠，还带上了亨吉斯特美丽的女儿罗威娜（Rowena）。看到这么多新来的移民，沃提根有些担忧，他害怕日耳曼

---

① 需要指出的是，沃提根可能不是他的名字，而是一个头衔，这个词在不列颠凯尔特语中的意思是"至高王（High King）"，所以这位沃提根王很可能是不列颠南部诸国的共主。

人的实力过强，会不受他控制。然而，这一切不满在他看到罗威娜后都烟消云散了——他爱上了美丽的罗威娜。在一次宴席上，喝醉了的沃提根向亨吉斯特提出，他想娶罗威娜为妻。亨吉斯特爽快地同意了，不过他同时又向沃提根大倒苦水，说自己在北方的统治十分不稳固，四面八方都是敌人，治下的人民又心向奥利安努斯，不愿意服从自己的指挥。他请求沃提根把他和他的族人安置到南部沿海的肯特，称只有这样才能让他们安居乐业。沃提根被美色晃了眼睛，失去了判断力，再一次同意了亨吉斯特的请求。

▲ 18世纪画家威廉·汉密尔顿的画作《沃提根与罗威娜》

亨吉斯特和霍萨带着族人来到了肯特。这里位于泰晤士河的河口，土地肥沃，利于种植庄稼，更重要的是，它距离大陆很近，是最佳的登陆地点。亨吉斯特再一次呼唤援军，这一次300条船的大部队跨海而来，加入了他的麾下。羽翼丰满的亨吉斯特不再臣服于沃提根，公然叛变，开始屠杀不列颠人。猝不及防的沃提根遭受了惨重的失败，他在坎特伯雷的王宫也很快陷落。不过，盎格鲁－撒克逊人的残酷行径激起了民众的反抗情绪，他们纷纷拿起武器走上战场，连沃提根的老对手奥利安努斯也加入了抗击入侵的阵营。455年，在埃耶尔斯雷普的战斗中，日耳曼人经过艰难的战斗获得了胜利，但首领之一霍萨战死沙场，普通士兵更是死伤惨重。受到重创的亨吉斯特又耍起了鬼点子，他声称要和不列颠人和谈，邀请后者的首领来和他谈判，商讨具体事宜，并规定双方都不携带武器，以确保人身安全。信以为真的沃提根和奥利安努斯带着300名不列颠贵族空手赴会，却不知亨吉斯特让部下偷偷把短刀藏在了鞋子里。等到宴会进行了一半的时候，撒克逊人突然发难，杀死了所有赴会的不列颠人，不列颠贵族之花在此凋谢。

阴谋得逞后，亨吉斯特率领盎格鲁－撒克逊人乘胜追击，群龙无首的不列颠人一败涂地，彻底退出了肯特，像躲避野火一样躲避撒克逊人，而亨吉斯特自己则在这片土地上称王，建立了肯特王国。看到亨吉斯特获得了成功，其他盎格鲁－撒克逊人也依法炮制，纷纷乘船来到不列颠，占山为王。对于不列颠人来说，覆灭似乎近在眼前了。领主们失去了肯特地区的港口，他们虽然依旧控制着盐和锡等大宗出口商品，却不能用它们换来足够的海外奢侈品以维持手下的忠诚，东南部肥沃的土地也落入侵略者之手，政治经济体系渐渐崩溃。于是，一些不列颠人渡海逃亡到布列塔尼，留在故土的幸存者们则在屠刀之下战战兢兢地生存着，提心吊胆地等待着不可避免的末日。

盎格鲁－撒克逊人之所以能取得这么多胜利，很大程度上是因为他们的军制较为优秀。与皮克特人和罗马－不列颠人相比，盎格鲁－撒克逊人的军队规模要小一些，但他们的组织要紧密得多。盎格鲁－撒克逊军队中最精锐的是首领的个人卫队——"Hearthweru"，意为"壁炉边的守卫"。卫队成员叫哥赛斯（Gesiths），意为"伙伴"。从称呼中可以看出，这些人和首领的关系十分密切，和他同吃同住形同兄弟，他们的武器装备也全部来自领主的赏赐和战斗的缴获。哥赛斯和领主之间有紧密的人身依附关系，所以他们不会像罗马－不列颠人的军事精英阶层那样轻易背叛主君。他们在战斗中甚至会分出几个人只持盾牌不拿武器，专门保护主君的侧翼和后方，丝毫不顾及自身的安危，其忠诚度之高可见一斑。另一方面，"炉边守卫"带有很强的常备军性质，所以盎格鲁－撒克逊人面对战争时，不需要像皮克特人那样花费时间召集部队，而是随时准备作战。盎格鲁－撒克逊军队中的普通士兵则来自刻尔（Ceorl）阶层，这些人都是自由民和小土地所有者，对土地的渴望促使他们团结在领主和"炉边守卫"的大旗下，向不列颠人发动一次又一次的攻击，战斗意志远强于半农民半奴隶的底层不列颠人。

盎格鲁－撒克逊人最主要的武器是矛和盾牌。和皮克特人的短矛小盾不同，盎格鲁－撒克逊人使用的是长矛大盾，非常适合集团作战。当面对不列颠人骑兵的冲击时，他们会组成紧密的方阵，遏止对方的冲锋。剑在盎格鲁－撒克逊社会中属于奢侈品，只提供给贵族和他的哥赛斯使用。就算是在最富裕的肯特地区，也只有22%的墓葬中有剑陪葬，而在贫穷的北方这个比例下降到了3%。远程武器上，盎格鲁－撒克逊人的选择比皮克特人还要贫乏，后者至少还有弩弓可以使用，前者除了少量的投矛之外，几乎没有任何远程打击手段。盎格鲁－撒克逊人还极度缺乏甲胄，只在几个王公的墓葬中发现了少量的链甲和头盔，而且它们制作精美，更像是仪式用品而非战场上的防具。可能普通士兵所能依靠的唯一防具，就是手

▲ 收藏于大英博物馆的一柄铁质"Seax"，"Seax"也是撒克逊人（Saxon）这一名称的来源

中的盾牌了。总体上来说，盎格鲁－撒克逊人的装备是比较单一而简陋的，这是他们的主要弱点。不过，他们的蛮勇很大程度上弥补了装备的不足，缴获自罗马－不列颠人的武器也可以弥补一些装备上的弱点，所以在征服战争初期，他们的弱点还没有表现出来。

在盎格鲁－撒克逊人的冲击之下，几乎所有罗马－不列颠人都陷入了绝望。然而，上帝其实并未抛弃这个苦难的民族。在亨吉斯特屠杀不列颠贵族之时，老奥利安努斯的两个儿子因为过于年幼而没有参加宴会，捡回一命，他们的名字是安布罗修斯·奥利安努斯（Ambrosius Aurelianus）和尤瑟·潘德拉贡（Uther Pendragon）！

作为传说中亚瑟王的叔叔和生父，安布罗修斯和尤瑟的身世是部分可考的。生活在5、6世纪之交的不列颠僧侣吉尔达斯在其著作《不列颠的毁灭》（*De Excidio et Conquestu Britanniae*）中记载了很多关于安布罗修斯的事迹，而尤瑟的名字则在古威尔士诗歌中被多次提及。诚然，关于亚瑟王的故事大多为虚构，然而考古发掘的结果证明，的确有一位强有力的罗马－不列颠人领袖在5世纪末击败了撒克逊人，让后者的侵略暂停了接近半个世纪之久，这位领袖与安布罗修斯和尤瑟的关系十分密切。为了行文的流畅，我们就暂且将这位无名的罗马－不列颠人领袖称为亚瑟，叙述他的事迹。

吉尔达斯声称，安布罗修斯的家族十分尊贵，他的祖先曾经身穿紫袍，而穿着紫袍是罗马皇族的特权，所以很多史学家据此推断，安布罗修斯可能出自某位罗马皇帝的远支。有人认为这位皇帝就是著名的鲁奇乌斯·多米提乌斯·奥勒里安努斯（Lucius Domitius Aurelianus），也就是我们常说的"世界光复者"奥勒良

▲ 印有奥勒良皇帝头像的钱币

（Aurelian）皇帝。他结束了罗马帝国的3世纪危机，灭掉了高卢帝国和帕尔米拉王国，重新统一了罗马。在征讨高卢的过程中，他的旁支很可能进入了不列颠，并在这里生根发芽。另一些史学家则认为，安布罗修斯和尤瑟的祖先不是皇族，而是一个生活在4世纪、地位同样崇高的名叫圣安布罗修斯的米兰大主教。他的家族在不列颠很有影响力，是当地的豪族。

不管哪种假说为真，我们可以肯定的是，安布罗修斯和尤瑟的确出生在一个非常高贵的家庭中。他们的父亲老奥利安努斯被亨吉斯特杀害后，兄弟二人并未因仇恨失去理智，而是向西逃去，积蓄力量准备反攻。安布罗修斯逃回了他父亲的大本营巴斯（Bath），这座城市坐落在今天的萨姆赛特郡的埃文河（River Avon）河谷中，因为温泉和罗马浴场得名。在盎格鲁－撒克逊人入侵的浪潮中，巴斯由于位置偏西，受到的影响较小，所以很多东部的难民纷至沓来，反而增加了此处的人口。到达巴斯后，安布罗修斯立刻安顿难民，并在这些人中选拔士兵，用罗马军队的方式训练他们，他再从中挑选勇武过人者组成自己的卫队，称之为"combrogi"，意思是"国人同伴们"。这支卫队是一支规模不大但骁勇善战的骑兵，他们和晚期罗马帝国的骑兵十分相近，装备有长枪、斯帕沙长剑（spatha）、鳞甲和骑兵盔等。

有学者指出，这支骑兵部队很可能受到了萨尔玛提亚人的影响，甚至它的部分成员就是萨尔玛提亚人的后裔。这种说法并非空穴来风，早在马可·奥勒留（Marcus Aurelius）统治的年代，就有约8000名萨尔玛提亚人加入罗马军团，其中有至少5500人来到了不列颠戍边。4世纪时，这支部队的规模大大缩水，但仍有500名萨尔玛提亚骑兵驻守在今天的兰开斯特（Lancaster）附近，并一直持续到了西罗马帝国灭亡。萨尔玛提亚人的某些习俗也和亚瑟传说非常接近，比如，希腊历史学家阿米亚诺斯·马塞里努斯（Ammianus Marcelinus）记载过萨尔玛提亚人的一种特殊祭祀仪式，他们将剑拔出鞘，插在一堆隆起的泥土里，再宰杀牛羊供奉给剑，这与石中剑的传说简直不谋而合。除此之外，萨尔玛提亚人在战斗中使用的龙旗（Draco）也和亚瑟传说中的龙极为相似，圆桌骑士也与草原武士有很多共同点，所以亚瑟王时代的精英骑兵们确有可能受到了萨尔玛提亚人的影响。

尤瑟没有和安布罗修斯一起前往巴斯，他继续向西，往今天的康沃尔地区进发。他的目的地是一座海边的要塞——廷塔杰尔（Tintagel）。这座堡垒坐落在康沃尔北部的一个小半岛上，该半岛与大陆仅有一条险要的陆桥相连，是易守难攻之地，又有港口可以停靠船只，所以该地既是军事堡垒，也是康沃尔地区的财富和贸易中心。关于尤瑟在这里的活动，蒙茅斯的杰弗里（Geoffrey of Monmouth）在其著作《不列颠诸王史》（*History of the Kings of Britain*）中叙述了这样一个故事：在一次宴会上，尤瑟看上了廷塔杰尔统治者康沃尔公爵的夫人伊格赖因（Igraine），他恳求魔法师梅林帮忙，梅林就把他变成了公爵的样子，趁着公爵外出的机会，他大摇大摆地走进了城堡，和伊格赖因相会，并让她怀孕，这个孩子就是日后的亚瑟王。这个传说当然与真实情况相距甚远，但是我们可以从中瞥见历史真相的一角。尤瑟到了康沃尔后，很有可能依靠自身的勇武成了军事精英阶层的一员，当老统治者战死或者因病去世后，他迎娶了守寡的遗孀，顺利成了廷塔杰尔的主人。不久之后，他的儿子亚瑟，也在这座海滨城堡里悄然降生了。

当安布罗修斯和尤瑟培植自己的势力时，盎格鲁-撒克逊人对不列颠的侵攻并没有停止。473年，亨吉斯特和霍萨的儿子埃什继续攻打不列颠人，将战线进一步向内陆推进。而在南部沿海，新的撒克逊入侵者驾船到来。477年，一位名叫埃拉（Aelle）的撒克逊首领和他的3个儿子——基门、乌伦金、奇萨一起来到不列颠，在今天的苏塞克斯（Sussex）郡沿海登陆，并用大儿子的名字将登陆点命名为基门索拉，意思是"基门的海滩"。他们一上岸就开始驱逐不列颠人，占据了他们的土地，建立了苏塞克斯王国。

488年时，年迈的亨吉斯特去世了，这位诡计多端而又残忍好杀的开国君主没有留下子嗣，王位落到了埃什头上。在亨吉斯特死后，苏塞克斯的埃拉接过了统帅的大旗，发动了对不列颠人的新一轮攻势。他先是带领军队包围了安德雷兹切斯特，该地有罗马人建立的堡垒，是不列颠人在东南部最后的据点。经过长期的围攻，埃拉终于在491年攻克了这个据点，并屠杀了其中所有的不列颠人，没有留下一个幸存者。解除了后顾之忧的埃拉在493年集结起一支大军向西进发，兵锋直指不列颠人的抵抗中心——巴斯。此时，安布罗修斯和尤瑟都已去世，已经成年的亚瑟从父辈手中继承了王位，并把两个独立的王国联合了起来。他是一位虔信基督的君主，不仅在自己的盾牌上绘制了代表基督的希腊字母，还将圣母玛利亚的画像缝在了披风上。埃拉进军之时，亚瑟似乎并不在巴斯附近，可能是在北方与皮克特人作战。得到敌人来犯的消息后，他立刻结束了手头的战事，往南方回军。由于埃文河有好几个浅滩可以渡过，亚瑟不确定埃拉会从哪里渡河，于是他集结了自己的部队，在其中一个浅滩把守，静候撒克逊人的到来。

不幸的是，埃拉没有从亚瑟设伏的浅滩渡河，他甚至都不知道不列颠人的主力已经回军，所以直扑巴斯而去，无意间将亚瑟甩在了身后。亚瑟得知了撒克逊大军的前进方向后立刻拔营追赶，可惜还是迟了一步，撒克逊大军已经从容不迫地渡过了埃文河，对巴斯发起了猛攻。在战斗中，罗马人建造的石制城墙经受住了血与火的考验，撒克逊人奋战了两昼夜，城墙依旧被不列颠人牢牢地掌握在手中，如铁壁般岿然不动。到了第三天，亚瑟王带领着骑兵出现在地平线上。看到不列颠人的骑兵出现，埃拉知道自己不能轻易撤退，因为撒克逊士兵此时已经有些慌乱，自己若是转身逃跑，必然会导致全军瞬间溃散。他收拢起部队，缓缓退到一座名为巴顿山（Badon Hill）的小山丘上，据险固守。

亚瑟王不想放跑这批入侵者，他集了城内和城外的军队，对撒克逊人发动了猛烈的攻击。亚瑟走在军阵的最前方，风吹动他手中擎着的龙旗，猎猎作响。在他的身旁，是全副武装的罗马–不列颠骑兵，他们的鳞甲在太阳的照射下闪耀着夺目的光泽。低沉的号音响起，骑手们身下的马匹缓缓加速，他们像罗马祖先那样排成整齐的队形，逐渐靠近撒克逊蛮族的军阵。当对手进入标枪的射程时，不列颠骑兵奋力投出手中的标枪，再拔出腰间的斯帕沙长剑，高呼着基督和玛利亚的圣名，舍生忘死地全速冲向敌人。罗马军团在不列颠的最后一缕残魂，绽放在这片大地上！

在不列颠骑兵猛烈的冲锋下，撒克逊人终于坚持不住，在傍晚时溃败了。他们丢弃了武器和盾牌，争先恐后地向东方逃去，将毫无防备的后背暴露给追杀的不列颠人。埃拉本人幸运地捡回了一条命，他跑回了苏塞克斯的大本营，在那里又当了 21 年的国王，终其一生不敢再领兵西进。一些逃脱了屠杀的盎格鲁－撒克逊人向自己的亲友讲述了悲惨的遭遇，使得很多人心生畏惧，纷纷坐船驶离了不列颠，回到了大海对岸的故乡。这一场大战的影响甚至超出了西欧，连远在拜占庭的普罗柯比都在《战记》中写下了一则相关的记录。他说身处不列颠的日耳曼人死后，其魂魄被放入船中，顺着海浪漂流到了弗里西亚的沿海。这显然是在讲述巴顿山战役的死者遗体被送回大陆故土这一历史事件。

巴顿山之役给不列颠人带来了一段难得的和平，然而好景不长，在亚瑟王去世后，不列颠人内部再次爆发了纷争，内斗严重消耗了他们本就不雄厚的实力。与此同时，不甘放弃的盎格鲁－撒克逊人又有了新的进展。547 年，盎

▲ 基督教英雄挂毯上的亚瑟王，标志性的三个王冠

格鲁人伊达（Ida）在北方的班堡（Bamburgh）登陆，他在那里建立城堡，并创建了伯尼西亚（Bernicia）王国，从北方威胁不列颠人。终于，在两面夹击之下，不列颠人逃离了祖祖辈辈生活的土地，躲进了威尔士和斯特拉斯克莱德（Strathclyde）的崇山峻岭之中。盎格鲁－撒克逊人成了不列颠的主人。

七国之争：维京入侵前的盎格鲁－撒克逊诸国

从前文的叙述中我们可以看出，盎格鲁－撒克逊人在英格兰地区的拓殖运动，最开始是以小股移民的方式进行的。跟随传说中的亨吉斯特和霍萨来到不列颠的人，不仅有战士，还有老弱妇孺和工匠。随着移民人数的增加，盎格鲁－撒克逊

人内部也产生了一个松散的军事同盟，但是这个同盟在巴顿山之役后冰消瓦解，各部落又陷入各自为战的境地。要不是不列颠人发生内乱，盎格鲁－撒克逊人的征服进程可能会被推迟近百年，甚至形成高卢那样的日耳曼移民和拉丁裔土著和平融合的局面。

5—6世纪，盎格鲁人、撒克逊人和朱特人建立了一个又一个小国，这些小国经过长时间的内战和兼并，逐渐形成了7个主要的国家，分别是盎格鲁人建立的东盎格利亚（East Anglia）、麦西亚（Mercia）和诺森伯里亚（Northumbria），撒克逊人建立的埃塞克斯（Essex）、苏塞克斯（Suseex）和威塞克斯（Wessex），以及朱特人建立的肯特（Kent）。在这些国家中，最强有力的国王被尊为"Bretwalda"，意为"不列颠的统治者"。第一位霸主就是前文提到过的苏塞克斯王埃拉，他也是"不列颠统治者"这一头衔的创始人。

埃拉在巴顿山战败后，新的霸主很长时间都没有出现，直到556年威塞克斯王查乌林（Ceawlin，也译作卡伊琳或凯奥林）继承了这一头衔。他指挥盎格鲁－撒克逊联军在今威尔特郡的巴伯里（Badbury，Wiltshire）同不列颠人作战，该地距离巴斯不远，有一个自铁器时代留存下来的山顶堡垒，所以很可能是亚瑟王的后继者拥有的一个外围堡垒。史籍中并未叙述此战的结果，双方的损失可能都很惨重。568年，查乌林又转过头来和肯特王国作战，杀死了肯特人的两名郡长（ealdorman），取得了胜利。577年，查乌林赢得了对不列颠人的决定性胜利，他在一个名叫迪勒姆的地方大败不列颠军队，杀死了三名王公——康梅尔（Coinmail）、康迪丹（Condidan）和法林梅尔（Farinmail）；随后攻占了格洛斯特（Gloucester）、塞伦赛斯特（Cirencester）和不列颠人的抵抗中心巴斯这3座城市。不过，这场辉煌的胜

▲ 盎格鲁－撒克逊诸部落在不列颠的分布

利之后，武运就离开了查乌林。584年，在牛津东北一个叫费森利（Fethan Leag）的地方，查乌林最信任的副手卡萨在与不列颠人的战斗中阵亡。查乌林悲伤之余，蹂躏了当地的村庄，却无法攻破不列颠人的山寨，无奈下只好返回本土。592年，在威尔特郡的一个被称为"沃登古冢"的新石器时代大墓附近，查乌林的军队被不列颠人杀戮殆尽，他自己逃回了威塞克斯，于第二年去世了。

第三位"不列颠统治者"是肯特的埃塞尔伯特（Aethelberht），据说他是亨吉斯特的直系后代，出生于560年，从6世纪80年代末开始统治肯特，他在查乌林死后接过了"不列颠统治者"的头衔。埃塞尔伯特还在当王子的时候，就迎娶了法兰克王查理伯特一世（Charibert I）的女儿伯莎（Bertha），这让他得到了一个来自大陆的强有力盟友。在统治期间，他南征北战，把影响力一直扩展到了亨伯河，还颁布了整个日耳曼世界最早的成文法典《埃塞尔伯特法典》。不过，他最为人瞩目的事迹不是战功也不是法典，而是皈依基督教。

公元596年，被誉为"上帝执政官"的伟大教皇格里高利一世（Pope Gregory I，也称为大格里高利或大额我略）派遣奥古斯丁（Augustine）出使不列颠，他的任务是让信仰异教的盎格鲁－撒克逊人改信基督教。597年，奥古斯丁带领40余名僧侣和一些法兰克翻译到达肯特东北部的萨尼特岛（Thanet），并在那里觐见了埃塞尔伯特国王。生性谨慎的埃塞尔伯特害怕这些来自罗马的僧侣有什么特别的妖术，所以不愿意待在房间里，而是带着护卫在空旷的野外接见他们。奥古斯丁用言语感化了埃塞尔伯特，后者邀请他们去自己的王都坎特伯雷

▲ 伟大的圣人、教皇格里高利一世，他为中世纪罗马教廷的辉煌奠定了基础

居住，并建立修道院。这个修道院就是后世著名的坎特伯雷大教堂的前身。

事实上，埃塞尔伯特接纳基督教并不是单纯的宗教行为，其背后有许多政治、经济因素的考量。首先，来自法兰克宫廷的伯莎王后是罗马正教的虔信者，她嫁到肯特时不仅带去了丰厚的嫁妆，还将几个牧师也带了过去，足见其对基督教的热衷。在王后的潜移默化之下，埃塞尔伯特显然对基督教并不陌生，他想要得到法兰克人更多的支持也必须要讨好王后，所以埃塞尔伯特对罗马教廷的善意也就不难理解了。甚至有人推测，在奥古斯丁来到英吉利之前，埃塞尔伯特已经完成了洗礼，只不过是秘密进行的，只在编年史的记录中留下了蛛丝马迹。第二，埃塞尔伯特需要借改宗一事来宣扬自己高于盎格鲁－撒克逊诸国君主的超然地位，他可能事先向罗马教廷透露了自己想要改信基督的愿望。雄才大略的格里高利教皇在向盎格鲁－撒克逊人传教一事上表现出了异常的热情，从他的书信中可以看出，他多次催促奥古斯丁前往英吉利传教。对于使团中一些积极性不高的普通教士，格里高利向他们保证，奥古斯丁"所做的任何事情都会使你们的灵魂得享恩惠"。他还要求法兰克诸教会给使团提供尽可能大的排场，仿佛奥古斯丁并不是前往一个蛮荒的未知之地进行危险的传教，而是去完成一个结果早已确定的轻松使命一样。如果埃塞尔伯特和格里高利早有协议的话，这些反常之处就都变得可以理解了：埃塞尔伯特需要基督教会赋予他新的权柄，格里高利需要为上帝再添新的子民。二人的需求相吻合，达成一个秘密协议也并非不可能。

不过，尽管埃塞尔伯特费尽心机，基督教却并未给他的王国带来长久的昌盛。

616 年埃塞尔伯特去世后，即位的埃德博尔德（Eadbald）在基督教和异教之间摇摆不定，他的这一行为使得国内发生了激烈的动乱，肯特王国的霸权也随之丧失。

埃塞尔伯特死后，有两位强大的国王具有竞争"不列颠统治者"头衔的能力，一位是东盎格利亚王雷德沃尔德（Raedwald），一位是诺森伯里亚王埃

▲ 现在的坎特伯雷大教堂（Canterbury Cathedral）

塞尔弗里斯（Aethelfrith）。这两位国王之间本身就有矛盾，埃塞尔弗里斯即位成为诺森伯里亚国王后，流放了王后的兄弟爱德文（Edwin），后者几经辗转，最后来到雷德沃尔德的宫廷里避难。埃塞尔弗里斯知道这一情况后，几次三番对雷德沃尔德威逼利诱，声称只要后者交出爱德文他就会支付一大笔钱，否则就要派兵攻打东盎格利亚。雷德沃尔德对埃塞尔弗里斯蛮横的态度十分生气，他本身就是一个富有的君主，麾下又有很多军队，所以既不屑于接受贿赂，也不怕武力的威胁。况且，如果他答应交出爱德文，那么就自己破坏了曾经立下的誓言，这在盎格鲁 - 撒克逊社会中是很严重的失德行为。不过，由于东盎格利亚南边有强大的肯特王国，肯特人和诺森伯里亚向来交好，雷德沃尔德担心自己若贸然兴兵，可能会被两面夹击，所以只好先与埃塞尔弗里斯虚与委蛇，等待时机。

616 年埃塞尔伯特去世后，肯特陷入内乱，无暇北顾——机会来了！雷德沃尔德立刻集结起一支大军，和爱德文的支持者一起，向诺森伯里亚进军，他要用剑和长矛把埃塞尔弗里斯从王座上拉下来。得知雷德沃尔德领兵前来，埃塞尔弗里斯没有时间集结起全部军队，但他认为自己的士兵常年征战，比东盎格利亚人更加勇猛，所以带上亲兵和仓促征召起的部分军队，开到了艾德河的东岸，迎战雷德沃尔德和爱德文的联军。雷德沃尔德将军队分成了 3 个部分，他自己、他的儿子里根希尔和爱德文各领一军。埃塞尔弗里斯则将军队排布成一个较为松散的阵形，他认为这样能最大程度上发挥士兵个人能力的优势。战斗开始后，埃塞尔弗里斯将里根希尔误看成了爱德文，被仇恨蒙蔽了双眼的他向着里根希尔的部

▲ 埃塞尔伯特死后的盎格鲁-撒克逊诸国

队全力进攻，诺森伯里亚人撕开了东盎格利亚人的军阵，杀死了里根希尔。目睹爱子阵亡，雷德沃尔德悲痛欲绝，却没有失去冷静。他指挥剩下的两支部队合围了诺森伯里亚人。一阵激烈的战斗后，埃塞尔弗里斯战死沙场，他的卫队几乎全部殉难。这场胜利在将爱德文送上诺森伯里亚王座的同时，也让雷德沃尔德成了第四名"不列颠统治者"，他也是最后一位信仰异教的霸主。

雷德沃尔德接下来的统治乏善可陈，他在 624 年去世，东盎格利亚的霸权随之衰落。不过，雷德沃尔德给后人留下了一份丰厚的遗产——他的墓葬。1939 年，英国的考古学家在一个名为萨顿胡（Sutton Hoo）的小镇附近发掘出了一座巨大而豪华的墓葬，墓的主体是一条保存十分完好的海船，它由粗大的橡木制成，长 26 米，最宽处有 4.4 米，深 1.5 米，连接处由铁制铆钉固定。在船体的中央有一间墓室，墓主人的尸体早已腐朽，但他的随葬品保存完好，包括一个带有覆面的精美头盔、一副链甲、许多武器、表面雕有华美纹饰的金属钱包、做工精细的棋盘和棋子、银酒杯和银餐具等等。依据钱币的铸造时间和铭文，考古学家确定，这里埋葬的就是 7 世纪的雄主雷德沃尔德。在主墓的周边还有许多从墓，这些小墓的主人多为健壮的男性，并有长矛、剑、盾牌和战马等物随葬，他们生前很可能是雷德沃尔德的卫队，死后也要护卫在君主的身边。这种豪华的异教风格墓葬被英国学者称为"亲王墓"（Princely Burials），雷德沃尔德的墓葬是亲王墓中最大的，同时也是最后一个。在它之后，基督教简朴的丧葬礼仪流行开来，亲王墓也就此消失。

雷德沃尔德的死标志着英格兰异教时代的结束，也标志着一个开始：诺森伯里亚的时代来临了。在他之后，第 5、6、7 三位"不列颠统治者"都是诺森伯里亚的君主，他们分别是爱德文、奥斯瓦尔德（Oswald）和奥斯维（Oswiu）。在半个多世纪的时间里，诺森伯里亚雄霸北方，成了盎格鲁－撒克逊历史上第一个能够稳定持有霸权的国家。不过，诺森伯里亚取得霸权的过程并不轻松，在取得了霸权之后也时常受到挑战，其中一个很重要的原因是，诺森伯里亚是由德伊勒（Deira）和伯尼西亚（Bernicia）两个王国合并而成的，两个国家的王族都有实力问鼎诺森伯里亚的王位，二者之间的斗争几乎从未停歇。

前文已经提到了爱德文取得王位的过程，他出自德伊勒王族，伯尼西亚王族的支持者对他非常反感，阳奉阴违，导致诺森伯里亚内部危机重重。为了巩固自

▲ 出土于萨顿胡的头盔（左为修复过的，右为复制品），是整个盎格鲁–撒克逊时代最具代表性的工艺品，一般认为它的原主人是雷德沃尔德王

已的权威，爱德文采取了和埃塞尔伯特相同的方法——改信基督教。在爱德文统治的早期，诺森伯里亚与爱尔兰北部的乌尔斯特地区的达尔里阿达（Dál Araide）王国之间，为了争夺曼恩岛（Isle of Man）爆发了一系列战争，直到达尔里阿达国内发生政变，战争才告一段落。625 年，腾出手来的爱德文立刻开始准备改宗事宜，他先是向他政治上的盟友肯特国王埃德博尔德提亲，信仰异教的后者正为自己的基督徒妹妹埃塞尔伯格（Aethelburg）的未来发愁，接到爱德文的来信，他十分高兴，立刻同意了这门亲事，并让坎特伯雷的波莱纳斯（Paulinus）主教陪新娘一起前往诺森伯里亚，实际上是将二人打发走。得到这二人的帮助，爱德文紧锣密鼓地开展改宗的准备工作，但是此时，诺森伯里亚国内的异教势力和反爱德文势力联合了起来，力量空前强大，爱德文的改革面临极大阻力。

626 年的复活节那天，爱德文正带着自己的王后和亲卫在特伦特河（River Trent）畔的一个皇家庄园里休憩。此时，王后已经怀胎十月，随时可能临盆，因此所有人的心思都在即将诞生的小王子或者小公主身上。正当爱德文守在王后床前为自己孩子的平安祈祷时，一个卫兵走了进来，告诉他有一个名叫尤莫的人在门外求见。这个尤莫说自己的主人让他把一个重要的口信带给国王，却死活都不说自己的主人是谁。爱德文感觉非常奇怪，他想不起有哪位贵族有一个叫尤莫的下人，也许他是一个密探？带着种种疑惑，爱德文接见了这位尤莫。尤莫果然带来了一条重要的消息，他说国内有叛徒正在准备谋反。爱德文听后大惊失色，赶紧屏退了大部分卫兵，只留下最忠诚的几个守在身旁，并让尤莫赶紧说出叛徒是谁。尤莫神神秘秘地走上前去，当国王和卫兵们都以为他会说出几个名字时，他突然掀起外衣，拔出一柄短刀，刺向爱德文王！事起突然，爱德文来不及拔剑，刀尖就已经到了他的面前。在这紧急关头，一位名叫利拉的亲兵扑了过来，用身体挡住了刺向国王的利刃。刺客的力量非常大，刀刺穿了利拉的身体，让这位忠诚的卫士当场毙命，还伤到了他身后的爱德文。这时，如梦初醒的卫兵们才纷纷拿起武器砍向尤莫，这位武艺高超的刺客又杀死了一个名叫福瑟尔的卫兵后，才被乱剑砍死。

经历了这场刺杀后，惊魂未定的爱德文王立刻意识到了其中的机会，他召集了包括波莱纳斯主教在内的多位近臣，商讨如何应对此次暗杀事件。之后，他对外宣称，这次刺杀的主谋是威塞克斯的国王奎切尔姆（Cwichelm）。乍一看，这个结论简直荒谬至极：远在英格兰最西南角的奎切尔姆，为什么要派一个刺客千里迢迢地跑到英格兰最东北的诺森伯里亚，去刺杀与自己无冤无仇的爱德文？将这一结论用中国的历史做类比的话，就是位于云南的南蛮首领孟获突然脑子抽风

▲ 爱德文王像

派遣刺客去幽州暗杀公孙瓒①，显然这是不合常理的。不过，这样的宣传手段正是爱德文的高明之处。他当然知道，这次暗杀是国内反对派精心策划的，但是仅仅一个刺客并不能提供足以扳倒他们的证据和条件，如果贸然宣布真相，诺森伯里亚很可能会陷入内战。这种情况下，将矛头指向威塞克斯，实在可以称得上是一步妙棋。首先，此时的威塞克斯较为弱小，爱德文可以借刺客之名讨伐他们，增加自己的战功和名望；第二，这样做可以麻痹国内的反对者，让他们误以为自己懦弱，不敢妄动；第三，也是最重要的，一旦进入战争状态，作为最高统帅的国王便拥有了无限的权力，他可以编造各种理由，随意处置那些潜伏在暗处的敌人。为了达到这些目的，爱德文进行了一系列精心的伪装，甚至上文提到的他被刺伤一事，也有可能是虚假的宣传，因为刺客使用了涂满毒药的短刀，这种刀不太可能刺穿利拉后还能伤及后面的爱德文。可能是爱德文发现刀刃上的毒药后故意放出的假消息，好让他的敌人们以为自己命不久矣。准备妥当后，爱德文集结起一支大军，向威塞克斯开去。

正所谓"人在家中坐，祸从天上来"，威塞克斯国王奎切尔姆得知爱德文竟然将刺杀一事的黑锅扣在了自己的头上，还要因此来攻打威塞克斯，震惊异常。他一开始还希望北方的麦西亚和贺威西（Hwicce）能够帮助抵挡爱德文的步伐，可惜这两个国家都畏惧爱德文的兵锋，不敢有丝毫反抗。绝望的奎切尔姆慌忙组织了一支联军去迎战诺森伯里亚大军，结果毫无悬念地战败了，联军中 5 个小国王都战死沙场，奎切尔姆为了挽救自己的性命，立刻向爱德文称臣纳贡。击败奎切尔姆后，爱德文又"或杀死或活捉了他认为企图暗算他的人"，大获全胜地回到了诺森伯里亚。现在，没人能阻止他改信基督教了。

当爱德文向自己的重臣正式传达改宗一事的时候，最先出来表示赞同的是一个出人预料的人物——沃登大神的祭司长科伊弗（Coifi）。也许是被爱德文之前清除异己的雷霆手段给吓坏了，这位本该是基督教最坚定反对者的祭司长一开口

---

① 公孙瓒和孟获生卒年相差很大，且后者的真实性还有待考量，此处举了这么一个关公战秦琼的例子，只是借助大家耳熟能详的《三国演义》，让读者对英格兰历史有更直观的认识。

就痛骂起自己前半辈子所信奉的宗教，说它"既无效能又无益处"。不过他对此的解释不像是违心之辞，更像是发自内心的抱怨。他说：

▲ 不列颠的原始宗教德伊教的圣者，他们在基督教传播后逐渐消亡

> 在您的臣民中没有人能比我更热心地崇拜我们的神祇了，但是尽管这样，许多人却能从您那里得到比我更多的好处和更高的职务。他们无论做什么事，都比我成功；无论想得到什么，都比我容易。如果这些神有什么本事，他们一定宁可帮助我，因为我比任何人都更热情周到地供奉他们。因此，只要您经过仔细考虑，认为新近向我们宣传的这些东西（指基督教）更好、更有力量，我们就应该毫不犹豫地加以接受。

说完了这一席亵渎神灵的话后，祭司长不顾年事已高，向国王讨要了一匹公马、一套盔甲和很多武器，在众人惊骇不已的眼神中，他穿好盔甲，挎上长剑，扛起标枪，颤颤巍巍地爬上了马背，一骑绝尘而去。周围的民众都以为他发了疯，因为按照诺森伯里亚的习俗，祭司不能穿盔甲，骑马也只能骑母马。老祭司一意孤行地赶到异教神庙边，把手中的标枪向神庙大门投掷过去，做完了这个标志与旧神决裂的动作后，他还命人把这间神庙烧成白地，这才满意地向爱德文复命。

在祭司长的带领下，改宗活动成功地推行开来。在遇刺事件发生整整1年后，爱德文王带着他的儿女和国内的所有权贵，一起在约克接受了洗礼。英格兰的北方霸主诺森伯里亚王国正式皈依了基督教。

作为新的"不列颠统治者"，爱德文致力于推动基督教的传播。他不仅在国内要求人民改信基督，还写信给各国国王，劝说他们抛弃过去的信仰，投入基督的怀抱。然而，爱德文的传教行为引起了一个强大的异教徒国王的不满，他就是麦西亚的彭达（Penda）。

彭达出生年月不详，他早年主要活动在塞文河（River Severn）中下游地区，有人据此推测他可能是贺威西王国的一个小王公，对麦西亚和所谓的"高地盎格鲁人"王位也有继承权。628年，彭达收到了关于爱德文劝告大家改信基督教的消息，这位好战的国王对"软弱"的基督教嗤之以鼻，在他的心里，男人需要的就只有鲜血和战争。那么，先挑选谁作为对手呢？彭达环顾四周，最后将视线落在了西南方：决定了，第一个对手就是你，威塞克斯的奎切尔姆！

对于奎切尔姆来说，"祸不单行"是他此时遭遇的最好形容词。在一年前，他刚刚被爱德文以莫名其妙的理由暴打了一顿，盟友死了，军队没了，还要和爱德文签订城下之盟，耻辱至极。还没等他恢复元气，彭达又气势汹汹地率军南下，不讲道理地占据了塞伦赛斯特，在他的伤口上撒了把盐。奎切尔姆只好一边哀叹命运的不公，一边收拢部队北上抗敌，然后再次被打得落花流水，割地称臣。签订了协议之后，双方都班师回朝，只不过彭达是兴高采烈，奎切尔姆是生无可恋。对于同时向两位国王称臣一事，奎切尔姆似乎毫无心理负担，可能在他看来，爱德文想要向他问罪的话必须穿过彭达控制的区域，这样两位国王必然会先打一仗，鉴于爱德文现在忙于传教，多半没有功夫来管自己这个手下败将；而不向彭达称臣的话，自己的脑袋估计会当场搬家。他没有想到的是，两位国王的对决很快就到来了，而且这场战争是相对弱小的彭达挑起的。

彭达发起战争的底气来自他的表亲——圭内斯（Gwynedd）的国王卡德瓦龙（Cadwallon ap Cadfan）。圭内斯王国是罗马 – 不列颠人的后裔在迁徙至威尔士后建立的国家，它的领土包括安格尔西岛（Isle of Anglesey）和岛对岸的一些沿海区域，是威尔士地区最强大的王国之一。卡德瓦龙虽然信仰基督教，

▲ 威尔士诸王国疆域图，最北边的就是圭内斯

但是和他的表亲彭达一样，他热爱战争与杀戮。他和彭达合兵一处，挑战爱德文王。在唐卡斯特（Doncaster）附近的哈特菲尔德（Hatfield），两军进行了决战，诺森伯里亚军寡不敌众惨遭失败，爱德文王战死，他的两个儿子也一同阵亡。这一年是公元 633 年。

爱德文死后，其遗孀埃塞尔伯格带着幼子、公主和长孙逃亡大陆，群龙无首的诺森伯里亚迅速陷入了分裂。爱德文的堂兄弟奥斯里克（Osric）继承了德伊勒的王位，伯尼西亚的王位则由先王埃塞尔弗里斯的儿子伊恩弗里斯（Eanfrith）继承。此时，彭达已经回到了麦西亚，卡德瓦龙依旧在诺森伯里亚作威作福。然而接下来发生的事情，充分诠释了"波谲云诡"这个成语。634 年夏天，矢志复仇的奥斯里克率领军队把卡德瓦龙围困在今天约克郡埃伯拉坎（Eboracum）的罗马遗迹中，眼看着就可以光复国土，为爱德文王报仇了；然而，卡德瓦龙在某天突然率领军队冲出了城堡，不仅摧毁了围城的德伊勒军队，还杀死了奥斯里克。接下来的一年里，卡德瓦龙带领圭内斯军烧杀抢掠，蹂躏了德伊勒全境，当他要进入伯尼西亚的时候，伯尼西亚王伊恩弗里斯没有选择和他交战，而是带了区区 12 名护卫就深入卡德瓦龙的军营，要和后者谈判。谈判的内容和过程不为人所知，但是结果却是相当明确：卡德瓦龙处死了伊恩弗里斯。就在大家都认为卡德瓦龙已经大获全胜，将把诺森伯里亚人全部赶进大海之时，伊恩弗里斯的兄弟奥斯瓦尔德不知从哪里聚集起一支军队，趁着夜色袭击了圭内斯军的营地，斩杀了卡德瓦龙，成了最后的赢家。

这一串事件背后，必然有着无数阴谋和背叛，可惜我们没有足够的文献材料来揭示它的全貌，只能从字里行间看出一些端倪：伊恩弗里斯很可能早就和卡德瓦龙有勾结，爱德文和奥斯里克两位德伊勒国王在战场上的失败也许并非单纯的军事因素导致，怀着深刻仇恨的伯尼西亚王族和支持者们恐怕为卡德瓦龙出了不少力。然而在卡德瓦龙眼中，不论伯尼西亚还是德伊勒，都是侵占他们领土的异乡人，所以伊恩弗里斯与卡德瓦龙的谈判可能从一开始就是个圈套。至于最后的胜利者奥斯瓦尔德，他的耐心和对局势的把握能力是成功的关键。

无论真相如何，奥斯瓦尔德坐上了诺森伯里亚的王座，并继承了"不列颠统治者"的名号。在他和平地统治了 6 年后，阴影再次降临诺森伯里亚：彭达又来了。

641 年，麦西亚的战神彭达拔剑四顾，寻找着下一个目标。倒霉的威塞克斯王奎切尔姆早在 636 年就已经蒙主恩招，离开了这个让他郁闷无比的世界，不用再做人肉沙包了；继任的琴瓦尔（Cenwalh）刚一上台就娶了彭达的妹妹，并且夹起尾巴做人，态度非常恭顺。东盎格利亚在一年前刚刚被彭达打败，他们的两任国王西格伯特和埃格里克都战死沙场，继任的安纳（Anna）对彭达俯首帖耳，丝毫不敢有任何不敬。肯特老王埃德博尔德去世不久，新即位的厄康伯特（Eorcenberht）正忙于宗教改革，摧毁国内的一切宗教偶像，所以在对外问题上也保持了很大的克制和忍让。苏塞克斯和埃塞克斯过于弱小，彭达对它们提不起兴趣，更何况这两个国家还是诺森伯里亚的附庸国。这样一来，剩下来的强敌只有奥斯瓦尔德统治下的诺森伯里亚了，彭达于是集结起军队，再次踏上北伐的征程。

641 年 8 月 5 日，麦西亚军和诺森伯里亚军在一个叫马赛菲尔斯（Maserfelth）的地方相遇，一场恶战随即爆发。在混战中，奥斯瓦尔德被杀，彭达再一次成了胜利者。战后，麦西亚士兵残忍地将奥斯瓦尔德的尸体肢解，并按照异教的习俗将他的手和头挂在矛尖上，巡回示众，然后丢弃在荒野中。由于奥斯瓦尔德是在和异教徒作战时被杀的，基督教会封他为圣徒，并派僧侣将他的遗体收拢，带回班堡等地保存。出人预料的是，胜利后的彭达并没有吞并诺森伯里亚，而是带着军队回到了麦西亚，和他上次战胜爱德文后的行为出奇地一致。从彭达的生平来看，他绝不是一个缺乏野心和欲望的人，所以这两次撤军可能是因为麦西亚人自身在战斗中也损失颇大，没有信心占领诺森伯里亚全境。

奥斯瓦尔德死后，诺森伯里亚毫无悬念地再次分裂了，他的兄弟奥斯维继承了伯尼西亚的王位，爱德文的孙子奥斯温（Oswine）继承了德伊勒的王位，两人都向彭达表示了臣服，以换取自身的安全，奥斯维还把自己的女儿嫁给了彭达的儿子。马赛菲尔斯的胜利和这之后的一系列外交动作，为麦西亚和彭达带来了极大的荣誉和声望，因为此战标志着长期拥有"不列颠统治者"头衔的诺森伯里亚屈服在了麦西亚的刀剑之下。现在的彭达俨然成了新的"不列颠统治者"，他的权力和影响力不比以往任何一个"不列颠统治者"来得小，区别只在于他不屑于接受这个名号罢了。

645 年，正当彭达的权势如日中天之时，威塞克斯王国内部发生了一件让人匪夷所思的事情：国王琴瓦尔把自己的原配夫人、彭达的妹妹给休了！彭达闻讯大怒，亲率大军攻打琴瓦尔，后者不敢抵抗仓皇出逃，躲到了东盎格利亚寻求庇护。得知琴瓦尔已经逃走的消息，彭达也没有再进行过分的杀戮，而是接管了威塞克斯王国，任命各级官员进行统治。这次事件中有诸多疑点：琴瓦尔在事前一直对彭达恭敬有加，没有任何反抗的举动，老老实实地在温切斯特修教堂；而在休妻事件之后，他似乎没有做任何政治和军事上的准备，在面对麦西亚侵略时扔下一切逃到了别的国家；麦西亚这边的准备也显得过于充分，仿佛早就知道会发生此事一般，事件爆发不久就直接派兵入侵。这些都不太符合常理。所以，彭达很可能早有吞并威塞克斯之心，只是碍于姻亲关系不便下手，故才会让妹妹假装被琴瓦尔抛弃，自己好师出有名。只可怜被"净身出户"的琴瓦尔，他与威塞克斯先王奎切尔姆一样，继承了光荣的背锅传统，吃了个闷亏。事到如今，彭达的真实目标也展现了出来：他要统一七国，做一个真正意义上的"不列颠统治者"！

651 年，在诺森伯里亚的一次内战中，奥斯维击败并处死了奥斯温，可还没等奥斯维消化完胜利的果实，早在一边观望的彭达就带着大军杀了过来，后者还得到了满怀仇恨的德伊勒人的鼎力支持。吸取前两位诺森伯里亚王面对彭达时战死沙场的教训，奥斯维毫不犹豫地收拢军队北逃，一头扎进了易守难攻的伯尼西亚首都班堡要塞，死活不肯出来。面对奥斯维彻底的缩头乌龟战术，彭达也相当无奈，他想尽了办法，却始终不能攻破这座城堡。彭达先是派人破坏了班堡周边的所有村镇，想引诱诺森伯里亚人出城，结果奥斯维毫无反应——失败；接着，他又出动士兵攻城，然而该地过于险要，士兵无法登上城堡周边的悬崖峭壁——再次失败；最后，彭达让手下将所有能收集到的可燃物堆在城下，想火攻城墙，结果由于风向不好，燃起的大火反而向城外的麦西亚军队烧去——还是失败。彭达一时间黔驴技穷，后方的威塞克斯偏又开始闹事，他只好率军撤退，在身后留下了一片焦土。此战彭达虽然没有获得全胜，但还是借为奥斯温复仇之名获得了德伊勒地区的控制权，同时极大地削弱了伯尼西亚的实力，总体上说相当成功。

就在彭达围攻班堡之时，琴瓦尔偷偷回到了威塞克斯，想要重夺王位。可惜，他的努力在率军回师的彭达面前冰消瓦解。652 年，在埃文河畔的布拉德福德（Bradford），威塞克斯起义军被麦西亚军队轻松挫败，琴瓦尔本人则再次逃亡——

不得不说，虽然霉运缠身，但是各任威塞克斯国王的保命能力都是一流的。彭达没有就此停下扩张的脚步，654 年，他率军攻向了东盎格利亚，理由是东盎格利亚国王安纳之前为琴瓦尔提供了庇护。安纳虽然拼命抵抗，但仍然兵败被杀。战后，安纳的一个兄弟埃塞尔西尔（Aethelhere）接过了东盎格利亚的王位，不过，实际上他只是彭达手中的牵线木偶罢了，东盎格利亚的一切重大事务都需要后者的首肯。现在，不肯服从彭达统治的，只剩下伯尼西亚国王奥斯维一人了。

655 年，彭达聚集起一支规模空前的大军，它由 30 个王公的军队组成，其中包括东盎格利亚国王埃塞尔西尔、德伊勒国王埃塞尔沃尔德（Aethelwald）、圭内斯王和一些其他小王公，士兵们都骁勇善战且装备精良。这支以盎格鲁 – 撒克逊人的标准来说人数众多的联军开进伯尼西亚的领土时，奥斯维选择了和上一回相同的策略——躲进城堡里。这次他没有选择伯尼西亚的旧都班堡，而是继续向北走，一直到了伯尼西亚的北部边境，进入了斯特林（Stirling）附近的卢迪乌（Ludeu）城堡。不久后，彭达衔尾而来，团团围困了城堡。卢迪乌堡虽然不及班堡富庶，在地形的险峻上却有过之而无不及，更加难以攻取。奥斯维也做好了充分的准备，囤积了大量粮食和财宝，把包括刚出生的女儿在内的所有王族以及一批最忠实的支持者都迁了进来，做好了长期固守的准备。在这种情况下，彭达也没有太好的办法，他吸取上一次强攻班堡失败的教训，围而不攻，想迫使奥斯维屈服。

▼ 从东北方看今日的班堡要塞

▲ 俯瞰今天的斯特林城堡，卢迪乌城堡很可能与之相似

转眼间，冬天降临了。北海的寒风吹拂着这片土地，带来了大片的雪花，给攻守双方都造成了极大的麻烦。城内给养已经有些不足，但奥斯维还是硬撑着不放弃。他曾经向彭达表示，如果后者愿意率军离开，他愿意支付一大笔金钱，但就是不肯称臣或者投降。另一方面，彭达的军队也面临很多问题。卢迪乌堡实在太靠北，距离彭达领土最北端的利兹都超过 350 公里，在 7 世纪的西欧，这样的距离意味着彭达无法从后方获得任何补给。而在周边地区，彭达也无法通过抢劫获得粮食：西边是斯特拉斯克莱德威尔士人，北边是皮克特人和苏格兰人，他们都对彭达的大军满怀戒备，时刻关注着局势的动向。所以，彭达面临的补给问题比奥斯维还要严重。与此同时，联军内部也人心浮动，很多王公由于长久离家，担心国内发生叛乱或政变，都想尽早回国，普通士兵也因为思念家乡和亲人，抱怨连连，甚至有人做了逃兵。面对糟糕的士气，彭达决定做些什么。他接受了奥斯维献上的"买命钱"，但没有退兵，而是把这笔钱分给了手下的王公贵族们，鼓励他们继续作战，一定要把城堡拿下。

出乎彭达预料的是，这笔钱没有提升军队的士气，反而进一步消磨了他们的战意。很多王公咬着牙坚持在冰天雪地里，就是因为此战花费巨大而一无所得，他们要攻破城堡来弥补自己的损失。既然现在奥斯维"识相"地交出了财宝，大家也都拿到了自己应得的一份，那何必还要在这里受苦呢？圭内斯王第一个做出了动作，他趁着夜色拔营，带着自己的士兵和财宝不辞而别，回自己的国家去了。彭达对此暴跳如雷，但毫无办法，手下也劝他见好就收，尽早退兵。见到士气如此低迷，彭达也非常无奈，终于宣布退兵了。他们离开了卢迪乌，纷纷启程回家。

奥斯维等待多时的反攻机会，终于来了！

在反击正式开始前，奥斯维带着亲兵和家人向上帝许愿：若是此战胜利，他将捐献出 12 块土地用于修建修道院，并让他的小女儿进入修道院侍奉基督。祷告结束之后，他带着一支精干的小部队出发，追寻麦西亚人的踪迹，最终于 11 月 15日在温沃伊德河（River Winwaed，可能是亨伯河的一条支流）附近追上了他们。此时，联军正乱哄哄地准备渡河，奥斯维率人突然杀出，联军立刻一片大乱。彭达当即呼唤负责防卫工作且也是现在联军唯一一支成建制的部队德伊勒军前来救援，谁知道德伊勒王埃塞尔沃尔德早已同奥斯维暗通款曲，在这关键的时刻不听彭达的号令，甚至帮助伯尼西亚人砍杀联军士兵。在这绝望的形势之下，联军士兵纷纷跳水逃生，几乎都淹死在冰冷的河水中，而包括彭达在内的王公贵族们则尽数阵亡。麦西亚战神的一生就此终结，统一七国之梦也随之消逝。

温沃伊德河之战标志着盎格鲁－撒克逊诸国之间大规模战争的结束。在最后的"不列颠统治者"奥斯维死后，诺森伯里亚的霸权旁落，它虽然还是盘踞在英格兰北境的骄傲雄狮，但亨伯河以南的国家不再将其看作共主，取而代之的是麦西亚。彭达的征服虽然没能成功，却为麦西亚王国打下了很好的底子，后世麦西亚诸王依靠军事威胁和外交拉拢，软硬兼施地控制了除诺森伯里亚外的几乎所有盎格鲁－撒克逊小国，并在奥发（Offa）时代达到了巅峰。奥发王强大而富有，他和法兰克帝国的查理曼大帝称兄道弟，二者虽然因为联姻问题有过冲突，但是不久后就重归于好，可见奥发的实力不容小觑。为了炫耀武功，奥发还命人在麦西亚和威尔士边境上修建了一堵新的"长城"，名为"奥发之墙"（Offa's Dyke）。

▲ 印有奥发王头像的钱币

国内的和平使得盎格鲁－撒克逊人的文化事业发展迅速，出现了比德（Bede）和阿尔昆（Alcuin）这样享誉西欧的著名学者，后者还长期做客查理曼的宫廷，是这位大帝最欣赏的学者之一。

然而，盎格鲁－撒克逊人并不知道，当他们终于摆脱了内战，沉浸在知识的长河中时，在寒风刺骨的北海上，一群骁勇而残忍的战士正一面磨砺剑矛，一面用贪婪的眼睛眺望这片富饶肥沃的土地。他们，就是来自斯堪的纳维亚的维京人！

奥丁之民：维京人的由来

对于每一个了解欧洲中世纪史的人来说，维京人（Vikings）是一个如雷贯耳的名字，每次提到它，战争、鲜血和海盗等字样就会浮现在脑海中。然而，很少有人知道这一称呼的来源和背景，以及它所适用的场合。

在古诺斯语（Old Norse，古代斯堪的纳维亚半岛地区流行的语言）中，"viking"一词的原型是"vikingar"，意思是"海上的强盗"，这个词在中世纪很少出现在斯堪的纳维亚之外的文献中，所以"维京"一词实际上是中世纪早期该地区居民对海盗和劫掠者的一种统称，没有族群和国别上的特殊指代，也不是他们常用的自称。对于这些欧洲最北端的居民来说，在某些场合，"viking"一词带有一种近乎神圣的含义。他们将发起一次盛大远征称为"go a-viking"，这个词组中包含的意味很难用语言表述清楚，可以将其理解为异教环境下的一次没有确定目标和终点的十字军东征，或者更通俗地说，是一次规模庞大的烧杀掠抢，同时也是每个参与者个人价值的最好表现机会。一直到维多利亚时代，"维京"一词才被用来指代8—11世纪的斯堪的纳维亚居民，并沿用至今。

在欧美学界，关于"viking"一词词源的争议从未停止。主流观点认为，"viking"的词源是古诺斯语中的"vik"，意思是峡湾。如果这一假说成立，"viking"一词的原始含义就应该是"峡湾中的人"。也有人认为，"vik"应该是挪威北部的一个地名，"viking"一词最初指的是居住在那里的人。除了"vik"说之外，还有几种不同的"viking"词源说：有人认为它的词源是"vig"，意为战斗，那么"viking"的原意就是"战斗之人"；有人认为应该是"vikja"，意思是航行；还有人认为应该是"wic"，意思是军事营地，等等。现在关于维京人的研究大多还是认可第一种假说，即认为"viking"的词源是"vik"（峡湾）。

在其他民族的语言中，对维京人有着各式各样的称呼。法兰克人称他们为"Nordmanni"，意思是"北方人"，这个词常见于英格兰和德意志莱茵河地区的文献中，算是西欧国家对维京人最普遍的称呼。当部分维京人在法国塞纳河河口地区定居时，该地随之被称为诺曼底，意为"北方人的土地"。北德意志地区的编年史学家称呼维京人为"Ascomanni"，意为"白蜡木之民"。这是一个非常奇怪的称呼，对于它的缘起，学界至今没有一个令人信服的解释。有人推测它源于斯堪的纳维亚神话中的世界树"尤克特拉希尔"（Yggdrasil），它是一株白蜡树，但没有更多证据支持这一说法。西班牙的穆斯林称他们为"al-Madjus"，意为"异教的巫师"。斯拉夫人称他们为"Rus"（罗斯人），这可能来源于法兰克语中对瑞典一带的称呼"Rotsi"（罗斯），这一词后来成了"俄罗斯"（Russia）的词源之一。拜占庭人称他们为"Rhos"或"Varangoi"，前者的意思是"脸色发红的人"，后者可能源于古诺斯语的"var"，意为"宣誓效忠之人"。只有英格兰人和爱尔兰人在语言上将维京人划分成几个不同的族群，古英语中将来自日德兰半岛北端（今丹麦）的维京人称为"Dene"或"Dani"，发音已经和现代的"Danmark"（丹麦）有些相近；爱尔兰人则将维京人统称为"Lochlannach"（北方人）或"Gaill"（外乡人），同时将来自丹麦的维京人称为"Dubh-gaill"（黑外乡人），将来自挪威的维京人称为"Finn-gaill"（白外乡人）。

由于缺乏文字材料，我们对维京人的起源和早期生活了解不多。不过，借助详细而丰富的北欧神话，我们或许可以一窥早期维京人的精神世界。在斯堪的纳维亚神话中，整个宇宙是被名为尤克特拉希尔的世界树支撑起来的，它发端于过去，向着未来伸展，孕育着九大世界，人类就居住在其中一个世界——米德加尔特（Midgard）。世界之树的最顶端居住着宇宙的统治者——阿萨神族和华纳神族，两个神族之间曾经爆发战争，后来和解，并确立了 12 位主神，分别是众神之王奥丁（Odin）、众神之后弗丽嘉（Frigg）、雷神索尔（Thor）、土地女神希芙（Sif）、火神洛基（Loki）、战神提尔（Tyr）、海神尼奥尔德（Njord）、丰饶之神弗雷（Freyr）、丰收与战争女神芙蕾雅（Freyja）、光明与黑暗之神巴德尔（Baldur）与霍德尔（Hodr）

▲ 雷神索尔大战巨人

兄弟、智慧之神布拉基（Bragi）以及青春女神伊登（Idun）。这些神明会派遣瓦尔基里（Valkyria）把凡间战死的勇士带到英灵殿（Valhalla）中，让他们在这里终日宴饮，相互打斗以磨炼战斗技巧，等待最后的大战——"诸神之黄昏"（Ragnarok）。在这最后的大战中，霜巨人、火巨人、巨狼芬里尔和尘世巨蟒尤蒙刚德会联合起来进攻神族，后者则在奥丁和索尔的带领下，和英灵殿中的战士英魂们一起慨然赴死，和敌人们同归于尽。从神话的描写中我们可以看出，北欧人对战斗和死亡并不十分畏惧，反而将其视为光荣的结局，其性格和风俗上的剽悍可见一斑。

和神话中描述的英灵殿一样，维京人的社会结构是围绕战争组建的，换言之，战争是维京社会不可或缺的组成部分，对内和对外战争的需求塑造了维京人独特的社会结构。维京人的基层社会单位是大家族或者氏族，在一个氏族中，父辈共同养育子辈，不管血缘亲疏，而子辈最重要的任务就是从父辈那里学习战斗技巧，等他们长大了，父辈会带着这些年轻人一同踏上战场，如果有人不幸战死，他们还会被埋葬在同一片氏族墓地中。在古诺斯语中，这种延伸了的家庭关系被称为"埃特"（aett）。

如果在一个埃特内部或者两个分属于不同埃特的人之间发生纠纷的话，不管双方的年龄和地位如何，他们都喜欢用武力来解决问题。例如，《埃吉尔萨迦》（Egil's Saga）[1]中记载，主人公埃吉尔·斯卡拉格瑞姆森（Egil Skallagrimson）12

---

① 萨迦是指北欧用文字记载的古代民间口传故事，主要包括神话传说和历史传奇等。

岁那年央求他同族的哥哥索德·格兰尼森（Thord Granison）带他前往冰岛的白河谷，参加一年一度的大型集会（集会上不仅会有多种商品的交换和贸易，也会有比武和运动会，是维京社会的盛大活动），索德禁不住埃吉尔的恳求，带着他一同前往，结果在集会上，埃吉尔和来自另一个埃特、名叫格瑞姆·黑格森（Grim Heggson）的人因为一件小事发生了冲突，索德二话不说地冲上去助拳，两人合力杀死了格瑞姆。两个埃特之间的矛盾和仇恨，维京人喜欢用"约战"的方式解决。交战双方会选择一片开阔地，并且此地四周必须有榛树环绕；接着，双方会约定一个时间，并规定好使用什么样的武器；最后，双方会在这个确定的时间和地点打上一仗，彻底解决双方的纠纷。从这些事件和习俗中不难看出，维京社会中充斥着的暴力元素和强权政治。

不过，并不是所有人都愿意在自己出生的埃特中度过一生，很多具有冒险精

▼描写诸神之黄昏的油画《燃烧的英灵殿》

神的年轻人会走出自己的氏族，追求更大的挑战。这些人会组成一个大的"战团"，四处游荡打家劫舍，偶尔也会卷入不同埃特之间的战争。有些战团扩大到一定规模后，其首领会在内部制订一些严密的规章制度，限制成员之间的矛盾和争斗，把所有精力都用在对外征服上，这种特殊的大战团被学界称为"虚构氏族"（artificial clan）。这种虚构氏族内部的凝聚力不是血缘，而是结为"异姓兄弟"的誓言（当然，战争的胜利和战利品的分配也是很重要的）。多首萨迦中都记载了维京人独特的起誓方式：当两个人要结为兄弟时，他们会找一个地位崇高的见证人（在虚构氏族中，这个见证人往往是氏族的头领），一起走到一片草地上，接着，见证人会用一柄装饰华丽的长矛挑起一块草皮，草皮的两端要连着大地不能断开，宣誓的二人把血液滴进草皮下面的土地里，然后跪下向神发誓，如果两个人中的一个被敌人杀死，另一个要尽全力为死者复仇。

在众多的虚构氏族中，最强大也最有名的是约姆斯维京人（Jomesvikings）。这个氏族的大本营位于约姆斯堡（Jomesborg），据传此地有一个天然的良港，港内风平浪静，可以停泊很多船只，港外和大海连接处为一地峡，仅能让一条船通过，易守难攻。史学家一直没能找到该地的确切位置，只能判断它大概在波罗的海南岸靠近丹麦的地区。关于约姆斯维京人的建立者，有的史书说是丹麦王"蓝牙"哈拉德（Harald Bluetooth），萨迦则说是一个名叫帕尔纳图克（Palnatoke）的丹麦英雄，总之没有一个定论。不过，可以确定的一点是，约姆斯维京人在10—11世纪非常活跃，他们作为雇佣兵出现在各个战场上，每个国王都乐于花钱聘请他们，原因就在于这些人的纪律十分严明。

约姆斯维京人有11条军事守则用来规范其成员的行为，具体条文如下：一，只招收18—50岁的成年男性；二，招收新成员的时候，不能沾亲带故；三，遇到实力弱于自己的对手时，无论发生什么都不能逃走；四，所有成员都是兄弟，要为兄弟的死报仇；五，在任何情况下，都不能在言语和行为上露怯；六，抢来的财物要归公，由首领统一分配；七，不能在兄弟之间挑起争论；八，不可以传播谣言，对于任何事情，首领都有最终解释权；九，任何成员都不能带女人进入堡垒；十，任何人都不能离职超过3天；十一，对于发生在堡垒之外的弑亲事件（包括约姆斯成员之间的自相残杀），首领有最终的处置权。这些条文清晰地反映了制订者的想法，他把约姆斯维京人内部结构的稳定放在了第一位，力图消除内部的矛盾，打造一个由男性主导的兄弟会形式的组织，而这也是绝大多数"虚构氏族"的目标。

和同时代的盎格鲁–撒克逊人相比，维京人的武器装备十分精良。他们最常用的武器是长剑，考古学家在斯堪的纳维亚半岛就发现了超过2000柄中世纪早期的剑，在英格兰、法兰西、东欧等维京人经常光顾的地方则出土了更多，可见长剑在维京社会中的普及程度。维京剑的长度一般在3英尺（约合0.914米）左右，双面开刃，有剑格。在挪威地区流行过与剑相似但只有一边开锋的直刃长刀，但不久后就衰落了，没有影响到剑的统治性地位。维京剑区别于其他中世纪早期欧洲剑的最大特点有两个。第一，维京剑的剑尖是不开锋的，有时甚至是钝的圆头。这可能是由于维京人的对手——很多时候是另一个维京人——都持有大型盾牌，戳刺很难起效，所以他们习惯以劈砍的方式用剑，不需要打磨剑尖。第二，维京剑的剑柄末端都有一个较大的配重，有的是倒三角形，有的是拳头形。这样的设计让整柄剑的重心下移，使剑变得更加灵活、易于挥动，有利于长时间作战。同时，剑柄的配重让它能被当作钝器使用，用来砸击对手盾牌的边缘或者裸露在外的身体部位，促使其失去平衡。在和平时期，维京人也很注意保养他们的剑，他们会用羊皮将剑身包

▲ 几柄维京长剑及其复原品

裹起来，并用动物油脂给它做防锈处理，很多宝剑甚至被他们当作传家宝留给子孙后代。

在后世，斧子被认为是维京人的重要标志。事实上，这种原始的生产工具没有剑那么流行，却也算是斯堪的纳维亚居民最常用的武器之一。维京人常用的斧子为手斧和长柄斧，前者顾名思义是单手持握的短兵器，可以一手拿斧一手持盾牌，和剑的使用类似；后者则是一种重武器，可以轻松劈开锁甲的防护，在使用它时需要把盾牌固定在手臂外侧，或是直接挂在背后，好让使用者腾出双手持握它。维京斧的斧刃有很多种形制，如三角形、胡子形、T字形等，其中胡子形①是维京人所特有的。值得注意的是，维京斧很大程度上是为了对付重甲而设计的，所以它的使用技巧里有很多破盾和破甲的元素。例如，胡子形的手斧可以用来钩住敌人的脚踝，让他失去平衡摔倒，也可以用来钩住盾牌的上沿然后拉拽，迫使对手放弃盾牌。在长柄斧的使用上，一般的人会用左手在上右手在下的方式持握，这样斧刃就处于持斧者的左侧，也就是对手的无盾侧，朝这里大力横向挥砍的话，能避开盾牌的防御直接摧毁对手的持剑手，让其立刻丧失战斗力。长柄斧还能用来钩住敌人的脖子，或是直接用背面敲击敌人的盾牌，这两种动作都可以让对手失去平衡跌倒在地，从而无力抵抗下一记从天而降的劈砍。在维京人的历史上，出现过非常多著名的斧子，其中的曼门斧（Mammen axe）一直保留至今，是现存最精美的10世纪武器之一。

相比剑和斧，维京人对长矛并不非常喜爱，使用的数量也不是很多。在维京军队中，使用长矛的通常是没有经验的年轻人或者地位低下者，他们的定位也是干"脏活累活"的人，比如站在军队的最前排迎接敌军骑兵的冲锋，等等。然而，这并不意味着维京精英武士不会使用长矛。相反，他们对长矛的使用可谓出神入化。据萨迦记载，挪威王奥拉夫·特拉格瓦森（Olaf Tryggvason）在年轻的时候就可以双手各持一根长矛同时投掷出去，并精准地命中远处的目标。一些维京人甚至能在空中抓住投来的长矛，然后再把它扔回去。弓箭和长矛一样处于较低的

---

① 指斧刃的下沿比上沿长很多的不对称造型，将这种斧子立起来看如同老人的胡须，故得此名。

▲ 现代冷兵器制造者复原的曼门斧　　　　　　▲ 维京长斧的复原品

位置，不过很多维京人都是优秀的弓箭手，他们在打猎的过程中锻炼出了优秀的射术，可以准确地把箭射入敌人的眼窝。然而，维京弓箭手有一个坏习惯，就是他们射箭的时候喜欢把箭头掰下来，声称这样能让对手无法将自己射出去的箭矢再次利用，维京人只在重要场合才用完整的箭，这种习惯显然降低了他们弓箭的杀伤力。维京人使用的长弓后来传入不列颠，被威尔士人改进后成了著名的英格兰紫杉木长弓，称霸了中世纪晚期的西欧战场。

　　相比之下，现代考古学家对维京人防具的了解并不是很多。维京人最重要的防具就是上文一再提及的盾牌，它们多为圆盾，直径大多在24英寸（约合61厘米）左右；不过，某些卢恩石（Rune Stone）中也提到过直径达3英尺的大盾。从考古发掘的结果来看，维京盾非常沉，很多现代人都难以用单手将它们长时间举起。盾中央部位还带有金属制凸起（Shield Boss），可以用来攻击对手，可谓攻守兼备。为了威吓敌人，维京人还喜欢在盾牌上涂画一些猛兽或图腾，龙和代表奥丁信使的渡鸦是最常见的图案。维京人的头盔也有独特的样式：主体部分为铆钉结构，以及额外增加了护眼和护鼻。这种在后世被称为诺曼盔的头盔，在当时是维京人的标志性装备，英格兰人称其为"盲盔"，因为他们觉得戴上这种头盔会影响视线，不过从11世纪开始，部分英格兰人也开始采用诺曼盔，因为它对面部的防护能力要优于英格兰本土的头盔。必须指出的是，一些野史中常出现带着牛角盔的维京人，

▲ 维京头盔

事实上这种头盔从未在维京人身上出现过，它只不过是维多利亚时代英国人的一种带有浪漫色彩的想象，绝非历史真实。至于维京人使用甲胄的情况，除了他们的精英武士装备有少量的链甲和札甲（Lamellar），以及后者可能来自东欧和拜占庭之外，我们知之甚少。

关于维京人的装备，还有一个不得不提的重要部分，那就是他们的长船（longship）。其实，长船只是诸多维京船只的一种，因为这些船只大多窄而修长，后世才用长船一词作为它们的统称。在维京人的语言中，船是以它所拥有的桨的数量命名的，例如，有6支桨的船就被称为"sexaeringr"（六桨船）；12支桨到32支桨的中型船只被称为"karvi"，这类船大多是商船或者贵族出行所用的游船，不过也有"karvi"被当作战船使用；大型船只被统称为"snekkja"，这个词语和后世的"langship"（长船）具有相似的含义，其中快速战船被称为"skei"，意为"切开水面"，而大型慢速战船则被称为"drekar"，也就是我们常说的龙船。除此之外，维京人对货船也有专门的称呼，叫作"knarrs"或者"kaupskips"。

维京人对战船非常重视，他们不仅将船雕刻在钱币的背面，还在很多墓葬和祭祀仪式中将船埋入土中或沉入水底，以此取悦神灵。这种习俗使得很多中世纪早期的维京船只得以保留，也让我们能够一窥这些古代战舰的风采。现存最早的维京船出土于丹麦东南部沿海的尼达姆（Nydam），其建造时间大约在公元350—400年之间，与盎格鲁－撒克逊人进入英格兰的时间非常接近。船只本身的结构也和萨顿·胡出土的盎格鲁－撒克逊船非常接近，都属于宽体船，长23.5米，宽3.5米，深1.2米，全部由橡木制成。这艘船没有使用船帆的迹象，很难和北海的风浪搏斗，所以考古学家推测，它只在沿岸地区航行。

在公元 400 年之后，维京人的造船技术有了突飞猛进的发展，这些技术上的进步在一艘出土于挪威克瓦尔松（Kvalsund）的 8 世纪长船身上得到了充分体现。它长 18 米，宽 3 米，吃水只有 80 厘米深，木料全部采用橡木，连接处为铆钉结构，是一条战船。相比于尼达姆船，克瓦尔松船有两点巨大的进步：第一，克瓦尔松船有一条完整的龙骨（keel），它由一根巨大的橡木制成，非常结实，这让它成了现存最早的有龙骨的维京船；第二，克瓦尔松船有使用船帆的痕迹，虽然我们不知道帆的种类和大小，不过根据桅杆的使用情况来看，船帆的存在是肯定的。这两个巨大的进步让克瓦尔松船具备了强大的远距离航行能力和抗风浪能力，在优秀水手的操作下，它是有可能横跨北海的。

进入 9 世纪后，维京人的造船技术日趋成熟，19 世纪末 20 世纪初出土的古科斯塔德（Gokstad）长船和奥斯伯格（Oseberg）长船就是最好的例证。前者出土于奥斯陆附近的一个峡湾，是一艘有 16 对桨的 "Karvi"，全长 23.24 米，最宽处 5.2 米，船主人是一名中年男性，身上有遭受过严重暴力打击的痕迹，很可能是在战斗中死去的。后者则是所有维京船中保存最好、雕刻最精美的，连船头的装饰性纹饰都清晰可见。它全长 21.58 米，最宽处 5.1 米，深 1.58 米，也是一艘 "Karvi"。为了证明这些船的航海能力，考古工作者在 1893 年用古代造船手法复制了古科斯塔德长船，并将新船命名为 "维京" 号。之后，"维京" 号穿过了大西洋到达美国，沿着哈德逊河向西驶入了五大湖区，最后到达芝加哥并参加了当年的哥伦布纪念

▲ 刚出土的古科斯塔德长船

▲ "维京" 号在芝加哥

博览会，引起了轰动。

维京船在11世纪达到了巅峰，它的长宽比进一步增大，从古科斯塔德船的9∶2增加到了7∶1，甚至更多，如斯库勒莱乌（Skuldelev）出土的"skei"船，它长30.9米，宽2.7米，长宽比达到了惊人的11.4∶1。这种船的船体为剃刀型，速度非常快，能够搭载60—80名全副武装的战士。正是在这些船上，关于维京人的一首首萨迦被谱写与传唱，一直流传到了今天。

在初步了解维京人的武器、装备和船只后，我们再来看看他们的战略战术。维京人的战略简单而有效，主要突出3个特点：机动性、突然性和残忍性。当战争来临时，利用长船速度上的优势，维京人可以很快地传递消息并集合部队，迅速组织起一支大军。这样的一支军队——或者说船队——会在敌人的沿海地区巡弋，寻找具有特殊政治、经济和军事意义的高价值目标。如果敌人的防御非常牢固、没有破绽，维京人一般不会选择硬碰硬，而是迅速转移，继续寻找机会。在遇到河流时，维京长船吃水较浅的特性使得它们能够不费力气地逆流而上，遇到水文条件不好、难以行船的区域，维京人把船扛起来，步行到适合航行的地方，再将船放下来继续向前。如此，维京人的活动范围不仅限于沿海，还涵盖了广阔的内陆地区。守军一旦露出破绽，或是维京人找到了防御薄弱的城镇时，这些北欧海盗就会一拥而上，大肆烧杀抢掠，并在敌军的增援部队赶来之前扬帆而去。在决战不可避免的情况下，维京人还可以利用机动性上的优势，选择有利于己方的战场和时机，或是在很大的区域里不断转移来调动敌人，当对手疲于奔命、疏于防守时再给予致命一击。取得了战略上的优势之后，维京人是非常冷酷无情的，他们有时候会将一个地区内的居民屠杀一空，这么做一方面是为了收集补给，另一方面则是为了恐吓敌人以打击他们的士气。拜占庭文献中就记载了瓦兰吉卫队在叙利亚一带的暴行，他们多次屠城，连小孩也不放过，以至于阿拉伯人对这些来自北欧的巨汉十分畏惧。总的来说，维京人就像亚洲的游牧民族一样，来去如风，以战养战，难以提防；二者的区别仅仅在于，游牧民族骑马，维京人驾船。

在战术层面上，维京人一改其战略上飘忽不定的特性，变得非常沉稳扎实。从前文所述的常用武器可以看出，维京人大量装备剑和斧子——同时也非常善于使用这些武器——所以在近身格斗中具有很大的优势。基于此，维京人的战术要点就是将一切形式的战斗拖入缠斗和混战阶段，并在保持己方阵形完整的基础上，尽力打乱敌人的阵形。维京人最常用的进攻阵形是"野猪头阵"（Swine Head，古诺斯语中为 svinfylka），这种战法的起源可以追溯到公元 4 世纪时罗马军队使用的"caput porcinum"（猪头阵），是非常古老的战法。从空中俯瞰的话，"野猪头阵"是一个巨大的梯形，短的那一边面向敌人。阵形的前锋聚集了军队中装备最好、战技最出色的一批人，这样的人通常都是领主自身的卫队和狂战士（关于他们的情况会在后文中详述）。他们的任务是在敌军的阵线中撕开一个口子，好让后续部队冲进敌人的腹心，搅乱其阵形，在顺利的时候甚至可以将其斩为两截。在防守时，维京人则使用"盾墙"（Shield Wall，古诺斯语中为 skjaldborg），这种阵形至少有 3 种形态，分别防御步兵、骑兵和弓箭手。对步兵盾墙是盾墙的基本形态，在这种阵形中维京人会形成 5 列以上的纵深，剑盾兵站在前面，斧兵站在后面，每一排的战士都把自己盾牌的边缘与左右两边的盾牌重叠在一起，远看好似一堵盾牌组成的矮墙，"盾墙"因此而得名。在防御骑兵时，指挥官会把前面的剑盾兵撤下来，换上两排长矛手，第一排长矛手把矛的末端插进土里，把矛尖扬起对准骑手的胸膛，后排的长矛手则平放长矛，对准马匹。面对敌方弓箭手时，维京人则会将阵形进一步缩紧，第一排剑盾手半蹲，第二派将盾牌斜支在第一排的盾牌之上，第三排亦如此，构建出一个空隙很小的"移动堡垒"，可以很好地阻挡箭雨的攻击。另外，部队指挥官身边也有一堵小盾墙，在保护其人身安全的同时，充当整支军队的预备队。

需要特别指出的是，维京人的盾墙其实并不是一种持续性的阵形，因为过于紧密不方便挥舞武器，维京人通常用它抵挡住对手的第一波冲锋后，就会解除盾墙，散开队形自由搏斗，如果形势发生变化，他们会再次组织起盾墙。这些行为中透露出很多讯息，其中最重要的一条是，维京军队的职业化程度以及基层军官的军事素养，可能比我们以往想象的要高。在冷兵器时代的战斗中，根据实际情况迅速变换队形一般来说只有精锐部队才能做到，这里说的精锐部队需要同时具备敏锐的基层指挥官、了解指挥官意图的普通士兵以及充分的作战训练这 3 个要素，而近代之前能满足这些条件的西欧军队屈指可数，罗马人就是其中的佼佼者。依靠充足的财政支持、先进的军事理论、系统的日常训练以及严苛的奖惩系统，罗马人做到了这3点，并在战斗中将他们的优势发扬光大。例如，在辛赛法诺战役中，罗马共和国的军队就是依靠几位百夫长的临场判断，发现并迅速穿插进了马其顿军队中的断裂处，从而摧毁了不可一世的马其顿方阵。虽然与罗马人相比，维京军队不论从数量上还是平均质量上都差了一截，但是至少他们的精锐部队也具备上述这3个要素，而且是用与罗马人完全不同的方式做到的。在维京军队中，基层指挥官往往就是部族的酋帅和雅尔（Yarl）[1]，他们作战多年，经验丰富，能够准确地判断战场形势并做出相应地变化，是优秀的军官。同时，士兵们多为军官的族人，长久共同生活培养出的默契让他们信任并能很好地执行军官的决断。至于训练，维京人确有进行军事训练和演习的习惯，但这远比不上他们在几十年的战斗中所积累的经验。

和其他蛮族相比，维京人最大的不同是他们的精英武士团体非常稳定，这些战士不会像盎格鲁－撒克逊人或法兰克人那样，在取胜后迅速转为土地所有者或自耕农，而是长期待在诸如约姆斯维京那样的军事化团体中继续作战，并把自己的经验传给年轻一代，这让维京人的军事传统不至于断绝，也让他们更容易从失败中恢复过来。与此同时，这种紧密的关系让维京战士们的士气非常高昂，很少出现溃败的情况。由于军队中没有超长枪的存在，长矛的数量也不够，维京人面对骑兵时会处于劣势，正是这个原因，法兰克人才能多次击败他们。然而，维京人即便打了败仗，也会显示出惊人的纪律性和凝聚力。970—971年，在罗斯与拜占庭的战争中，面对当时全欧洲最精锐的超重装骑兵"不朽军"的地动山摇的冲锋时，斯维亚托斯拉夫·伊戈列维奇大公的维京卫队虽然屡次被冲散击败，但他们每次都能组织起有序的撤退，并在极端情况下战斗到最后一个人，足可见其战斗意志之坚定。

前文的叙述中我们提到了"狂战士"（古诺斯语中写作"berserkir"），这是维京人中一个非常特殊的群体，充满了传奇色彩。狂战士一词的原始含义至今没有定论，学界对此主要有两个假说，一个是"裸露胸膛之人"，一个是"披着熊

---

① 斯堪的纳维亚贵族的称号，后演变为伯爵。

皮之人"。这两种解释都有考古学上的依据，很可能都反映了狂战士某一方面的特质。这些战士的确含有狂性，他们在战场上不披甲，不持盾，不顾自己身上的伤口，只知道用武器疯狂地砍杀一切活物，不管他是敌人还是友军，是维京人在战场上最为可怕的力量之一。很多记载表明，狂战士的特质是可以遗传的，似乎是某种有发作周期的精神疾病。比如有一个狂战士生了 12 个儿子，他们长大之后也都成了狂战士，每当他们感觉到自己身上的疯狂要发作了，就去海边砍大石头和树木发泄，以免伤到亲友。一些史书还记载了狂战士在战场上的咆哮，都说那不像人的声音，而像是熊或者狼的嚎叫。有学者据此认为，狂战士是变狼妄想症（Lycanthropy）的体现，但也有学者认为，这些行为都是某种致幻药物在酒精刺激下作用于人体的产物。

鉴于长船在维京人的战略中的核心地位，斯堪的纳维亚半岛地区的内战往往是在海上爆发的，所以维京人对海战并不陌生。不过，维京人在这方面既没有什么特别的战术和技巧，也不像罗马人那样拥有五花八门的海战武器，维京人之间的海战不过是陆战在海面上的延伸罢了。在战斗开始前，维京人会以统帅所在的大船为中心，船舷靠船舷地将战船并排铺开，两艘战船之间以绳索连接，与《三国演义》中曹操的连环船颇有些相似。一些灵活快速的战船则在外围游荡，担任前哨、侧击、追逃等任务，连环船阵出现缺口时，它们也可以及时补上，避免军阵断裂。当战斗开始时，双方的船阵互相靠近，然后展开接舷战。在船舱的狭小空间中，人数的优势很难发挥，士兵的个人素质对战斗的走向起着关键性的作用，所以海战的结果一般取决于双方最精锐的领主卫队之间的对决，胜利者往往可以直接取得整场战争的胜利。

872 年，金发王哈拉尔德（Harald Fairhair）击败了自己的竞争对手，成了第一位挪威王。战败者并不甘心，他们将目光从贫瘠的北欧挪开，投向富饶的西欧，希望通过贸易和暴力，从那里得到足够的财物，重振自己的势力。于是，一批又一批的维京人开始走出斯堪的纳维亚，袭扰欧洲各国的沿海地区，从而开启了欧洲历史上的维京时代。

索尔之锤：第一次维京入侵

公元 789 年的一天，多切斯特的威塞克斯王家庄园内，国王布立特里克（Beorhtric）像往常一样早早地醒来。他的王后埃德伯（Eadburh）正等着他一起做晨祷，这位有着旺盛权力欲的女强人来自麦西亚，是大帝奥发的亲女儿，今年刚刚和布立特里克成亲，却已经开始接管威塞克斯的政权了。在宫中，她最看不惯的，是布立特里克与那位眉清目秀的廷臣沃尔（Worr）之间的亲密关系，虽然他们二人暂时还没有做出有伤风化的事情，但是任何一个虔诚的基督徒都不应该有这样醒醍的念头，更何况是堂堂的威塞克斯国王！于是，她决定用宗教来净化丈夫的心灵。

在拉丁语的祈祷声中，布立特里克昏昏欲睡，他嘴上念着祷文，心中却想着怎么摆脱这一窘境。这时，一个信使走了进来，他告诉国王，南边的波特兰岛（Isle of Portland）上来了 3 艘奇形怪状的船，船上还有些金发碧眼的异乡人，看起来十分凶恶，当地人不能确定这些人的来意，只能通过船上装有货物这一点判断他们也许是商人，所以派人通知国王，询问该如何处置。得知此事，正在烦闷不已的布立特里克立刻怒火中烧，他吩咐一个名叫杜赫德的王家管事马上前往波特兰，务必将这些异乡人带到国王驻地来，因为在威塞克斯进行任何商业活动都是要向国王交税的。

接到命令的杜赫德立刻出发。由于那里是威塞克斯腹地，已经多年没有受到他国侵扰，所以杜赫德只带了几名随从，一同骑马前往波特兰岛。等他们赶到时，报告中所说的异乡人还停留在那里，看样子确实是想做生意。杜赫德立刻命令他们停止贩卖，跟随自己到国王那里去。异乡人显然听不懂杜赫德的话，但是似乎理解了他语气中包含的命令和高傲，所以神情也变得严肃起来。双方僵持不下，气氛越来越紧张，杜赫德和他手下的措辞也越来越严厉。这时，异乡人突然转身向自己的船走去，杜赫德以为他们要跑，赶紧追了过去，没想到这些高大的汉子并没有要离开的意思，他们从船帮上取下盾牌，从船底抽出明晃晃的剑和斧子，咆哮着向盎格鲁－撒克逊人杀了过来！措手不及的杜赫德当场被杀，其余的人四散奔逃，向国王回报了这一惨剧。这些异乡人就是维京人，而杜赫德则是第一个

▲ 波特兰岛的海滨，维京人就是在这里第一次踏上了英格兰的土地

死于他们刀剑下的英格兰人。

如果说发生在威塞克斯的这一事件还只能被称作一次"意外"的话，维京人的下一次攻击则震惊了全英格兰，乃至整个基督教世界。793年夏天，诺森伯里亚出现了很多可怕的"凶兆"，人们看到狂猛的旋风从海上吹来，带着闪电和豪雨席卷大地，有人甚至称自己看到了火龙在空中飞舞。不久后的 6 月 8 日，维京人破浪而来，突然攻击了位于林迪斯凡（Lindisfare）的教堂，他们杀死教士并抢夺财物，临走前还将教堂付之一炬。要知道林迪斯凡教堂可不是一般的教堂，它可以说是诺森伯里亚所有教堂的发祥地，从中走出了无数著名的主教和修士，是整个北英格兰宗教生活的中心，所以它的遭遇引起了广泛的关注。当时尚在法兰克帝国的英格兰著名教士阿尔昆得知此事后极度愤慨，他立刻写了一封信给查理曼大帝，在信中痛斥维京人的暴行，称他们把教士的血洒在了神圣的祭坛上，并破坏了圣徒的雕像，简直罪大恶极。阿尔昆的用词非常激烈，似乎是想引起查理曼大帝对此事的重视，以便他的祖国诺森伯里亚能从中获得一些帮助，毕竟查理曼是当时整个西欧最有权势的君王。

事实上，即便没有阿尔昆的提醒，查理曼也不会无视此事，因为他马上就亲身体会到了维京人的威胁。不久后，查理曼来到帝国南部一个名叫纳尔榜的城市巡游，当他正坐在港口附近用餐时，一些维京人的龙船突然出现在了海平面上。当地人好奇地观望这些独特的船只，就像波特兰岛居民所做的那样，发现自己从未见过如此奇特的船，于是纷纷猜测它们的来历。有人认为这是犹太人的船，有人则认为是来自北非或者不列颠的商船，莫衷一是。然而，久经战阵的老皇帝立刻发现了问题：这些船吃水极浅、速度飞快，明显没有货物压舱，所以它们必定是战船！查理曼立刻吩咐他的扈从们拿起武器准备作战，如梦初醒的年轻战士们这才反应过来，呐喊着冲向码头，结成战阵保卫他们的皇帝。见到码头的防守如此严密，而且查理曼的王旗也矗立在附近，维京人失去了进攻的勇气，于是调转船头向外海开去。当法兰克人欢庆胜利之时，查理曼自己却站在房间的窗前，默默地流下了眼泪。随从们十分诧异，问他为何落泪。查理曼答道："我并不害怕这些微不足道的恶棍会对我有所伤害，但是一想到甚至当我还活在世上，他们就敢于触犯这片海岸，真使我凄然于怀；而预计他们对我的子孙及其臣民会造成何等灾害，就更使我忧伤欲绝了。"

▼ 林迪斯凡城堡，它就建在教堂的遗址上

查理曼大帝的眼泪没有引起上帝的怜悯，他的噩梦成真了。林迪斯凡袭击仅仅1年后，维京人再次光临诺森伯里亚，试图洗劫唐河河口的埃格弗里斯修道院。这一次，恶劣的天气拯救了手无寸铁的修士们，风暴击沉了好几艘维京船，大部分人当时就淹死了，少数人挣扎着在河口登陆，也被充满仇恨的当地民众所杀，其中就包括他们的头目。不过，好运气不会一直伴随不列颠人民。795年，维京人竟然攻占并洗劫了整个凯尔特基督教会的圣地——爱奥那（Iona）岛！受此打击，凯尔特基督教会元气大伤，再也没有恢复到惨案发生前能和罗马教皇分庭抗礼的那种巅峰状态。

在8世纪的最后10年里，不列颠几乎每一个靠海的修道院都或多或少地受到了维京人的威胁，麦西亚王奥发曾多次颁布法案，给予各修道院一定的资金和人力支持，帮助他们抵御来自海上的袭击，但收效甚微。先人们把这些修道院建立在海边的孤岛上，本是为了躲避尘世无休止的战乱，没想到反而成了维京人最好的猎物。维京人不仅杀死教士，将幸存者贩卖为奴，还将教堂中一切带有金银的物品卷走。对于一些极其重要的人或物，如教区主教和装订精美的手抄圣经等，他们还会明码标价，让英格兰人花钱赎买。这种强盗加绑架犯的行径给维京人带来了巨大的收益，也让信仰基督的英格兰人恨之入骨。

进入9世纪后，维京人将注意力转移到了弗里西亚（Frisia，现在荷兰的北部沿海地带）。这里是法兰克帝国中贸易和手工业最为发达的地区，自然也是最富庶的地方，城市中的人口和财富让维京人垂涎欲滴。于是，来自北欧的海盗和法兰克骑士们在这里连年鏖战，互有胜负，英格兰因此得到了喘息之机。国王们赋予了修道院更多的权力，现在教会也可以参与军队的组织，地区主教也担负起了世俗领主的一些职能。

和法兰克人纠缠了近半个世纪后，维京人重新把目光投向了英格兰。835年，一支维京船队突袭了肯特北部的谢佩（Sheppey），屠杀了很多无辜的平民。836年，35艘维京船绕到了西边，在布里斯托尔湾南部隶属于威塞克斯王国的卡汉普顿（Carhampton）登陆。按照每艘船60—80名船员的常规数字计算，这支维京军队的规模应在2100—2800人之间。此时，第一次维京人登陆时的威塞克斯国王布立特里克早已被他狠心的妻子下毒杀死，在位的国王是他生前曾经驱逐的埃格伯特（Ecgberht）。埃格伯特是一位武功卓著的君王，他在位期间多次击败麦西亚，不仅让威塞克斯获得了独立，还控制了埃塞克斯和苏塞克斯等地，是一位名副其实的战士国王。得知维京人登陆的消息，他动员起附近数个郡的军队，前往登陆点拒敌。在萨姆赛特郡的海滩上，两军交战。出人预料的是，拥有主场之利和人数优势的威塞克斯军队竟然遭受了惨重的失败，他们不仅逃离了战场，还损失了数位高级军官，其中包括两位郡长——杜达和奥斯莫德、两位主教——赫里弗里思和威格森。

▲ 埃格伯特国王的画像

虽然遭受了预料之外的失败，埃格伯特依旧表现出一位英明君主的镇定与手腕。他立刻压制住了国内的骚动，积极着手恢复实力。两年后的 838 年，又一支维京舰队南下来到布里斯托尔湾，这次他们是受到康沃尔地区的威尔士王国杜诺尼亚（Dumnonia）的邀请，和威尔士人合兵一处，共同对付威塞克斯人的。面对强敌的进犯，埃格伯特坚定地带兵前去抵抗，丝毫没有被失败的阴影所笼罩。他吸取了上一次失败的教训，没有到海滩上御敌，而是前往维京－威尔士联军必经之路旁的兴斯顿唐（Hingston Down），将军营设在一座小山上。埃格伯特的努力和决心没有白费，维京－威尔士联军果然来到此地，决战中占据了地利的威塞克斯人最终取得了胜利，不仅赶跑了维京人，解除了他们的威胁，还迫使杜诺尼亚向威塞克斯臣服，成为后者的附属国。埃格伯特终于将自己的势力伸进了不列颠的最西南端。

1 年后，69 岁的埃格伯特与世长辞，埃塞尔伍尔夫（Aethelwulf）即位，维京人对威塞克斯的攻击也愈发猛烈起来。840 年，由 33 艘船组成的维京舰队猛攻威塞克斯重要城市南安普顿（Southampton）。当地民兵在郡长伍尔夫赫德的带领下痛击入侵者，打退了他们的进攻，但是郡长本人受了重伤，不久后就去世了。同年，另一支维京船队入侵波特兰，郡长埃塞尔赫尔姆率兵与他们鏖战，多次打退了维京人的进攻，但最后还是力不能支，遭受失败，郡长本人阵亡，士兵纷纷逃散。843 年，35 条维京船组成的军队再次进犯卡汉普顿，埃塞尔伍尔夫国王领兵前去迎击，想在这块他父亲埃格伯特遭受失败的地方洗刷耻辱，却也被打败了。848 年，维京船队驶入帕雷特河（River Parrett）河口，萨姆赛特郡郡长恩伍尔夫（Eanwulf）、多赛特郡郡长奥斯里克和多赛特主教埃尔斯坦（Ealhstan）三人带领两个郡的民兵和武装教士组成一支大军，大败维京人。851 年，德文郡郡长切奥尔在威甘堡（Wicganbeorg）击退了一次维京人的进攻。

总体来看，维京人对威塞克斯的侵扰虽然猛烈，却难以伤及后者的根本，原因在于此时的威塞克斯刚结束了与麦西亚的长年战争，士兵和将领都经历了血与火的洗礼，尽皆骁勇善战。然而，就是这样强大的国家也只是和维京人互有胜败，堪堪打个平手，可见北欧人军力的凶悍。在面对较为弱小的国家时，他们更是如入无人之境。

841 年，维京人进攻肯特南部，郡长赫里伯特自知不敌，带人逃进了拉姆尼沼泽（Romney Marsh）。该沼泽难以通行，曾在多次麦西亚人的入侵中保护过本地民众。然而，维京长船吃水极浅的特性让他们可以不受阻挡地直入沼泽深处，赫里伯特因此被杀，跟随他一起进入沼泽的人也大多死亡。第二年，维京人驶入泰晤士河，在伦敦、坎特伯雷和罗切斯特附近大肆砍杀来不及逃进城里的民众，一时间盎格鲁－撒克逊人尸横遍野。

851 年，由 350[1]艘船组成的庞大维京舰队再次进入泰晤士河，猛攻坎特伯雷和伦敦。这支维京大军打败了麦西亚国王布里特伍尔夫，后者仓皇逃走，把这两座重要的城市留给了异教徒。大肆抢劫一番后，维京军队的一支分队继续南下，进入了受威塞克斯王国庇护的萨里（Surrey）地区。在阿克利（Aclea），威塞克斯王埃塞尔伍尔夫击败并屠杀了这批维京人，幸存者逃到了附近的一个小村子里，被一群村妇围殴致死。与此同时，肯特王埃塞尔斯坦和郡长埃尔希尔乘船出海，在桑威奇（Sandwich）附近偷袭了维京人的后卫部队，俘虏了 9 条船，并把余下的人赶走了。不过，这些小胜利并没有太大的战略意义，维京军队的主力在饱掠一番后向东回转，但他们并没有像之前的维京人那样完成抢劫后就回到斯堪的纳

---

① 这个数字严重夸张，将其除以 10 之后大概才和真实数据更加相近。

维亚，而是在肯特东北部的萨尼特岛安营扎寨，准备过冬，这也是维京军队首次在英格兰过冬。萨尼特岛是传说中的盎格鲁－撒克逊人始祖亨吉斯特和霍萨的领地，也是黑暗时代第一位传教士奥古斯丁的登陆点，可以说是肯特王国的"龙兴之地"，现在却被来自北欧的异教徒占据，对盎格鲁－撒克逊人来说这真是莫大的讽刺。

肯特人当然不能坐视这样的事情持续下去。853 年，他们联合萨里人，在埃尔希尔和赫达这两位郡长的带领下，猛攻萨尼特岛。经过一场恶战，维京人最终取得了胜利，但双方都损失惨重，很多人掉进河里淹死了，埃尔希尔和赫达双双阵亡。不过，两位郡长的奋战没有完全白费，因为惨重的损失，维京人并没有在萨尼特长期逗留，又过了一冬后就扬帆回家了。之后的几年里，英格兰各国获得了难得的喘息之机。

就在这短暂的和平时期，唯一能有效抵御维京人入侵的威塞克斯国内却发生了一场大变故。这场变故缘于国王埃塞尔伍尔夫的一项决定。851 年，也就是维京人在萨尼特过冬的那一年，埃塞尔伍尔夫突然颁布了一项法案，他要将威塞克斯全国十分之一的土地捐献给教会，"用以赞颂天主，并使他本人的灵魂得救以至永恒"。要知道，教会虽然长期收取什一税，但那只是收取某块土地产出的十分之一，而不是将土地的所有权归教会，所以这条法案在威塞克斯国内引起了轩然大波。教士们纷纷弹冠相庆，不断祝颂埃塞尔伍尔夫的虔诚和仁慈，保守派则议论纷纷，他们中有不少是身居高位的要人，甚至有传言说，几个王子都对父亲的这一决定颇有微词。然而，埃塞尔伍尔夫完全不顾这些反对意见，他不仅确认了这一法案，还进一步宣布，自己要带着幼子阿尔弗雷德（Alfred）离开英格兰，前往罗马朝圣。这下子，群臣已经不再是震惊，而是纷纷出言反对了。在维京人不断袭扰的多事之秋，国王竟然要离开国家去远在天边的罗马，这是多么不负责任的行为！可惜，埃塞尔伍尔夫一意孤行，他固执地认为，维京人是上帝派来惩罚英格兰人的，因为他们都不虔诚，只有亲自去罗马，在教皇面前忏悔自己的罪过，并将宠爱的幼子交由教会培养，自己和自己的国家才能得救。于是，在 855 年，埃塞尔伍尔夫带着阿尔弗雷德和大批随从启程前往罗马。

埃塞尔伍尔夫的旅程十分顺利，一行人到达罗马后受到了教廷的热情款待。

作为一名富有的君主，埃塞尔伍尔夫没有吝惜财物，将很多贵重的礼物赠予教廷，其中包括一顶 4 磅重（约合 1.8 千克）的纯金王冠、2 只黄金高脚杯、1 柄黄金宝剑、4 只银碗、2 条丝绸长裤和 2 条有黄金内衬的面纱。不仅如此，他还将许多金银分发给罗马的普通民众，以示自己的慷慨。大喜过望的教皇利奥四世立刻将阿尔弗雷德收为教子，并将罗马城内不久前毁于一场大火的英格兰人聚居区加以修缮。在罗马停留了 1 年后，埃塞尔伍尔夫启程回国，在路上他拜访了西法兰克国王"秃头"查理，后者对他的热情丝毫不逊于教皇，还将自己年仅 13 岁的女儿嫁给了当时已经是个糟老头子的埃塞尔伍尔夫。

当埃塞尔伍尔夫带着娇妻得意扬扬地回到威塞克斯时，已经是 858 年的春天了。然而，迎接他的不是鲜花和掌声，而是一个晴天霹雳般的消息：他的大儿子埃塞尔博尔德（Aethelbald）竟然发起了一场政变，并表示不愿意再让埃塞尔伍尔夫重回王位了！其实，这场变动根本算不上是政变，埃塞尔伍尔夫离开威塞克斯已有 3 年，王国的全部事务都由埃塞尔博尔德打理，后者体现出了高超的政治技巧，将王国治理得井井有条，没有让维京人找到任何可乘之机。当大臣们知道埃塞尔伍尔夫带着个年轻的异国妻子回来了之后，他们立刻对这桩婚姻提出了反对——英格兰人总是不喜欢自己的君主和大陆上的女性结婚，从古到今都是如此。曾在帕雷特河口之战中大败维京人的功臣——郡长恩伍尔夫和主教埃尔斯坦对此尤为反感，他们认为应该保持现状，让埃塞尔博尔德直接即位。埃塞尔博尔德也有自己的算盘，他担心父亲宠爱的新妻子生下一个儿子，那么自己的地位就会不保，所以也不想让父亲回国。由于有着共同的诉求，两方一拍即合，随即对外宣布，埃塞尔博尔德已经是正统的国王了，威塞克斯不欢迎抛弃王国长达 3 年的老王埃塞尔伍尔夫，后者必须离开。

被大儿子篡了位，埃塞尔伍尔夫只好带着随从和娇妻往东走，去附属于威塞克斯的苏塞克斯和萨里等地避难。还好，掌管此地的二儿子埃塞尔伯特（Aethelberht）对父亲还有几分孝心，他收留了埃塞尔伍尔夫，并主动交出了辖地的管理权。这样，威塞克斯实际上分裂成了两个国家，实力受到很大影响，已经不能再帮助别的国家抵抗维京人了。

860 年，维京人卷土重来，他们绕过上次久攻不克的南安普顿，逆流而上到达温切斯特，并猛攻该城。曾经击败过维京人的郡长奥斯里克赶忙集结了汉普顿郡和伯克郡的民团，不过仍然不能与维京人正面抗衡。奥斯里克于是决定放弃温切斯特，而在维京人回师的途中伏击他们。这一计策果然奏效，满载而归的维京强盗们警惕性降低了很多，英格兰人成功地发动了一次突袭，让他们大败而走。虽然取得了胜利，威塞克斯人也付出了极为惨重的代价，温切斯特被攻破并遭洗劫，城内居民死伤枕藉。864 年，维京人又来到萨尼特岛赖着不走，无可奈何的肯特人只得与他们和谈，答应用一大笔钱买平安。维京人同意了这一请求，但是就在肯特人松了一口气开始筹集钱款之时，维京人趁夜出发，突然袭击了毫无防备的盎格鲁－撒克逊人，整个东肯特陷入了一片火海之中。

865 年，一支规模空前的维京军队来到了英格兰，和它比起来，之前任何一次入侵都只能算是小规模的劫掠，英格兰文献将其称为"异教大军"（Great Heathen Army），又由于这些维京人主要来自丹麦，它也被称作"丹麦大军"。关于这支军队的规模，学界一直多有争议，不过大家都承认这支军队至少有数千人之众，最高的估计则认为它的规模超过了 2 万人。异教大军的首领有 3 个人，分别叫哈夫丹·拉格纳尔森（Halfdan Ragnarsson）、"无骨者"伊瓦尔（Ivar the Boneless）和乌巴（Ubba），萨迦中说他们三个都是维京英雄人物拉格纳·洛德布鲁克（Ragnar Lodbrok）的儿子。据传，拉格纳曾经多次远征爱尔兰和英格兰，865 年的一次海难中他乘坐的船沉没了，他漂流到了海滩上，被与他有仇的诺森伯里亚国王埃拉（Aella）捉住，埃拉将拉格纳锁进了一个充满毒蛇的地窖里，将他折磨至死，他的三个儿子是为了报仇才组织起大军入侵英格兰的。

这支异教大军的第一站是东盎格利亚，这里的人民已经很久没有经历过战争了，不知所措的他们赶紧和维京人议和，并许诺了大批钱财。维京人同意了他们的议和请求，只是添加了一条，要求东盎格利亚人提供足够他们使用的马匹。维京人的要求立刻得到了满足，他们于是在这里设立营地过冬。第二年春天，这批维京人扬帆离开，所有英格兰人都松了一口气，以为这群瘟神被东盎格利亚人喂饱后选择离开。让他们没想到的是，这些维京人并未回到斯堪的纳维亚的老家，他们出海不久后就调转船头，北上直指诺森伯里亚！

此时的诺森伯里亚正经历一场严重的内乱——虽然在这个国家内乱并不是

什么新鲜事。前文所述的埃拉并不是诺森伯里亚的正统国王，他的兄弟奥斯伯特（Osberht）才是。奥斯伯特在位期间，与教会发生了严重的冲突，起因是两处教会大地产的归属权问题。奥斯伯特想要将这两块土地收归王室所有，引起了教会的激烈反抗，后者不仅拒绝撤回这两片地产上的人员，还在各种书籍中辱骂奥斯伯特，说他是渎神者。不过，这两块土地最后还是被奥斯伯特收了回去，主教们为此愤愤不平，于是他们发挥在人民中的影响力，把奥斯伯特赶下台，扶植他的兄弟埃拉上台。没想到，埃拉也不是省油的灯，他不仅没有归还之前侵占的两块

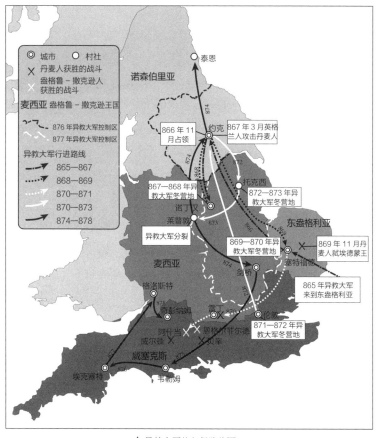

▲ 异教大军的入侵路线图

土地，还变本加厉，将其他四块属于教会的地产收入囊中。埃拉还特别残暴，从上文所述处死拉格纳的方式上就可以看出他对待敌人的残忍，即便是对待臣民，他也丝毫不手软，大家都称他为暴君。偷鸡不成反蚀把米，这下子诺森伯里亚的主教们彻底懵了，他们只好再去请奥斯伯特出山，来为他们主持公道。于是乎，诺森伯里亚同时存在两个国王，政令一片混乱，闹得不可开交。

就在诺森伯里亚被王位之争弄得焦头烂额之时，维京人已经进入了亨伯河，不受阻拦地向内陆挺进。867 年 11 月 1 日，维京人潜行到了诺森伯里亚首都约克城下，发动突袭，一举占领了这座北方重镇。幸好两位国王当时都不在首都，不然就被一网打尽了。即便如此，约克失陷的消息还是让整个诺森伯里亚震惊，前一刻还在钩心斗角的两位国王立刻握手言和，结为同盟，在第二年开春时节组织起一支大军，发誓要收回他们的都城。3 月 23 日，诺森伯里亚的军队开到了约克城下，出乎他们预料的是，维京人对约克的防守似乎十分薄弱，于是两位国王立刻决定攻城。诺森伯里亚人很快冲破了城门处的防守，先头部队在国王亲兵的带领下迅速突入城内，胜利似乎唾手可得，两个国王开始琢磨战后的权力分配问题，他们的亲兵甚至因为某些重要设施和财产的归属问题，已经发生了一些小冲突。然而就在这时，维京人的伏兵突然杀出，以狂战士为先导的北欧人迅速冲向了城门，大砍大杀留在这里的诺森伯里亚人，将他们的军队拦腰折断。诺森伯里亚军队立刻陷入大乱，城内的人面对四面八方涌来的维京战士寡不敌众、且战且退；城外的人不知里面发生了什么，高级军官又都在城里，所以群龙无首，不知道该干嘛。不久后，维京人就击败了城中的诺森伯里亚人，奥斯伯特战死，埃拉被俘，城外的人也被迫向维京人投降。战后，维京人首领伊瓦尔举行了一场被称为"血鹰"的维京式祭祀活动。他命人将埃拉绑在船头，用刀子割开他的胸膛，砍断其肋骨，把还在翕动的肺叶扯出来挂在他的肩膀上，以告慰其父拉格纳的在天之灵。随着两位国王的相继死亡，诺森伯里亚王国沦陷。

约克之战有着极为重要的历史意义，在此战之前，维京人还从未占据任何一座英格兰城市，或者消灭任何一个盎格鲁－撒克逊王国。现在，长年雄踞北境的诺森伯里亚已经倒在了异教大军的脚下，约克成了侵略者的大本营，其雄厚的人力、物力也为他们所用，维京人在英格兰的征服史正式开幕。

▲ 维京人处死埃德蒙

异教大军的下一个目标是麦西亚。868 年，他们从约克南下，一路打到诺丁汉（Nottingham），并在那里宿营过冬。麦西亚王伯雷德无力对抗维京人，于是他询问议政大臣们该怎么办，大臣们一致建议向威塞克斯求援，伯雷德就照办了。此时威塞克斯国内的情况也相当糟糕，埃塞尔博尔德和埃塞尔伯特相继去世，现在的国王是老国王埃塞尔伍尔夫的四儿子埃塞尔雷德（Aethelred）。10 年中接连死了两个国王，重臣们都担心新王埃塞尔雷德的健康，他们甚至把他久居罗马的幼弟阿尔弗雷德都召了回来。对于支援麦西亚，他们都反对。不过，坚毅的埃塞尔雷德仍然坚持御驾亲征，他集结起威塞克斯军队进入麦西亚，围困了诺丁汉，把维京人封锁在城中。诺丁汉的城堡十分坚固，威塞克斯和麦西亚的联军并没有什么好办法攻破它，随着时间的推移，他们的补给告警，为了避免彭达在卢迪乌的惨败再次上演，麦西亚人与维京人签订了和平协议（很可能是一个对麦西亚非常不利的协议），后者放弃诺丁汉，回到了约克。

经过一年多的休整后，异教大军在 870 年重新出征，他们骑马穿越了麦西亚的领土，进入东盎格利亚，并在该国首都附近的塞特福德宿营。11 月的时候，忍无可忍的东盎格利亚国王埃德蒙前去攻打维京人的营地，兵败被俘。维京人先是逼迫他改信北欧异教，遭到拒绝后他们毒打了埃德蒙一顿，然后把他绑在一棵树上当靶子，让弓箭手用乱箭射死了他，最后砍下了他的头颅扔进荒野里。于是，东盎格利亚也步了诺森伯里亚的后尘，沦陷于维京人之手。战胜埃德蒙后，维京人开始大肆寻找并搜刮修道院，包括著名的米兹汉姆斯特德在内的几乎所有修道院都惨遭毒手，院长和修士们被杀，财富被掠夺，教堂在火焰中化为瓦砾和灰烬。

征服了诺森伯里亚、麦西亚和东盎格利亚三个国家之后，异教大军距离彻底毁灭英格兰只有一步之遥，挡在他们面前的只剩威塞克斯了。871年年初[①]，维京大军进入了威塞克斯，驻扎在雷丁（Reading）城，9世纪英格兰历史中最为血腥的6个月由此拉开了序幕。

维京人到达雷丁城的3天后，由两位丹麦伯爵（Earl）率领的斥候部队骑马向西出发，在雷丁以西10英里的恩格尔菲尔德（Englefield），他们和郡长埃塞尔伍尔夫[②]率领的威塞克斯先头部队遭遇，一阵激战后，维京人退却，一名叫西德罗克的伯爵阵亡。不过，维京人也因此知道了威塞克斯军队的动向，提前做好了准备。1月4日，由埃塞尔雷德国王和他的弟弟阿尔弗雷德率领的威塞克斯主力来到雷丁，对维京营地发动了凶猛的进攻。维京营地的选址十分巧妙，它处于泰晤士河和肯奈特河的交叉处，三面环水，易守难攻，维京人还特意在营地外挖掘了壕沟，进一步增加了攻城的难度。激战中，包括郡长埃塞尔伍尔夫在内的大批将士长眠沙场，维京人的损失同样不小，但威塞克斯人始终无法攻破维京人的防线，最后被迫撤退。取得了雷丁之战的胜利后，维京人短暂地休整了一下，便立刻拔营西进，他们分为两支部队，齐头并进地向威塞克斯腹地穿插。1月8日，在伯克郡的阿什当（Ashdown），埃塞尔雷德和阿尔弗雷德的军队截住了维京人。威塞克斯的军队被分为两部分，布置在一条山脊的两侧，分别由埃塞尔雷德和阿尔弗雷德指挥。埃塞尔雷德面对的是哈夫丹和巴格塞吉两位维京国王，而阿尔弗雷德面对的是一众丹麦伯爵。当维京人逼近时，阿尔弗雷德向埃塞尔雷德请示何时发动进攻，得到的答案却是让他暂时不要妄动，因为国王要做战前祈祷，祈祷结束了才能开战。眼看着丹麦人一点点逼上来，英格兰人的地利即将消失殆尽，国王发动进攻的命令却迟迟未到，阿尔弗雷德当机立断，发起攻击，早就等得不耐烦的威塞克斯战士立刻冲向维京人，双方战成一团。另一边，两位维京王的部队见状立刻靠了过

[①] 盎格鲁－撒克逊人的新年是在9月份，维京人到达雷丁的时间应该是870年12月底，为了和文献记录统一这里还是写了871年。

[②] 他和之前的威塞克斯国王埃塞尔伍尔夫姓名相同，但不是同一个人。

来想要夹击阿尔弗雷德，埃塞尔雷德不能眼看弟弟腹背受敌，也率军冲下山来加入战斗，和维京王的部队杀在了一起。战斗进行得非常激烈，在战场中间的一棵荆棘树周围战况尤为惨烈，双方死伤士兵的鲜血把树下的土地都染红了。最终在入夜时分，战斗分出了胜负，威塞克斯人赶跑了维京人，还杀死了他们的五位伯爵，分别是老西德罗克、小西德罗克（结合上面的记载，西德罗克一家已经死了三个，怕是要绝嗣了）、奥斯本、弗雷纳和哈罗德。

在两次西进都失败后，异教大军开始改变策略，转而向南进军，意图摧毁威塞克斯南部的产粮区，并威胁温切斯特。埃塞尔雷德和阿尔弗雷德也挥师南下，在贝辛（Basing）的罗马大道上截住了异教大军。这次，维京人获得了战斗的胜利，但是也遭受了很大的损失，他们估计自己已无力威胁温切斯特，于是撤回了雷丁的营地。此次战斗后，双方都休养生息了两个月之久，待到双方补充完兵员和武器，时间已经到了3月。3月22日，两军在威尔特郡的梅雷顿（Meretum）再次交战，这一次威塞克斯军队虽然多次打退哈夫丹国王指挥的两支丹麦军队的进攻，但最

▼阿什当战役中，维京人和威塞克斯人争夺山顶的控制权

后还是遭受了决定性的惨败，包括赫蒙德（Heahmund）主教在内的多名高级军官阵亡，连埃塞尔雷德国王也身受重伤。为了不让国王受到维京人的袭扰，阿尔弗雷德命人将他送到了远离前线的多赛特去疗养。然而，由于伤势过重，埃塞尔雷德还是这一年的4月15日复活节那一天去世了，年仅24岁。威塞克斯全国因为国王的逝世悲痛不已，在一片哀声中，22岁的阿尔弗雷德接过了王冠，他是威塞克斯王室硕果仅存的男丁了，延续了数百年的王位传承面临断绝的危险。1个月后，阿尔弗雷德率领梅雷顿之战后剩下的残兵，试图在威尔顿阻击维京人，但再次遭受了失败。至此，871年的上半年里，丹麦人和威塞克斯人共进行了9次大战（其中好几次没有被记录），威塞克斯胜少负多，士兵和高级将领损失惨重。维京人的损失也不小，他们有1位国王和9位伯爵战死沙场。

在这一年的年底，精疲力竭的交战双方达成了一个暂时的和平协议，威塞克斯获得了喘息之机，异教大军则离开威塞克斯，前往伦敦休整。不过，双方的"造血"能力显然不在同一水平线上。异教大军拥有东盎格利亚和诺森伯里亚的统治权，可以轻易动用这两个国家的人力、物力，他们还在这一年的夏天得到了一支来自北欧的强大援军，所以很快就恢复了实力。874年，哈夫丹和伊瓦尔将他们的大本营从林奇迁移到了麦西亚境内的雷普顿，赶跑了和他们签订了和平协议的麦西亚国王伯雷德，后者仓皇地离开英格兰前往罗马，并在那里去世。之后，维京人扶植了一个傻头傻脑的名叫切奥尔伍尔夫的人作为麦西亚的傀儡王，他不仅要为维京人打理麦西亚的政务，还要随时准备召集一支军队在开战时和异教大军一同战斗。相比之下，威塞克斯的实力就要薄弱得多了，它的两个主要产粮区——泰晤士河上游河谷和南安普顿沿海平原都处在维京兵锋的威胁下，其他地区多为山地和沼泽，一旦开战，军粮供应就是个大问题；再加上在871年的数次大战中损失了很多士兵，他们的人力资源也出现了短缺。当然，最重要的问题还是在国王身上，年轻的阿尔弗雷德前半生几乎都在罗马度过，只是近几年才被召回英格兰，没有什么统治经验，人们不禁想问："在这样一位君王的带领下，威塞克斯会走向何方？"

巨龙之怒：阿尔弗雷德大帝与威塞克斯王权

在介绍阿尔弗雷德与维京人的进一步交锋之前，我们有必要详细叙述一下威塞克斯王国的具体情况。历史上，盎格鲁－撒克逊各主要国家都是由两个或者多个小国合并而来的，如上文中多次提及的由德伊勒和伯尼西亚合并而成的诺森伯里亚，由贺威西和中盎格利亚合并成的麦西亚，由诺福克和萨福克合并而成的东盎格利亚，以及东西分治的肯特。威塞克斯也是如此。历史学家的研究表明，该王国最初的发源地是泰晤士河上游河谷，这里最早在 3 世纪晚期就有大量撒克逊人居住，是不列颠境内最古老的撒克逊人聚居区之一，早期几位威塞克斯王的加冕地也在这个区域内。日后威塞克斯王国的另一核心区域是怀特岛和它对岸的南安普顿地区，该地的统治者和肯特王族有着很近的亲缘关系，比德在《英吉利教会史》中甚至把怀特岛的居民直接称为朱特人。这两个区域的合并最终造就了威塞克斯王国。

在国家建立的过程中，威塞克斯王室体现出了高超的政治手腕：怀特岛的朱特贵族在合并后享受了很高的政治和经济特权，但是从来没有能力触及王位，这就避免了威塞克斯像诺森伯里亚那样出现长期的王位之争。实际上，在长年累月的政治斗争中，威塞克斯王室取得了绝对的支配权，压制住了国内的所有反对势力，即使是在被麦西亚压制的最低潮时期也是如此。他们甚至为此修改了国家的起源传说，以便从法理上获得统治的合法性。在比德等早期作者的笔下，威塞克斯王族的起源是一个叫奥斯克(Oisc)的传说人物,威塞克斯人又被称作"奥斯克的子孙"（Oiscing）。到了 9 世纪，为了证明威塞克斯王室对怀特岛地区享有无可争辩的统治权，编年史学家编造出了两个年代更早的传说人物——彻迪克（Cerdic）和金里克(Cynric)，将他们列为威塞克斯王族的始祖。在这个虚假的"建国传说"中——虽然别的建国传说也有编造的成分，但都没有威塞克斯的这么"过分"——彻迪克和金里克是 495 年来到不列颠的，他们攻占了包括怀特岛等地在内的大片领土，并将怀特岛送给了他们的亲属斯图夫和威特加来统治，后二人是肯特王族的支系，也是怀特岛地区真正统治者的祖先。通过捏造和歪曲，威塞克斯王室从法理和血缘的双重标准上确立了自己在国内至高无上的地位，这种手法用今天的眼光来看十分无耻，但在当时的确非常有效，威塞克斯避免了诺森伯里亚那样的内部纷争，成了一个统一的强大王国。

9世纪，威塞克斯的军制与之前相比也有了很大的变化。在盎格鲁－撒克逊人迁徙到不列颠后的数百年里，哥赛斯和炉边守卫逐渐消失，一个名为塞恩（Thegn）的新军事精英阶层悄然兴起。和哥赛斯最大的不同在于，塞恩要从国王或者贵族那里取得土地的终生使用权，以此作为他们军事义务的回报。从法理上说，塞恩的土地是不可以世袭的，在他死后就要收归国有，但是在现实中，塞恩的职位通常由长子继承，只要他向国王一次性缴纳一笔可观的"遗产税"，他就可以继续使用这片土地。所以，塞恩实际上成了大土地所有者，只是比中世纪中晚期封建制度下的封臣权力稍小而已。不过对于塞恩阶层来说，"遗产税"还是一个相当沉重的负担，据一份9世纪的文书记载，一个塞恩去世后，他的子孙如果想继承父辈的土地，必须向国王上交4根长矛、4面盾牌、4匹马、2柄剑、1顶头盔和1副链甲，并提供能够使用这些武器的人员，在国王需要时参加战斗。塞恩大体上可以分为"皇家塞恩"和"郡塞恩"，前者从国王那里直接接受封地并担任中央官员，战时则充当国王的亲卫，职能上和炉边守卫非常相似；后者的封地则在地方，他们最主要的职责是集结和统领民团（fyrd）。作为军队的主体，民团还是由刻尔阶层组成，他们自备武器和盔甲盾牌，战时在塞恩的带领下走向战场。不过，由于刻尔的农奴化和贫困化，此时的盎格鲁－撒克逊军队已经没有了拓殖时代的锐气，只有长期和康沃尔威尔士人作战的威塞克斯民团还保有不错的战斗力。

阿尔弗雷德即位之时，面对的是一个烂摊子。871年的几场大战让威塞克斯伤了元气，之前新征服的苏塞克斯和萨里等地区也脱离了他们的控制，在威塞克斯与维京人之间摇摆。不过，有一个好消息，那就是异教大军最初的领袖们似乎有些"厌战"情绪。在经历了和威塞克斯半年的血战之后，这些头领的亲兵遭受了严重的损失，他们不想继续在不列颠西南的崇山峻岭中和倔强的威塞克斯人死磕了，他们即便取胜也只能得到一些贫瘠的土地，还不如去已经征服的地方享福。于是，哈夫丹带着一部分人去了诺森伯里亚，在泰恩河畔作威作福，皮克特人和斯特拉斯克莱德威尔士人都对他称臣纳贡，一部分维京人还解甲归田，在那里当起了自耕农；伊瓦尔则很可能去了爱尔兰，他早年就在那里有过频繁的活动；其他很多首领去了东盎格利亚。现在异教大军的首领名叫古思伦（Guthrum），是一个阴险狡诈的人。875 年，他带着剩下的军队从雷普顿出发，到剑桥附近扎营，并在那里住了一年，和他一起的还有奥斯基特尔和安文德两位丹麦国王。利用这段宝贵的时间，阿尔弗雷德在恢复实力的同时，还腾出手来肃清了几股小规模的维京战团，如在 875 年夏天，他亲自率领威塞克斯仅有的一支舰队出海，偷袭了 7 艘维京船组成的小船队，俘虏了其中的一艘，其余则作鸟兽散。

876 年，维京大军和威塞克斯之间的战事重启。古思伦的军事策略和哈夫丹有很大不同，比起后者鲁莽而直接的战略战术，古思伦似乎并不想过早地和威塞克斯军队在正面战场上进行对决，而是希望通过劫掠和破坏的方式削弱威塞克斯的国力，在阿尔弗雷德精疲力竭时再给予最后一击。经过精心的策划，古思伦率军绕过了威塞克斯的防线，穿插进威塞克斯的后方，一路烧杀掠抢。阿尔弗雷德得知后，在他的身后穷追不舍，但由于维京人早早备足了马匹，以步兵为主的威塞克斯军队始终无法追上他们。在你追我赶的过程中，维京人几乎杀穿了威塞克斯的国土，从最北边一路来到了多赛特南部的沿海城市韦勒姆（Wareham）。维京人入城后不久，阿尔弗雷德就带领疲惫不堪的军队来到城下，将城市围困起来，希望困死这伙在他的国土上为非作歹多日的维京强盗。然而，就在威塞克斯人以为这一次维京人终于走投无路时，又一个噩耗传来：哨兵们看到在韦勒姆以东的普尔海湾（Poole Harbour）里，一支庞大的维京舰队正遮天蔽日而来！

原来，狡猾的古思伦早已和大陆上的维京人暗通款曲，邀请后者前来助阵，他的这些远房亲戚们立刻答应，带着 120 艘船和 4000 名以上的战士，按照定好的时日扬帆起航，不受阻拦地到达了预定的登陆地点，与古思伦合兵一处。在这些生力军加入之后，阿尔弗雷德立刻就从优势方转变成了劣势方，他那支疲惫的军队不仅要提防城内维京人的突围，还要随时警戒海上新来维京人的偷

▲ 韦勒姆城中一个名为"血腥之岸"的小高台，就在其中世纪城墙的旁边，相传阿尔弗雷德和维京人在此交战

袭，可以说是腹背受敌、十分不利。于是，阿尔弗雷德开始和古思伦议和。在谈判的过程中，古思伦表现得非常有诚意，他不仅同意向阿尔弗雷德提供一些重要的人物当人质，还向一个据说是从奥丁神殿里拿出来的非常贵重的圣环起誓，表示要尽快离开威塞克斯回到他们原来待的地方去。由于之前没有哪个维京人向类似的圣物起誓，阿尔弗雷德相信了古思伦，撤除了对韦勒姆的包围，让出了一条通道。

谁知道，这次和谈又是古思伦的一个骗局。在阿尔弗雷德解除包围后，困守城中的维京人骑着马，趁着夜色偷偷出了城。不过，他们没有按照事先说好的往北走返回剑桥，而是掉头向西，和海上的舰队一起朝着威塞克斯的大后方康沃尔挺进。与饱受维京人袭扰的泰晤士河上游河谷和南安普顿沿海平原相比，康沃尔虽然贫瘠，但是多年没有经历兵灾，现在是威塞克斯王国最重要的大后方。古思伦此举显然是深思熟虑的结果，他想搅乱威塞克斯最后一片和平的国土，彻底摧毁其战争潜力。在觉察了维京人的阴谋之后，阿尔弗雷德急忙率军追赶，但不敢靠得太近，原因就在于海上如影随形的维京舰队。这些恼人的船只不仅能随时监视威塞克斯军队的动向，汇报给前方的古思伦，还能在危急时刻收容岸上的维京军队，非常灵活，让阿尔弗雷德头痛不已。威塞克斯弱小的海军显然不能与这样一支强大的船队相抗衡，阿尔弗雷德只能跟在它的后面，一边追赶古思伦，一面收拾被异教大军蹂躏的乡村。

这时，转机出现了。在绕过一个海角时，维京舰队遭遇了一场猛烈的风暴，战舰几乎全部葬身海底，剩余的也惊慌地逃回了大陆，古思伦现在孤立无援了。阿尔弗雷德立刻命人快马加鞭地追赶维京大军，后者见势不妙，一头扎进了埃克塞特（Exeter）城中，固守不出。此时已经是秋天，快要到收获的季节了，阿尔弗雷德军队的主体都是来自东部国土的民兵，他们虽然可以舍生忘死地跟随国王一路追杀到此，却不能不担心自己地里的庄稼。眼看军心浮动、士气低落，阿尔弗雷德没有办法，只好再次和维京人议和。这一回，已经没有花招可耍的古思伦乖乖地签订了和平协议，然后带人返回了麦西亚。

古思伦的第一次尝试算不上失败，也算不上成功。他破坏了不少威塞克斯的财产和国土，但并没有让阿尔弗雷德的军队遭受损失，康沃尔依旧是威塞克斯稳定的大后方。由于没有了来自大陆的维京舰队的配合，古思伦的下一次侵略如果还采取相同的策略，早有防备的威塞克斯人肯定会将他挫败。于是，他在寻找新盟友的同时改变了战略方针，确定了新的目标：直接杀死阿尔弗雷德。

在埃克塞特战役结束后不久的 877 年冬，阿尔弗雷德前往位于威尔特郡的奇彭纳姆（Chippenham），在那里的王家庄园里过冬。这里临近一片大森林，有众多的野生动物，是一处王家猎场，阿尔弗雷德很喜欢这里，他将家族成员都接到这里来居住。得知此事的古思伦立刻启动了自己的计划，他挑选出最精锐的维京战士，组成了一支规模不大的突击队，带上马匹、粮食和衣物，从麦西亚的大本营出发，偷偷潜入了威塞克斯的领土。在主显节之后的 1 月 6 日，维京人从冰天雪地中突然杀出，冲进了奇彭纳姆，见人就砍，城内顿时一片大乱。由于事发突然，民团的成员们还来不及拿起武器就被杀死在家中，幸亏塞恩们英勇奋战，才杀出了一条血路，护送阿尔弗雷德和他的家眷突围。为了摆脱维京骑兵的追赶，他们突围后并没有选择向东方和南方跑——这两个方向分别通往泰晤士河河谷和南安普顿，而是一头扎进了西边的丛林，向密林深处逃去。这样一来虽然保住了王室成员，却等于把威塞克斯的大片国土拱手让给了异教大军。

虽然没有抓到阿尔弗雷德，但古思伦的此次行动依然获得了极大的成功。他对外谎称阿尔弗雷德已死，威塞克斯国王的血脉已经断绝，自己才是这里的新君主。很多人绝望之下乘船逃亡海外，更多的人则向维京侵略者宣誓效忠，将古思伦视为合法的国王。为了加强自己的统治，古思伦还把麦西亚地区的很多维京人迁了过来，他们赶走威塞克斯的贵族们，把他们的土地收归己有。在这一时间点，维京人对英格兰的征服无限接近成功，只不过，他们现在的对手不是麦西亚国王伯雷德那样弃国逃亡海外的软蛋，而是坚韧的、永不放弃的、英格兰历史上第一位被称为大帝（Magnus）的国王——阿尔弗雷德。

从奇彭纳姆逃入树林后，虽然经历了很多波折，阿尔弗雷德一行人最终还是穿过了森林，到达了萨姆赛特地区。该地在当时是一片临海的大沼泽，水网密布，鲜有人烟，所以也不被维京人关注。阿尔弗雷德将落脚点选在了沼泽中心的阿瑟尔尼岛（Isle of Athelney，在古英语中的含义为"贵人之岛"，很可能是一处王家领地），该地四面环水、十分隐秘，还有一条铁器时代的先民挖掘的壕沟保护，

▲ 阿尔弗雷德大帝

防护措施也很周全。等到开春之后，阿尔弗雷德以此为基地，发动了对维京人的游击战。国王的亲卫们一面劫掠那些投奔了古思伦的富人，用他们的财富武装自己；一面向人们宣传，说阿尔弗雷德没有死，还在坚决抵抗维京人。萨姆赛特的民团首先被动员起来，他们跟随国王的塞恩频繁袭击驻扎在威尔特郡的维京人。在他们的感染下，越来越多的人开始相信阿尔弗雷德仍然健在，他们纷纷往西走，去萨姆赛特寻找国王。阿尔弗雷德热情地接待了这些来投奔的人，他们一起在阿瑟尔尼岛上建造了一个坚固的堡垒，还在堡垒中设立了铁匠铺，为军队打造武器和盔甲。到了这一年的复活节前后，阿尔弗雷德的实力迅速壮大，和维京人再次决战已经成为可能。

878年，复活节后的第7周，阿尔弗雷德下令集结全军，准备与维京人开战。消息传开后，萨姆赛特郡和威尔特郡的民团积极响应，甚至连汉普郡的民兵们也赶来参加，他们汇集在一块名为"埃格伯特之石"的大石头周围，阿尔弗雷德本人则站在石头上，号召士兵们和他一起驱逐入侵者，夺回家园。誓师之后，阿尔弗雷德发兵东进，两天后他们在威尔特郡的埃丁顿（Edington）遇到了维京大军。相比之下，阿尔弗雷德的军队拥有绝对的人数优势，而古思伦的军队虽然人数较少，但都是百战精锐，单兵素质和配合上远胜于英格兰人。根据双方的特点，阿尔弗雷德决定采取守势，诱使维京人进攻。他让手下模仿维京人的战法，结成一排又一排的盾墙，以抵消对手冲锋时巨大的贯穿力。

战斗开始后，古思伦果然率先发起了进攻，维京人竖起了代表奥丁的渡鸦大旗，在狂战士的引领下摆成野猪头阵，气势汹汹地冲向威塞克斯军队，如同海上的怒涛一般撞上了第一排盾墙。在长斧手凶猛的劈砍中，英格兰人手中的盾牌纷纷破裂开来，有的士兵甚至被斧刃直接砍成两截。使用剑和短斧的维京人则利用速度和力量，在盾墙上硬生生撞开了缺口，冲进了威塞克斯军阵的内部，猛砍英格兰人的手和腿等没有防护的部位，引起一阵阵混乱和惨叫。维京的长矛手则紧紧跟在精锐战士的身后，后者被数名威塞克斯士兵围攻时，他们就一阵戳刺逼退围攻者并将其打乱，让自己的首领可以从容地将这些勇敢的英格兰士兵逐一砍杀。在混战中，维京人的长弓手还会瞅准时机射出致命的冷箭，专门瞄准威塞克斯人的指挥官，很多人因此受伤甚至当场阵亡。

在维京人多种方式的攻击下，威塞克斯人的第一排盾墙很快就因伤亡过大顶不住了，甚至出现了小股逃兵。此时，包括古思伦在内的众多维京人都以为大局已定，因为按照战斗的常规，第一排士兵通常都是最精锐、最有经验的战士，他们一旦战败，后排的新兵往往会因为恐慌而直接逃跑。然而，出乎维京人预料的是，在第一排盾墙岌岌可危之时，后排的士兵几乎没有受到任何影响，他们冷静地绞杀了深入阵中的维京人，然后补上了面前的空位，时刻保持着战线的稳定和完整。威塞克斯士兵们的勇气来自于他们的国王，尽管战局不利，阿尔弗雷德依旧毫不

▲ 阿瑟尔尼岛现在已经成了一片高地，上面耸立着阿尔弗雷德的纪念碑

动摇地站在军队的中间，并且大声激励士兵们，鼓励他们为基督而战，为自己的亲人而战。即便是最危急的时刻，代表威塞克斯国王的金色龙旗也未曾后退一步，始终高高飘扬在战士们的头顶。阿尔弗雷德的战术成功了，前排的威塞克斯士兵们用自己的热血和生命抵消了维京人威力最大的第一波冲击，减缓了他们的速度，迫使他们和数量占据优势的英格兰人打起了消耗战。漫长的搏斗中，威塞克斯人的士气越来越高涨，维京人则越来越胆寒。在这些维京强盗的眼中，阿尔弗雷德屹立在龙旗下的身姿，如同神话里米德加尔特的围墙一般，威严而不可逾越。他的话语仿佛有着可以匹敌奥丁神言的魔力，让弱小的英格兰人变得如狮子般勇猛，也让维京勇士们心中的战意不断消退。在临近傍晚时，古思伦见自己的手下伤亡惨重、军心动摇，知道大势已去，遂下令撤军，并带头往后方逃去。曾经横行英格兰多年的、不可一世的异教大军就此冰消瓦解。经过多年的失败和抗争，伤痕累累的撒克逊巨龙终于战胜了来自斯堪的纳维亚的黑色寒鸦，赢得了一场至关重要的胜利。

埃丁顿之战后，古思伦带着残部逃进了奇彭纳姆，关起大门据守。阿尔弗雷德的军队在战斗中也遭受了不小的伤亡，所以他并没有直接攻城，而是在搜刮了周边所有给养之后，围困该城。两周后，饥寒交迫的维京人放弃了抵抗，表示愿与阿尔弗雷德签订和约。在和约中，双方规定两国以泰晤士河为界，以南为威塞克斯，归阿尔弗雷德统治；以北的地区则被称为丹法区（Danelaw，指执行丹麦人法律的区域），归古思伦统治。这一次，阿尔弗雷德不仅让他们交出人质，还特别加上了一个新的条款：古思伦和其他维京首领必须受洗，成为基督徒。为了防止他们捣乱，阿尔弗雷德将古思伦等30名维京首领半请半押地带到了阿瑟尔尼城堡附近的阿勒尔，在那里给他们进行了洗礼，并亲自充当他们的教父。古思伦在阿尔弗雷德的宫廷中逗留了12天，回到奇彭纳姆后他们立刻启程，前往威塞克斯和麦西亚交界处的塞伦赛斯特，在那里待了1年。880年，这支异教大军的残部正式离开了威塞克斯，前往东盎格利亚定居，威塞克斯终于迎来了和平。

阿尔弗雷德没有浪费和平时光，他利用这来之不易的和平，立即着手大刀阔斧地改革威塞克斯的国防系统。阿尔弗雷德的第一个举措是在全国范围内修建大大小小的堡垒。多年的战斗让他发现维京人的攻城能力远逊于其野战能力——在这点上盎格鲁－撒克逊人自己也是如此，坚固的城堡和士气高昂的守军往往能击退维京人的进攻。所以，阿尔弗雷德决定在重要的产粮区和几个战略要地周边建立堡垒，以增强它们的防御能力。阿尔弗雷德的堡垒体系非常有特色，不同于中世纪那种坐落在领地中央的石头城堡，阿尔弗雷德的堡垒系统由几个大的支点和无数小据点组成，支点往往是重要的城市和堡垒，小据点则多为木头建造的哨所，体积虽小却不失坚固，每两个小据点之间的距离一般不超过 20 英里。这样设置的好处在于，一旦有维京人的小规模部队在农忙时节前来劫掠，小据点的守军可以用烽火传信，在野外务农的农民能够躲入临近的小据点里，避免受到伤害，军队行军时也能从这些据点中得到给养，可以增加军队移动的速度。如果维京人大举来犯，小据点可以迟滞他们的推进速度，为支点加强防御争取时间。在建造这些

小据点时，阿尔弗雷德让人先用木头建起城墙的轮廓，在完成之后再在城墙外挖一条深深的壕沟，多出来的土则用来加固木头城墙的基座，让它变得更坚固也更不易燃烧。

对于大的支点性城市和堡垒，阿尔弗雷德则专门划出土地，规定这些土地上的产出必须用来供养守卫城墙的人，在这些土地上劳作的农民不需要负担其他形式的劳役，只要定期维

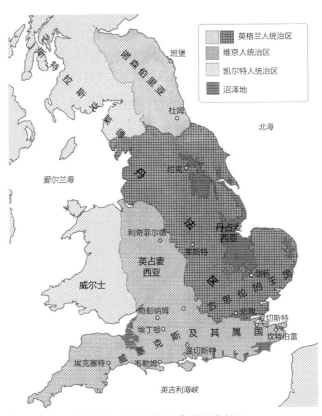

▲ 埃丁顿之战后的不列颠，深褐色是阿尔弗雷德的控制区

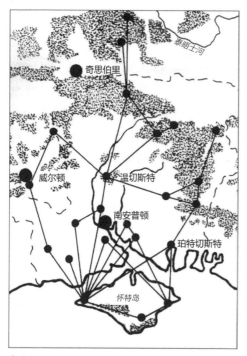

▲ 南安普顿附近的堡垒体系

修城墙并在需要时建造新城墙即可。这些专用土地的面积因城而异，由于在威塞克斯人的习惯中，每个士兵要防守 1.375 码（约合 1.26 米）宽的城墙，而每名职业士兵需要 1 海德[1]的土地来供养，所以城墙需要的专用土地面积就是城墙的长度除以 1.375。例如，温切斯特的城墙长度为 3317 码，阿尔弗雷德就划拨了 2400 海德的土地专供城防使用。威塞克斯人使用了与小据点相同的方法对这些城市和堡垒进行加固，对于一些有罗马时代城墙的城镇，他们不仅用石块进行修补，还对它们做了不少改进，让其更适合防御作战。为了应对长期的围困，所有支点城市和堡垒都储存有一定的粮食，以供不时之需。

在这个完善的堡垒系统之上，阿尔弗雷德将他的军队分成了两个部分，一部分跟随在他身边随时待命，另一部分则在家休养，同时负责守城。这样一来，他在握有一支常备机动兵力的基础上，既能保证各地城市的安全，还能让手下得到充分的休养，即便再次发生 871 年那样的连续大战，威塞克斯军队也能通过轮换，维持士兵的战斗力和士气。

阿尔弗雷德做的第二件事，是封锁河流。从前文的叙述中我们不难看出，水路对于维京人至关重要，这一点在异教大军冬营地的选择上体现得淋漓尽致。统

---

① 1 海德约合 120 英亩，但实际上这个数字和各地的生产力是相关的，富饶的肯特地区 1 海德大约相当于 100 英亩甚至更少，而在贫瘠的地区这个数字可达 150 英亩。

计显示，从 865 年开始，异教大军的营地基本上都建在河湾或者河流交叉处，并且配有可供船只下水和上岸的小型码头，瑞普顿营地就是一个典型的例子。意识到这点的阿尔弗雷德决定封锁境内的主要河流，以遏制维京人沿河快速机动的能力。

那么，要用什么方法封锁住众多的河流呢？这时，阿尔弗雷德想到了他在大陆游历时的见闻。他早年曾经在西法兰克王国的首都巴黎逗留，塞纳河在这

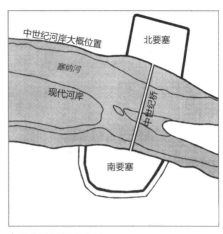

▲ 塞纳河大桥的示意图

里分叉，一南一北地环绕城市的中心区。巴黎也饱受维京劫掠之苦，他们常常从塞纳河的入海口逆流而上，抢劫巴黎及周边农村。然而在 861 年，西法兰克国王"秃头"查理命人在塞纳河最窄的地方建了一座桥（Pont au Change），并根据宗教习惯在桥的两头用石头各造了一个小教堂，此举无意中给维京人造成了极大的麻烦。这座桥十分低矮，维京长船高耸入云的桅杆使它无法从桥洞下钻过，船员们只能将船拖到岸上，将其扛着走，等过了这座桥再推船下水。然而，法兰克士兵们早已聚集在桥头的小教堂里，不断袭击路过的维京人，让他们无法安然路过。愤怒的维京人集合起来攻打小教堂，却在它的石头围墙下碰了一鼻子灰，最后还是洪水冲毁了这座桥，维京人才得以通过。这一事例说明，设防的桥梁可以有效地阻碍维京长船的航行，逼迫他们弃水登岸。

于是，阿尔弗雷德开始了轰轰烈烈的造桥运动。他首先重拾了盎格鲁 – 撒克逊古老法律中的修桥义务，并将其推广到全国，要求每一个刻尔都要在一年中的某个时间参与到对桥梁的修建和维护上，并可以用此抵消其他劳役。保证了劳动力之后，阿尔弗雷德派人勘察国内河流的状况，选择合适的地点修建新桥，或者加固已经存在的老桥。例如，在埃克塞特城外的水路上有一座罗马时代的石桥，阿尔弗雷德命当地的塞恩加固了它的桥墩和桥面，并仿照巴黎人的做法，在桥的两端各修建了一个小堡垒，派兵长期驻扎。根据文献记载，曾经作为抵抗维京人

最后堡垒的阿瑟尔尼岛上也架起了一座桥，连接它和对岸的林格（Lyng）堡垒，只不过这座桥从头到尾都是木头结构，所以现在已经消失了。阿尔弗雷德总共命人建造了 22 个这样的河边堡垒和设防桥梁，虽然由于时间过于仓促，没能覆盖威塞克斯全境，但依旧扼守住了几个主要的水系，维京人再也不能轻易进出这些河流了。

埃丁顿战役之后的几年中，维京人的注意力主要集中在法兰克人和弗里西亚人身上。885 年，一支来自大陆的维京分队曾围攻肯特的重要城市罗切斯特（Rochester），但很快就被赶来的阿尔弗雷德击败，这支维京分队渡海回到了大陆。886 年，阿尔弗雷德以和平的方式占领了伦敦，任命自己的女婿埃塞尔雷德驻守这里。除此之外，维京人和威塞克斯保持了和平，相安无事。890 年，古思伦去世了。这位狡诈的维京人最后 11 年的统治可谓一片和谐，但是这并不代表他的臣民们也渴望和平。生活在丹法区的维京人和维京化的盎格鲁－撒克逊人躁动不已，他们并不安于在土里刨食，而是想继续前辈们未完成的伟业，只是现在没有一个合格的首领来带领他们罢了。892 年，这些人期盼已久的首领出现了，一名叫黑斯腾（Hastein）的强大维京首领率领 280 艘船组成的大部队驶入了泰晤士河口，发起了对威塞克斯的新一轮攻势。

这个黑斯腾既不像哈夫丹那样蛮勇无匹，也不像古思伦那样智计百出，但他也有他的优点，那就是稳健。他的所有军事行动都是依托堡垒和要塞展开的，一旦遇到挫折和失败就躲进堡垒中休养，如果他所在的地区没有这样的据点，他就指挥手下建造一个。黑斯腾刚在英格兰登陆，就把军队分成了两个部分，他自己带领 80 艘船在泰晤士河河口旁的米尔顿（Milton Regis）建立了一个堡垒，让余下的部队在肯特南部利姆河河口的阿普尔多尔（Appledore）建了另一个堡垒，两个要塞一南一北遥相呼应，从而完全控制了东肯特地区。

出于某种原因，阿尔弗雷德并没有立刻对这批维京人做出反应，可能是因为他们在一开始还比较安分。在 892 年后半段直到 893 年，这批维京人开始联合在东盎格利亚和诺森伯里亚定居的维京人，频繁地劫掠属于威斯克斯王国的泰晤士河南岸地区，阿尔弗雷德对此不可能坐视不管。于是，他带着正在服役的那一半军队来到了肯特，在上述两个维京堡垒的中间地带建了一个新堡垒，切断了两支维京军队之间的陆上联系。黑斯腾不敢与久负盛名的阿尔弗雷德直接决战，于是他让南方的堡垒派出几支小部队，以肯特西南的威尔德（Weald）大森林为掩护，悄悄地潜入威塞克斯军队的后方，试图分散阿尔弗雷德的注意力，至少也能探听虚实。阿尔弗雷德很快察觉了维京人的动作，但他还暂时不能判断这支先头部队的规模，所以按兵不动，同时派爱德华王子（Prince Edward）带领一支精干的小部队尾随维京先头部队，看看他们想干什么。

冲出树林之后，这些维京人按捺不住冲动，在周边的村庄里大肆劫掠了一番，这一行为立刻暴露了他们的人数和实力。爱德华王子当机立断，决定不向国王索要援兵，就凭借手头的力量消灭这支先遣队。这些维京人为非作歹一番之后，带着掠夺来的财物向北进发，想渡过泰晤士河去到丹法区。爱德华估计，维京人爱惜抢来的战利品，战意肯定不高，所以在法纳姆（Farnham）截住了他们，将其一举击溃，收回了掳获物，幸存的维京人带着他们受伤的首领逃进了泰晤士河中的一个小岛躲了起来，黑斯腾的这一次试探性进攻以失败告终。

知道自己的这次试探失败后，黑斯腾取消了出兵的计划，继续等待时机。他知道，肯特虽然是威塞克斯的领土，不过它是在数年前与古思伦签订的和约中才被划归阿尔弗雷德的，还不是非常驯服。阿尔弗雷德必须从本土调集部队和给养，这样的长期对峙会让威塞克斯背上沉重的负担，被迫做出调整，那就是黑斯腾等待的机会。果然，在不久之后，阿尔弗雷德手下的军队就到了服役的期限，他只得率军火速返回威塞克斯本土，召集起轮休结束的另一半军队，然后再奔赴肯特前线。趁着威塞克斯军队轮换的机会，黑斯腾将两个堡垒中的军队合到一处，前进至埃塞克斯的本弗利特（Benfleet），在那里又修建了一个堡垒。维京人以此为中心，劫掠和踩踏埃塞克斯和萨里地区，将其化为一片火海。与此同时，来自诺森伯里亚和东盎格利亚的100艘维京船组成了一支新舰队，在黑斯腾的命令下沿着海岸南下，越过泰晤士河河口，向英格兰的西南部扑去，他们的使命是通过威胁威塞克斯的沿海地区来牵制阿尔弗雷德的兵力。

得知舰队来犯，阿尔弗雷德被迫分兵。他派了一小股部队——很有可能还是让爱德华王子指挥——继续东进，前往伦敦防备黑斯腾对内陆地区的攻击和渗透，自己则率主力转向西方，去应对维京舰队的威胁。那支东进的小部队本来只是用来牵制黑斯腾的,谁知却头一个立下了功劳。他们进入伦敦后,很快和当地的市民打成一片,在得知黑斯腾又离开本弗利特的堡垒出去劫掠后,这些人立刻集结起来,突袭了本弗利特,在抢走、烧毁大量物资的同时,还俘虏了黑斯腾的妻子和两个儿子。得知此事后,黑斯腾惊慌失措,他以为阿尔弗雷德不管不顾地前来攻打他了,立刻放弃了这个堡垒,一路后退到海边的舒伯里,在那里搭建了一个临时堡垒,并将船只集中起来,随时准备渡海躲避阿尔弗雷德的怒火。然而,过了一段时间,斥候告诉黑斯腾周围没有任何英格兰大军的迹象,他又开始怀疑自己的判断。为了证实猜想,黑斯腾假心假意地向伦敦送出书信,声称只要归还他的骨肉,他就会臣服在威塞克斯的王权之下。

这时的阿尔弗雷德正被维京舰队弄得焦头烂额,他在路上得知维京舰队正在围攻埃克塞特,于是赶紧前往该城,谁知维京人一看到他就立刻上船,扬帆而去。等到他的手下好不容易喘了口气,信使又来报告,说那支维京舰队绕过康沃尔出现在了德文(Devon)以北,阿尔弗雷德只好再次集结军队,向北疾驰。就在这一路追赶维京舰队的过程中,黑斯腾的"请降信"连同他的家人一起被呈送到了国王面前,阿尔弗雷德当即龙颜大悦,命手下赶紧把黑斯腾的家人还给他,还附送了一笔金钱。

这下,黑斯腾彻底摸清了阿尔弗雷德的底细,他知道舰队的牵制行动已经收到成效,阿尔弗雷德在西部的崇山峻岭之间疲于奔命,一时半会儿顾不到他了。于是,黑斯腾把原先准备逃跑用的船只掉过头来,重新驶入泰晤士河,向着内陆地区挺进。浩浩荡荡的船队遮蔽了泰晤士河很长一段河面,沿途北岸的维京人纷纷加入,队伍如同滚雪球一样迅速扩大。他们先是到了泰晤士河上游,然后拖着船到了塞文河中,再沿着塞文河向北走,一直到了麦西亚与威尔士的边境上。

出乎黑斯腾预料的是,虽然阿尔弗雷德还带着主力在西南方向和维京舰队周旋,威塞克斯和麦西亚的地方部队仍给维京人带来了极大的麻烦。在新建立的堡垒系统的庇护下,民众一听说维京人的船队到了就迅速躲进城堡里,并把能移动的贵重物品也一起搬了进去。维京人的劫掠让威塞克斯人和麦西亚人的庄稼被毁、房屋被烧,但是并未给他们带去太多的人口损失。相反,这些愤怒的农民自发地拿起武器,在当地郡长和塞恩的带领下一路尾随维京舰队,要为自己的损失讨回公道。甚至连他们的世仇威尔士人都放下了彼此之间的成见，加入到队伍中来，共同对付维京人。在巴廷顿（Buttington），联军逮住了黑斯腾的部队，将他们围困在一个堡垒里。围困中，维京人的粮食逐渐见底，他们甚至将马都全部杀了吃掉，最后不得已选择突围。突围战打得十分惨烈，黑斯腾的军队付出了很大伤亡才得以逃脱，联军方面也有很多死伤，包括一个名叫奥德赫的国王塞恩在内的许多塞恩在此阵亡。

黑斯腾并不甘心，他认为这次失败的原因是很多维京人把家眷都带上了，所以军队行动十分迟缓，士兵的作战意志也因此受到影响。所以，他在丹法区继续招募新兵的同时，还将妇女、船只和之前抢来的财宝全部安置到东盎格利亚的一个堡垒内，派遣专人把守，然后轻装上阵，再次出征。这一次，他们选择从麦西亚和诺森伯里亚的交界处行军，一路向西，到达了麦西亚与威尔士边境上的切斯特（Chester）城，这里曾经是罗马军团的驻地，虽然当时已经荒废，但城墙还保留得较为完整，黑斯腾命人稍做加固，就形成了一个防备完善的堡垒。于是，维

▼ 罗马时代切斯特城的复原图

京人全军都进入这里，据险固守，并伺机劫掠周边。麦西亚地区的民团在之前的巴廷顿战役中受到重创，已经没有人能够阻挡他们的兵锋了。然而没过几天，一个斥候就连滚带爬地跑到黑斯腾的面前，报告说有一支大军出现在了南方，他们的阵中飘扬着威塞克斯的龙旗！

来的正是阿尔弗雷德率领的威塞克斯主力。他们在西南山区中奔行了数周时间，却连维京人的头发都没够着，只能望洋兴叹，等到巴廷顿之战的消息传来，阿尔弗雷德立刻明白自己中了调虎离山之计，于是他留下一支小部队提防维京舰队，自己带着主力北上，准备与黑斯腾交战。憋了一肚子气的威塞克斯人爆发出惊人的能量，在发现黑斯腾的踪迹后，他们连夜赶到切斯特城下，花了两天时间就扫除了维京人的所有外围防御，并顺便搜刮净了周边地区的补给，不能带走的则让马匹将其吃光。面对这支愤怒的大军，黑斯腾再次选择了避战，他趁着威塞克斯军队还没能合围切斯特，带着部下悄悄地逃走，进入了威尔士境内。从那里，他们取道向北，通过诺森伯里亚和东盎格利亚，绕了老大一个圈子，最终回到了他们在埃塞克斯的出发地，并在那里度过了冬天。

895 年，黑斯腾再次出兵，这一次他选择了伦敦以北 20 英里的赫特福德（Hertford）作为据点，在流经这里的利河（River Lea）边修建了一个堡垒。为了不让即将到来的秋收受到这伙维京强盗的影响，伦敦市民组成了一支军队，在 4 个国王塞恩的带领下攻打这个堡垒，却遭遇了失败，领头的塞恩全部战死。得知此事，阿尔弗雷德火速带领军队赶来支援，他首先将军营设在了维京人占据的堡垒之外，封锁住他们的陆路出口，然后，阿尔弗雷德亲自骑马观察利河上下游的水文状况，并下令在几处最狭窄的地方建造了堡垒，控制住河流的两岸，防止维京人通过水路将船运出去。发现没有便宜可占后，黑斯腾又一次选择了退让，这支维京大军在 896 年的夏天解散，其成员纷纷进入东盎格利亚和诺森伯里亚定居，再也不能对威塞克斯造成威胁了，这也标志着维京人对威塞克斯的侵略告一段落，此后的近 100 年里，威塞克斯本土都没有遭受海盗的侵略和踩躏。

899 年 10 月 26 日，戎马一生的阿尔弗雷德去世了，在英格兰最黑暗的日子里，他就像一盏明灯，指引并带领人们抗击维京人，保住了威塞克斯的独立，给继任者留下了一个强大而自主的国度。同时，阿尔弗雷德还对文化事业非常关心，即

▲ 位于温切斯特的阿尔弗雷德大帝雕像。他倒持长剑，将它化作一支伸向天空的十字架，恳求上帝保佑英格兰人民

▲ "长者"爱德华

便在国家极度困难的时候，也不忘资助学者和教士，他甚至邀请这些人到自己家中长住，举世闻名的《盎格鲁－撒克逊编年史》就是在他的宫廷中撰写的。就连远在天边的罗马教廷都知晓阿尔弗雷德的大名，教皇破天荒地赐予他"大帝"的头衔，以表彰他抗击异教徒、传播基督教文化的功勋。阿尔弗雷德传奇的一生在后世也被广为传颂，在他蒙主恩招整整1000年后的1899年，英国政府在这位大帝曾经战斗过的地方竖立起一座他的全身像，来纪念这位为英格兰奉献了一生的伟大君王。

阿尔弗雷德去世后，爱德华王子继承了王位，他被称为"长者"爱德华（Edward the Elder）。不过，他的继位并不是一帆风顺的。阿尔弗雷德的哥哥埃塞尔雷德虽然早已故去，但他的遗腹子埃塞尔沃尔德此时已经长大成人，也对王位有继承权。在爱德华继位之后，埃塞尔沃尔德在自己的封地上自立为王，拒不承认爱德华的权威，在后者领兵前来攻打时，他竟带着追随者北上，去了丹法区投靠维京人。903年，埃塞尔沃尔德会同东盎格利亚的维京国王埃奥里克，进犯麦西亚。爱德华率领威塞克斯－肯特联军前去交战。在一场大混战中，爱德华国王的军队被打败了，西吉伍尔夫和西格赫尔姆两位郡长及修道院院长琴伍尔夫阵亡，但维京军队也付出了惨重的代价，埃塞尔沃尔德和埃奥里克双双伤重不治而死，维京人的这次进攻也随之瓦解。

爱德华在位期间，积极和麦西亚配合，逐步收复被维京人占领的失地。当时麦西亚的统治者是其国王埃塞尔雷德[①]的遗孀埃塞尔弗莱德（Aethelflad），她被称为"麦西亚贵妇"，是爱德华的亲姐姐，两人虽然在一些细节问题上有些分歧，但在对维京人的态度上两人惊人的一致。在两位君主的共同努力下，英格兰人采取城堡推进的方式逐渐收复故土，具体来说就是先在边境上建立临时性的堡垒固守，打退维京人的进攻后再将防线迁移，如此往复。917年，东盎格利亚和埃塞克斯的维京人向爱德华称臣，德比等地的维京人则归顺埃塞尔弗莱德。虽然"麦西亚贵妇"和爱德华王在918年和924年相继去世，但这并没有影响威塞克斯人进攻的势头，继任的阿塞尔斯坦国王在927年收复了诺森伯里亚，正式成为全英格兰的国王。937年，他在布朗南堡击败了维京人和苏格兰人的联军，进一步确立了威塞克斯王朝的统治地位。

北海之王：第二次维京入侵与克努特帝国

光芒之下，暗影永存。在威塞克斯王朝辉煌统治的背后，一些不利因素也在悄然滋生和蔓延。

首先，阿尔弗雷德建立的那一套国防体系逐渐崩溃，原因在于它花费过巨。常备军加上堡垒的体系的确有效抵御了维京人的入侵，却耗尽了威塞克斯积攒多年的财富，民众也因繁重的兵役怨声载道。"长者"爱德华时代的文书显示，威塞克斯国内共有2.7万名成年男子要定期服兵役，这已经占到了全国适年男性总数的六分之一到五分之一，如果加上供养他们所需要的人数——每个脱产士兵需要3个家庭来供养，那么威塞克斯绝大多数男性都要为军队服务，这是非常沉重的负担。在9世纪末那种生死存亡的关头，人民为了自己和家人的生命，可以咬紧牙

[①] 麦西亚的埃塞尔雷德，曾是阿尔弗雷德的得力部下，后被封为麦西亚领主。

关挺过来，但战争的威胁一旦解除，他们就不想再这样辛苦地维持战时体系了。于是，遍布威塞克斯国土的堡垒群逐渐变成了塞恩们的私产，他们用很低廉的价格从急需用钱的君主那里买来了它们的使用权甚至是所有权，然后对其进行改造，让它们更适合农业生产以及日常生活，而不是作战和坚守。高耸的塔楼代替了厚实的城墙，前者既能体现领主的身份，又能让他们远离那些"肮脏的"底层劳动者，虽然防御性能下降很多，但已经足以应对乡间的盗贼了。阿尔弗雷德大帝苦心经营的防御体系，就这样被埋入了历史的尘埃中。

其次，英格兰内部的政治斗争日趋激烈。在大敌当前之时，英格兰内部各势力结成了同盟，共同抗击维京人，等到这个威胁不复存在了，他们之间的联盟也走到了尽头。10 世纪中叶和后半叶，威塞克斯宫廷内部发生了很多血腥的惨案，

▲ 邓斯坦大主教

埃德蒙和爱德华①两位国王都是遇刺身亡。此时，王国政治中最大的不稳定因素来自王权和教权之间的斗争。959 年，埃德威德国王逝世，他的弟弟埃德加王子继位。然而，教会没有按照惯例为他举行加冕礼和涂油礼，并以此来要挟埃德加，逼迫他同意教会的要求。埃德加为了让自己的统治变得名正言顺，对教会的"勒索"逆来顺受。他先是任命邓斯坦为坎特伯雷大主教，然后还将温切斯特原先的主教赶走，换上了邓斯坦推荐的埃塞尔沃尔德。这个埃塞尔沃尔德一到温切斯特，就声称自己在教堂墙壁的夹缝中发现了一份文件（这份所谓的"古老文件"极有可能是他伪造的，这

① 被刺杀身亡的是"殉道者"爱德华（Edward the Martyr），而不是之前所述的"长者"爱德华。

是中世纪基督教会的常用伎俩），上面称这里从埃塞尔雷德国王统治时起就已经属于教会，没有任何世俗义务。在邓斯坦的逼迫下，埃德加捏着鼻子承认了这一文件，将此地和周围好几个村庄的所有权都划给了教会，这才让邓斯坦等人满足。在埃德加登基 13 年后的 972 年，他终于收到了教会的加冕礼和涂油礼，但是他还没来得及好好享受这一切，仅仅 3 年后就突然撒手人寰，死得不明不白，不得不让人怀疑教会是否在其中做了什么手脚。除了国王之外，重臣们的生命也时刻受到威胁。978 年，大臣们在一栋楼上议政时，楼板突然坍塌了，除了正巧站在房梁位置的坎特伯雷大主教邓斯坦——又是他！也许他就是策划这场“意外”的元凶——之外，所有人都摔到了楼下，很多人受了重伤，还有不少人当场死去。由此可见，10 世纪后半叶的英格兰政坛充满了分裂、暗杀和背叛，已经无法形成合力对抗外敌了。

第三，威塞克斯扩大领土的同时，它的国防压力也在加重。在阿尔弗雷德时期，威塞克斯只需要扼守住塞文河流域和南安普顿地区就可以了，来自泰晤士河方向的压力则会被附属于它的肯特和苏塞克斯承担。但是等到威塞克斯王朝统一英格兰之后，它的政治经济重心转移到了伦敦等东南部地区，此地地势平坦、无险可守，泰晤士河宽阔而平缓的水流非常利于航行，从入海口启程的船只不日就可抵达伦敦，威胁这座新的首都。虽然历任威塞克斯王——现在应该叫英格兰王——都对伦敦进行了加固，并按照阿尔弗雷德留下的方法在泰晤士河上建了一座设防的大

▼ 今天的科夫隘口

桥，在南岸修建了新的堡垒，但伦敦的安全程度依旧大大低于坐落在西南山区的威塞克斯诸旧都。诺森伯里亚和东盎格利亚地区的防御劣势则是拥有极为漫长的海岸线，易攻难守，来自海外的入侵者可以随意选择登陆地点，让防守者疲于奔命。对此，威塞克斯王庭给出的解决方案是建立一支海军保卫海岸线的安全，但是这项工作进展得并不顺利，英格兰不仅缺乏造船的工匠，也没有合适的水手，这两项专门人才都要从海外的弗里西亚地区引进，所以海军的规模和质量一直不高，更别说达到维京人的水平了。

978 年 3 月 16 日，年仅 16 岁的"殉道者"爱德华国王在科夫（Corfe）隘口遇刺身亡，刺客焚烧了他的遗体，并将他草草埋葬在

▲ "无准备的"埃塞尔雷德

韦勒姆。1 个多月后，他 10 岁的弟弟埃塞尔雷德二世（Aethelred Ⅱ）继位为王。这位幼王虽然与阿尔弗雷德的哥哥埃塞尔雷德一世同名，却没有继承后者的刚毅和果决，反而因为懦弱和短视而被后世的史学家称为"无准备的"埃塞尔雷德（Aethelred the Unready）。

关于这场刺杀的始作俑者和细节，当时的记载暧昧不清，《盎格鲁－撒克逊编年史》中是这样记述这一事件的：

人们杀了他，但是天主却尊崇他……他世上的亲属不会为他报仇，可是他在天的圣夫却为他报了大仇。刺杀他的俗夫们想从世间抹去对他的怀念，但是天上的复仇者却把对他的怀念远播到天上好人间。那些不肯向活着的他俯首的人，现

在谦卑地向他的遗骨屈膝。

关于真正的幕后黑手，现代史学家给出了很多解释，有人认为是埃尔夫希尔郡长，有人认为是受到爱德华惩罚的一位亲兵，有人甚至认定埃塞尔雷德的宫廷导师才是真凶。不管真相如何，这次刺杀导致了非常严重的后果：主少国疑。年幼的国王无法控制桀骜不驯的诸多郡长，威塞克斯王室的威望处于一个十分危险的境地。就在这个要命的关头，维京人再次踏浪而来，时隔1个世纪后又一次登上了英格兰的土地。

爱德华国王被杀两年后的980年，7艘维京长船突袭了南安普顿，将这座在阿尔弗雷德统治时期固若金汤的要塞轻易攻取，其中的居民要么被杀，要么被俘成为奴隶。同一年，萨尼特岛和柴郡也遭遇了维京人的侵扰，一时间全英格兰风声鹤唳。981年，维京人劫掠了圣佩特罗克修道院，并将德文和康沃尔地区的沿海破坏殆尽。982年，仅仅3艘北欧海盗的战船就把多赛特的防御捅了个对穿，船上的维京人在波特兰地区肆意妄为，没有人敢抵抗他们。面对英格兰各地声嘶力竭的求援，埃塞尔雷德却无法做出任何动作，因为首都伦敦刚刚遭遇了一场猛烈的大火——大火在伦敦历史中并不少见，直到近代还时有发生——人员和财产损失惨重，有人甚至将其视为天主降下的惩罚，是对爱德华王凄惨遭遇的回应。埃塞尔雷德的重臣们急于平复火灾的创伤，安抚受灾的人民，并竭力消除各种各样的流言，根本没有工夫去管被维京人劫掠的乡间。

那么，维京人为何会在时隔1个世纪后，重返英格兰呢？史学家给出了这样的解释：在维京社会中，由于8—9世纪的劫掠，贵金属的流通量大大增加，这让他们迅速发展起并习惯于货币经济，农民不再付给领主纯粹的实物地租，而是改交货币–实物双重租，亲兵们也从领主那里定期获得金银币作为工资，就连领主本身在进行海外贸易时也要使用大量的金银币；阿尔弗雷德大帝阻断了维京人从不列颠获取贵金属的通路，但是他们很快又从和拜占庭的"罗斯商路"（Road of Rus）中获得了大量新的金银，填补了不足；然而到了10世纪中叶，中亚的几个大型银矿纷纷枯竭，拜占庭向北的贸易线也被勃兴的佩切涅格人（Pechenegs）阻断，罗斯商路没有了贵金属和拜占庭商品，在很短的时间内就衰落了，这一变化对北欧社会影响极大，维京人既无法获得贵金属和奢侈品，也无法出口木材、蜂蜜和毛皮等大宗商品，经济形势一下子严峻起来。

为了减弱这一冲击带来的影响，维京人分成了两派。第一派主张向东、向南进发，重新打通罗斯商路，他们联合了诺夫哥罗德和基辅的斯拉夫人——更准确地说是斯拉夫化的维京人——一起向南扩张，形成了南俄草原上一股不容轻视的力量。在斯维亚托斯拉夫一世时代，罗斯人甚至联合保加利亚组成一支大军，攻打拜占庭。虽然他们最终惨败于约翰一世指挥的拜占庭禁军的马蹄之下，但是维京人强悍的作战能力受到拜占庭皇帝的赏识。在巴西尔二世时代，维京人正式加入拜占庭军队，组成了闻名遐迩的"瓦兰吉卫队"，随着皇帝南征北战。这些维京雇佣兵在拜占庭服役期间积累了大量财富，退役后回到北欧，填补了贵金属的不足，可以说是相当成功的，但缺点在于，在瓦兰吉卫队中服役的年限很长，还要经历很多残酷的战斗，所以危险系数较高。另一派则主张向西走，抢劫不列颠群岛。他们听闻现在的英王不是像阿尔弗雷德那样的雄主，而是一个10岁出头的孩子，所以想去那里碰碰运气，于是就有了10世纪80年代初期的那几次劫掠事件。

982年后，维京人的入侵稍稍平息了几年，英格兰人本应利用这个珍贵的机会

▲ 拜占庭绘画中的瓦兰吉卫队，注意他们标志性的长斧

加强国防，然而事实正相反——他们内斗得更欢了。985 年，埃尔弗里克郡长因为和埃塞尔雷德二世发生冲突，被后者逐出了英格兰，1 年后，埃塞尔雷德和罗切斯特主教又发生了矛盾，18 岁的年轻国王一怒之下竟然带兵蹂躏了罗切斯特教区，该地的人民恐怕做梦都不会想到，自己的国王竟然派兵来杀他们，而理由仅仅是因为他们生活在一个和国王有隙的主教的管辖区内。988 年，年迈的邓斯坦大主教去世，接任他的埃塞尔加在坎特伯雷大主教的位置上仅仅坐了 1 年 3 个月，就突然死亡，西吉里克被任命为新的大主教。

在英格兰政坛陷入更大的混乱时，一支维京大舰队悄然来到。991 年，日后的挪威国王奥拉夫·特拉格瓦森率领一支由 93 艘船组成的舰队，在东盎格利亚登陆。他们先抢劫了福克斯通附近的皇家铸币厂，然后转向了桑威奇和伊普斯维奇（Ipswich），后者是整个英格兰东部最重要的商业中心，也是仅次于伦敦的第二大城市，不仅战略地位重要，还蕴含着巨大的财富。由于事关重大，东盎格利亚的郡长布里特诺斯（Byrhtnoth）立刻集结民团，前往抗敌。可惜他们还是迟了一步，等他们赶到伊普斯维奇的时候，维京人已经将此地周边的乡村尽数摧毁，带着战利品溜走了。愤怒的布里特诺斯立刻启程追击，并在埃塞克斯海岸的莫尔登（Maldon）追上了这支挪威舰队，大战一触即发。

当时，维京人驻扎在一个岸边的小岛上，它和陆地之间有一条狭窄的堤道连接。开战前，奥拉夫曾向布里特诺斯提出，交出钱财就可以保住性命，被后者断然拒绝。战斗打响后，挪威海盗们越过堤道，率先向英格兰人发起攻击。布里特诺斯派了 3 名勇士——伍尔夫斯坦、艾尔菲尔和马库斯登上堤道防守，他们三人坚定地守住了窄窄的道路，砍杀了很多维京人，使之无法通过。奥拉夫见强攻不成，就开始用计，他派遣信使对布里特诺斯说，这样打下去只是徒劳地浪费时间罢了，不如英格兰人后退一些距离，让出空间，这样维京人就可以过来，大家痛痛快快打上一场。熟知中国历史的人读到这里肯定会大呼：这不是淝水之战中谢玄的故技吗？只可惜，布里特诺斯并不像今天的读者那样通古识今，他犯了和苻坚同样的错误——自大轻敌。这位骄傲的郡长同意了维京人的请求，不仅让堤道上的 3 名勇士撤了回来，还让大部队后退一些，以腾出空间。接到这个命令后，英格兰士兵们乱糟糟地转身向后走，很多站在后排的士兵不知道前方发生了什么，惝惝不安。正在这时，维京人突然全军出击，踏着水面咆哮而来。原来，就在刚才双方谈判的时候，海水渐渐退潮，岛和大陆之间的水位逐渐降低，甚至可以步行渡过了。长年和大海打交道的维京人早就算到了这一点，他们用谈判拖延时间等待海潮退去，并在英军松懈后退之际一举出动，打在了对手的软肋上。英格兰人的后退瞬间成了溃败，他们没有时间列好阵形，被挪威人轻易地砍杀，连布里特诺斯自己都当场阵亡，奥拉夫获得了一场相当轻松的胜利。

消息传到伦敦后，埃塞尔雷德的宫廷顿时陷入了恐慌，重臣们都担心维京人会趁势进入泰晤士河来攻打首都，有人主张立刻整军备战，有人则认为应该先和他们谈判，给调遣西部的军队争取时间。这时，刚担任坎特伯雷大主教不久的西吉里克提出了一个看似很好的主意：他认为仓促应战可能导致失败，而签订和约不符合埃塞尔雷德的王者身份，应该秘密地向维京人支付一笔钱款，让他们离开英格兰。埃塞尔雷德思考再三后，采纳了西吉里克的提议，他派人向奥拉夫支付了价值 1 万镑白银的财物，后者于是满意地离开了英格兰，回家去了。看到维京人离去，从国王到大臣们都松了一口气，纷纷弹冠相庆，并夸奖西吉里克的智谋。他们不知道的是，这种行为实际上充分暴露了他们的软弱和无能，尝到了甜头的维京人就像嗅到了血腥味的鲨鱼一样，盯上了这个富饶的国度。

莫尔登之战仅仅 1 年后，一支来自丹麦的维京舰队跨海而来，袭扰英格兰的沿海。埃塞尔雷德下令集结起所有可用的船只，在伦敦编组成军，迎战维京舰队。为了监督这支空前规模的船队，他派了很多贵人到军中任职，其中包括诺森伯里亚伯爵索雷德、罗切斯特主教埃尔夫斯坦、多切斯特主教埃什威格和刚结束流放归来的埃尔弗里克郡长。埃塞尔雷德让埃尔弗里克从军，一方面是看重他的影响力，一方面也是想让他戴罪立功。谁知，这位郡长对之前被驱逐一事耿耿于怀、心存怨恨，他在开战之前偷偷将作战计划透露给了丹麦人，又在临战前夜偷偷逃跑，让这次策划已久的行动以失败告终。愤怒的埃塞尔雷德国王下令将埃尔弗里克的儿子的眼睛刺瞎，但已经无济于事。丹麦人避开了伦敦的船队，扬帆北上，在 993年抵达诺森伯里亚旧都班堡，抢劫了那里，并大肆祸害周边乡村。当地的英军已经集结起来准备驱逐丹麦人，民团的军官们却因为害怕而临阵脱逃，白白放跑了这群满载而归的强盗。

▲ 斯韦恩与约姆斯维京人。终其一生，斯韦恩都和约姆斯维京人保持了较为良好的关系，后者不仅保护了他后院的安全，还提供了大量战士供他驱使

994 年，已经成为挪威国王的奥拉夫卷土重来，这一回他没有单独前来，军队中还有另一个强大的维京首领，那就是丹麦王"叉胡子"斯韦恩（Sweyn Forkbeard）。斯韦恩是一位信仰基督的维京国王，这在 10 世纪还是非常少见的，但这并不影响他对同为基督子民的英格兰人大开杀戒。这支联合舰队沿着英格兰的南部一路向西，边走边破坏，将埃塞克斯、肯特、苏塞克斯和汉普顿统统祸害了一遍，接着他们登岸，找来马匹，一路打到了南安普顿才停下脚步。埃塞尔雷德无力抵抗，只好再次花钱消灾，他向维京人支付了 1.6 万镑的现金，还给奥拉夫和斯韦恩的军队提供了过冬的给养和场地。与此同时，埃塞尔雷德还邀请奥拉夫去他的宫廷里做客，在后者到达伦敦后，威塞克斯王庭以盛大的仪式欢迎了他，埃塞尔雷德还将奥拉夫收为教子（虽然奥拉夫比埃塞尔雷德还要大 6 岁），又额外赠给他一大批礼物。奥拉夫于是许诺他绝不再怀着敌意回到英格兰，并遵守了这一诺言。不过，不知道是有意还是无意，埃塞尔雷德没有邀请斯韦恩，此时的他不会想到，这位长着一副八字胡的丹麦王会在日后给英格兰带来怎样的灾难。

奥拉夫和斯韦恩回转斯堪的纳维亚后，英格兰又过了几年太平日子。不过，斯韦恩没有闲着，他用抢劫与勒索来的财物，在其王国内的特雷勒堡（Trelleborg）、阿格斯堡（Aggersborg）、福尔卡特（Fyrkat）和欧登塞（Odense）各建了一个堡垒，它们既有海湾又有壕沟，不但易守难攻，而且还是天然的良港。建造完成后，斯韦恩在每个堡垒中都配置了兵站和仓库，让这些地方既能充当阻挡敌人的要塞，又能作为发动一场远征的起始点和物资集散地。而远征的目标，自然就是英格兰。

做好了一切准备后，斯韦恩在 997 年率军起航，直扑英格兰西部的塞文河。他们在康沃尔、威尔士和德文大肆破坏，抢劫并烧毁了奥得伍尔夫修道院，将数不清的战利品带回了船上。整整 1 年里，丹麦人随意劫掠，没有受到任何抵抗。猜猜此时的威塞克斯高层在干什么。他们准备了好久，终于争取到了机会，让坎

特伯雷大主教埃尔弗里克（995 年，西吉里克去世）
去罗马接受象征至高荣誉的白羊毛披肩（pallium）。
哈，一条披肩！这条华贵的披肩上凝聚的不是来自
天主的无上光辉，而是无数冤死在维京人刀斧下的
英格兰人民的鲜血与冤魂！

▲ 白羊毛披肩

　　998 年，斯韦恩挥师向东，开进弗洛姆河口，并
从那里进入多赛特郡，在那里到处乱闯。此时，英
军终于集结起来抵御敌人，但是每次交战之前，总
会有人跳出来散布失败言论，搞得人心惶惶，最后
大败溃逃。维京人饱掠之后，在怀特岛过冬，汉普郡和苏塞克斯郡为了自身的安全，
被迫给他们提供粮食。999 年，维京舰队进入泰晤士河，一路打到了罗切斯特城下。
为了拯救这座城市，肯特的全部人都集合起来，并商议好由西肯特的士兵先行迎
敌，东肯特的士兵随后夹击维京人。战斗开始后，西肯特的士兵努力抵挡着丹麦
人狂暴的进攻，却迟迟等不到东肯特援军的身影。最后，确信被骗的他们无心再战，
四散逃亡，让丹麦人占据了战场。在这次可耻的背叛发生之后，整个西肯特都遭
受了维京人的蹂躏，哀鸿遍野。面对近在咫尺的敌人，埃塞尔雷德终于行动起来，
他将陆军和海军都召集起来，随时准备和斯韦恩作战。但当一切都准备妥当之后，
他又开始犹豫起来，觉得这样做不一定明智。于是，士兵们在军营和船舱里焦急
地等待进一步的命令，却迟迟得不到进攻的讯号，军官们只是一味地让他们后撤，
避免触到维京人的锋芒。结果，他们除了浪费钱财与收获一肚子怨气之外，什么
都没能做到。

　　千禧年，即 1000 年到来之际，斯韦恩调转船头，向法兰克王国驶去。得知此
事，埃塞尔雷德立刻神气了起来，为了弥补自己在之前的战争中遭受的经济损失，
同时提振军队的士气，他率领军队北上诺森伯里亚，蹂躏了坎伯兰（Cumberland）
地区，并派海军骚扰了马恩岛。不过，这些行动其实并没有什么意义，王国最富
饶的东南部地区依然处于不设防状态，当地遭难的民众也没有得到什么救济。次年，
又一支丹麦舰队来到英格兰，他们先是在汉普郡击败了当地的英军，杀死了一批
贵族，如两名国王的大管事——埃塞尔沃德和利奥夫温，还有一个叫伍尔夫希尔

的塞恩，然后一直向西来到德文和平霍，在那里又击败了一支英军，最后去了怀特岛过冬。1002 年春天，无可奈何的埃塞尔雷德再一次选择破财消灾，支付了 2.4 万镑被称为"丹麦金"的赎金给这批维京人，才让他们离开英格兰。

遭受了这一连串的打击后，英格兰的国力大为衰退，各种弱点也暴露无遗。不过，有一个好的消息，那就是通过教皇牵线搭桥，埃塞尔雷德与诺曼底公爵理查一世的女儿埃玛结婚了。这桩婚姻给英格兰带来了一个强大的盟友，理查一世甚至答应不再收留埃塞尔雷德的敌人，这让维京人无法再以诺曼底为基地劫掠英格兰了。国民们也松了口气，看起来这位任性而胆小的国王在做了很多愚蠢的事情之后，总算为英格兰带来了一点益处，人们期望着一切能由此改变，向好的方面发展。

转眼间，时间来到了 1002 年的 11 月 13 日，这是一个周末，也是传统的圣布里斯节（St Brice's Day）。正当各地的人们进行祷告时，国王的信使们突然冲进了各个城镇和村庄，带来了一个惊人的消息：埃塞尔雷德国王命令他的臣民们，立刻杀死所有停留在英格兰土地上的维京人！信使们还绘声绘色地传达了御言，说这些丹麦人为非作歹，像麦子里的毒草一样在各地蔓延，国王只是因为慈悲才不对这些强盗下手，现在国王得知，这些人竟然想联合起来暗害他，所以命令虔诚的子民们将维京人消灭，以彰显正义。

这道命令如同炸弹一般，引爆了英格兰人的情绪。他们很多人都在之前的战争中失去了财产和亲人，满腔的痛苦无从发泄，现在这群杂碎竟然想加害国王——是可忍，孰不可忍？整个英格兰顿时陷入了疯狂，从康沃尔到伦敦，从苏塞克斯到林肯，一群又一群的农民扛起锄头和镰刀，睁着通红的双目，四处搜捕和砍杀维京人。贵族们无力阻止这一狂热的浪潮，他们不能公然违抗国王的御令，况且他们也在维京人的入侵中受害深重，所以大多睁一只眼闭一只眼，一些激进的贵族甚至主动加入搜捕维京人的队伍。此时正值维京人一周一次的洗澡和美容时间，大部分维京人都在河中或浴室里沐浴，他们遇到袭击时手无寸铁，纷纷被杀。在牛津，35 个幸存者逃进了教堂想要寻求庇护，谁知这里的教士在许诺保护他们后偷偷从后门溜走，没有了教士和牧师的约束，愤怒的农民将教堂点燃，活活烧死了他们，并将其遗骸埋进了一个大坑里。在多赛特，村民们将 50 多个维京人斩首后还不解恨，又将他们分尸，最后暴露在荒野中。在这一系列疯狂的事件中，只有诺森伯里亚和东盎格利亚两地没有执行国王的命令，这两地的维京移民很多力量强大，他们联合起来保护自己，让英格兰人不敢轻举妄动。在其他地方，维京人都遭受了惨重的杀戮，死者甚众，很多身份高贵的人也没能幸免，其中就包括当时身在埃克塞特的斯韦恩之妹古恩希尔德（Gunhilde），她和她的丈夫德文郡郡长帕里格（Pallig）是被王后的总管事法国人休杀害的。

不过，这场屠杀并没有给英格兰人带来好处。留在英格兰的丹麦人很多是和谈后羁留在此的人质，还有些是商人和农民，很少有维京战士长住英格兰，杀了这些人根本不会影响维京人的下一次入侵，只会大大地激怒他们。况且，很多丹麦农民是9世纪移民的后代，已经和英格兰人共同生活了100年，早已放下刀剑过着平凡的生活。这样的一道屠杀令让他们也死伤甚众，埃塞尔雷德等于主动将这些人推到了自己的对立面，实在是愚蠢之至。

消息传到丹麦，斯韦恩勃然大怒，他抛下手中一切事务，发誓一定要为妹妹和妹夫报仇雪恨。1003年，矢志复仇的斯韦恩带领维京舰队登陆埃克塞特，之前很少攻击设防城镇的维京人这回像发了疯一样，不顾生死地猛攻这座古老的城市，并在付出了惨重伤亡后将它攻取。随后，斯韦恩下令屠城，将城内的男女老少全部杀光，并摧毁了城内的所有建筑，以满城的鲜血和灰烬来祭奠他的妹妹。随后，斯韦恩转向内地，进入了威尔特郡。为了阻挡他们的进攻，威尔特郡和汉普郡的民兵集结在一起，意志坚定地拦在了丹麦大军前进的道路上。但是让人费解的是，这支军队的统帅竟然是那个曾被流放到国外、有通敌前科的埃尔弗里克郡长！这个人用了怎样的手段重获国王的信任，我们无从得知——那一定是个充满了"传奇"色彩的故事，但是史书记载了他接下来的行动：当两军接近到前排士兵能互相对视的距离时，埃尔弗里克突然说他生病了，并剧烈地呕吐起来；

▲ 埃克塞特的中世纪桥梁遗迹，大约建于1200年

随后，他在众目睽睽之下以身体不适为由，抛下军队，飞也似的逃走了！看到统帅这种匪夷所思的举动，士兵们无不瞠目结舌，纷纷失去了战意，他们经过激烈的争吵和讨论后，决定扔下维京人不管，解散军队回家了。于是，斯韦恩毫发无损地冲破了阻拦，又抢劫了好几个城镇，才心满意足地从索尔兹伯里回到大海。

1004 年，斯韦恩来到了诺里奇，在埃克塞特积攒了丰富攻城经验的维京人这次较为轻松地拿下了该城，并再次将它烧成白地。由于维京人攻城的速度太快，东盎格利亚郡长乌尔夫基特尔甚至都来不及集结军队，他只好在维京人还没有造成进一步祸害之前，向斯韦恩提出赎买和平。斯韦恩收下了钱财，并签订了和约，但他很快又背弃了这一约定，趁着夜色偷偷下了船，带着军队走陆路潜入内地。乌尔夫基特尔发现斯韦恩违约后非常生气，命人将维京人留在原地的船只全部砍成碎片。但是冷静下来之后，他意识到可以围绕这些船做些文章，于是马上派人把前一个信使拦了下来。乌尔夫基特尔认为，此时的维京人已经远走，他即便带着军队在他们背后追赶，也只能一路吃灰，什么都干不成，那样的话还不如牺牲一两个内陆城市，等维京人麻痹大意后，再给他们致命一击。决定好方阵后，乌尔夫基特尔立刻下令，秘密集结起东盎格利亚境内所有的军队，埋伏在维京人的船只附近。果然，斯韦恩在抢劫了塞特福德后，带着诸多战利品回到了当初停船的地方。正当他们准备上船时，乌尔夫基特尔率领军队杀出，双方就在那里展开了一场激战。交战中，双方的士兵如同收割时的麦子般成片地倒下，连斯韦恩自己都好几次遇到险境，但是最终，维京人还是慢慢扳回了局势，将乌尔夫基特尔击败了。此役过后，东盎格利亚的精英纷纷倒卧沙场，英格兰人继莫尔登战役后，再次遭受了一场悲壮的失败。

因为维京人的持续劫掠，英格兰在 1005 年遭受了一场全国性的大饥荒，灾情之重，是人们记忆中不曾有过的。无利可图的维京人于是扬帆出海，回丹麦去了。但是，1006 年夏至后，斯韦恩又回到了英格兰，照例在东盎格利亚的桑威奇等地杀人放火。由于该地的军队已经在之前的大战中被摧毁，所以国王从威塞克斯和麦西亚调来部队，希望用他们来抵抗维京人。谁知道，这支临时拼凑起来的部队根本没有和维京人作战的意愿，他们在维京人靠近时逃之夭夭，不仅如此，他们对抢劫当地百姓十分在行，造成的祸害比维京人还要深重。此事过后，各个郡再也不接受来自其他郡的"客军"入境了，相毗邻的郡都想将维京人的祸水引到邻居身上，互相提防，争斗不已，整个王国变成了一盘散沙。这一回，斯韦恩狮子大开口，要埃塞尔雷德支付 3.6 万镑的巨款，后者竭力搜刮，用了 1 年的时间才凑齐这笔钱，可见英格兰王室的财政已经濒临崩溃。

这笔巨款就算是挥霍无度的斯韦恩也要花上一段时间来消化，所以英格兰又有了几年的缓冲时间。经历了这么多年的战事，埃塞尔雷德也终于明白，下一场大战会在不久后不可避免地到来，他决定组建海军，以抵消维京长船的优势，拒敌于国门之外。1008 年，国王正式颁布法令，规定英格兰全国都要坚持不懈地造船，每 300 海德的土地要提供 1 艘战船，每 10 海德的土地要提供 1 艘快船，每 8 海德的土地要提供 1 顶头盔和 1 副胸甲以装备船上的士兵。1 年后的秋天，在全英格兰人民的努力之下，一支空前庞大的舰队终于被建造了出来，这支舰队集结到了维京海盗近年来最常用的登陆地——桑威奇。按照当时英格兰的领土面积和生产能力估计，桑威奇的港湾内至少集结了 200 艘战船和相同数量的快船，这样的舰队即便以维京人的标准来看也是非常强大的。为了表示自己击败维京人的决心，埃塞尔雷德国王亲自率领大臣们前往桑威奇并登上舰船，随时准备打击任何来犯的海盗船。

然而这时，意外再次发生。舰队内两名贵族之间发生了严重的冲突，一个叫布里特里克的人向国王控告苏塞克斯的伍尔夫诺思，说后者意图谋反，后者听说这件事后立刻逃走，并带走了 20 艘满载着士兵的战船。这个伍尔夫诺思心狠手辣，他一不做二不休，索性效仿起维京海盗，在沿海地带肆意破坏。得知此事后，国王立刻命令布里特里克去捉拿伍尔夫诺思，不论死活。得令的布里特里克立刻带了 80 条船出发，然而他刚刚出海，就遇到了一场前所未有的风暴，80 条船都被巨浪打得粉碎，抛到了附近的岸上，水手们则葬身海底。看到大海竟然如此危险，懦弱的埃塞尔雷德国王立刻抛下了舰队，马不停蹄地往伦敦跑去。大臣们一看国王跑了，也都跟着跑了，将剩余的船只扔在桑威奇不管。剩下的船员没有接到任何命令，也得不到更多的工资和给养，只好驾着船跟着这些贵族回到了伦敦，把船开进坞里，让它在那里发霉。英格兰人民看见自己呕心沥血拼命劳作换来的舰队，竟然迎来了这么一个可笑的结局，对国王产生了极度的失望乃至厌倦，有些人甚至觉得，就算维京人来统治他们也无所谓了。

就在国王返回伦敦后不久，一个名叫"高个子"索克尔（Thorkell the Tall）的约姆斯维京人带领一支军队来到桑威奇，他的麾下至少有45艘船。可能是因为桑威奇被劫掠过太多次已经没有什么东西好抢的了，索克尔没有在那里停留，而是立刻南下，进逼宗教圣城坎特伯雷。这一回，坎特伯雷的人们甚至都没有向国王请示，就私下里派出信使告诉索克尔，他们愿意支付赎金以换取安全。收到了3000镑的现金后，索克尔立刻离开坎特伯雷，前往别的地方抢劫去了。接下来两年多的时间里，索克尔肆虐了几乎整个英格兰南部，东盎格利亚的乌尔夫基特尔和剑桥的阿塞尔斯坦曾经先后试图阻挡维京人的进攻，但都遭受了失败，后者还在守城的时候阵亡了。国王也曾在伦敦召集起一支军队准备迎击索克尔，但士兵们已经不信任这位朝令夕改、胆小怯懦的君王了，他们只同意保卫自己的家乡，不愿意去救援别的郡，任凭埃塞尔雷德怎么威逼利诱都没有用——国王的权威已经岌岌可危。

埃塞尔雷德现在深深地感觉到权力正在一点一点离自己而去，他迫切需要一支强大而顺从的军队来巩固王位。埃塞尔雷德将目光投向了还在各地劫掠的索克尔，这个人很符合他的要求：贪财，武力强横，对王位却没有野心，是一个天生的优秀打手。于是，国王派人与这位约姆斯维京人首领会谈，希望通过交纳贡金的方式，让后者为自己效力。索克尔没有驳斥这一请求，但是他开出的价码实在太高，现在的英格兰根本无力承担。在踌躇了很久后，埃塞尔雷德向索克尔提出了一个秘密的计划，以补足贡金数额上的缺口，后者听了之后满口答应，双方于是签订了合约。

1011年9月，索克尔的军队途经坎特伯雷城下，并在那里扎营。看到维京人到来，教会立刻动员了城内的民兵走上城墙，提防可能发生的攻城。然而，维京人老老实实地待在营中，没有丝毫异动，这让全城上下松了口气。看来事情也没有那么糟糕，毕竟他们在不久前才支付过3000镑的赎金，而且听闻国王也和这批强盗达成了协议，他们承诺收到贡金后就不为难英格兰人，现在只是找个地方准备过冬而已。在米伽勒节（9月28日）之前的一个晚上，圣奥古斯丁修道院院长埃尔夫默突然来到城门处，慰问值夜的士兵。这个埃尔夫默的地位非常高，全英格兰所有的修道院都奉他为首，据说他还跟埃尔夫赫亚克大主教有很深的私交，是大主教眼前的红人，士兵们见这么位贵人来看望他们，十分感动，纷纷跪下迎接。就在守卫们吻着这位大人的手、接受他的祝福之时，主教的随从们突然掀开袍子，抽出藏在里面的刀剑，向他们砍来。士兵们顿时死伤一片，很多人被吓呆了，不知道自己什么地方冒犯了院长而受到这样的惩罚，有几个机灵的觉得不对，立刻拿起武器还击，却发现那些随从的教袍下，竟然还穿着厚厚的铠甲。很快，最后一个士兵带着不甘倒在了血泊里。埃尔夫默随后打开了城门，城外已躲藏多时的维京大军点起火把，挥舞着武器冲了进来。400 年来从未被攻破的坎特伯雷圣城，就这样陷落了。

原来，埃塞尔雷德的所谓"替代方案"是这样的：给他 1 年的时间筹集 4.8 万镑的贡金，同时允许维京人劫掠坎特伯雷。这一方案既能满足维京人的贪欲，又能除掉不服从国王的埃尔夫赫亚克大主教，可谓是一条"妙计"，只可怜满城的无辜百姓，丝毫不知道自己被国王出卖，成了政治斗争中的牺牲品。在坎特伯雷肆虐了一个冬天后，索克尔带着士兵离开，并绑走了埃尔夫赫亚克大主教。1012 年 4 月 13 日，埃塞尔雷德付清了他承诺的 4.8 万镑贡金，索克尔随后命令几个醉汉杀死了大主教。干完这件事后，他正式加入埃塞尔雷德的麾下，充当雇佣兵。国王的计谋获得了成功，但他同时也失去了国民的最后一点信任，埃塞尔雷德的统治已经成了空中楼阁，随时可能坍塌。

1013 年 8 月，斯韦恩再次来到英格兰，他绕过东盎格利亚向北，进入亨伯河河口，在诺森伯里亚登陆。让斯韦恩感到诧异的是，他竟然受到了英格兰人的夹道欢迎，包括乌特雷德伯爵在内的所有诺森伯里亚贵人一致向他行臣服礼并交付人质，连剑桥和林齐的居民都派代表来向他宣誓效忠。一头雾水的斯韦恩询问众人后才得知，原来是埃塞尔雷德的倒行逆施让英格兰人无法忍受，所以才会来向他效忠，希望能得到他的庇护。斯韦恩立刻觉察到，自己现在有机会问鼎英格兰的王座了。于是，斯韦恩立刻接受了所有人的效忠，留儿子克努特（Cnut）看守船只和人质，他自己则组织起一支大军南下，发誓要结束埃塞尔雷德腐朽的统治。

斯韦恩所到之处，人们纷纷望风而降，包括牛津、温切斯特等一系列重要城市，他的队伍也像滚雪球一样迅速壮大。维京人和英格兰人的联军在伦敦城下第

▲ 圣欧拉夫国王

一次遭遇抵抗，索克尔带领伦敦城里的民兵们固守在一座横跨泰晤士河的大桥上。斯韦恩派挪威维京人的首领欧拉夫·哈拉尔德森（Olaf Ⅱ Haraldsson，即后来的挪威国王圣欧拉夫）去攻打大桥，后者的萨迦中是这样记载战斗过程的：

在堡垒和萨瑟克之间有一座桥，它是如此宽阔，以至于两辆马车可以在其上交错而过。街垒在桥上被建立起来，既有塔，也有胸墙，它们面朝河流的方向，（胸墙的）高度几乎达到人的胸膛；在桥下是被打入河底的桥桩。现在攻击来临，部队布满了桥的各处，来保护他们自己。

……

当舰队和人员都准备好了时，他们划船逆流而上；然而当他们靠近那座桥时，他们受到了（守军）抛下的石头和箭矢、标枪一类远程武器的攻击，这些攻击是如此密集，以至于头盔和盾牌都无法阻挡；而且船只本身的损毁也如此严重，以至于很多人都撤退了。

但是欧拉夫国王率领着北

方人的舰队，安静地划到了桥的底下，将他们的缆绳系在支撑桥的桩子上，然后全部船只全力向下游划去。桥桩的底部被撼动，它们在桥下的部分松动了。现在，武装的部队在桥上站得很密集，成堆的石头和武器也同样放在桥上，加上桥桩开始松动和毁坏，桥垮塌了；很大一部分人掉进了河里，余下的人都逃走了，一部分去了城堡，一部分去了萨瑟克。

虽然攻破了大桥，但联军在攻击伦敦时遭受了相当大的损失。斯韦恩当机立断，放弃了伦敦，转而向西，去攻打最后一块忠于埃塞尔雷德的领土，即威塞克斯的故土。他刚刚到达巴斯，德文的郡长埃塞尔穆就带着全部的西部塞恩前去请降，将西部国土原封不动地交到了斯韦恩手中。看到这种状况，索克尔和伦敦人也屈服了，他们遣使告诉斯韦恩，只要饶过他们的性命，一切都好商量。斯韦恩大度地接受了，他让伦敦人缴纳 1 万镑的赎金并供养他麾下的军队，然后热烈地欢迎了索克尔的回归。大势已去的埃塞尔雷德则仓皇出逃，跨过海峡到了他岳父的宫廷中避难，斯韦恩成了丹麦和英格兰的共主。

斯韦恩王并没有活太长时间，1014 年 2 月 3 日，54 岁的他与世长辞，临死前将丹麦和英格兰的王位分别传给大儿子哈拉德和小儿子克努特。这时，英格兰贵族开始怀念起埃塞尔雷德的统治，他们中很多人的利益都被斯韦恩王从丹麦带来的随从抢走，地位也大不如前。于是，他们密谋迎回埃塞尔雷德，向身在大陆的"前"国王写了一封信，表示如果他宽恕自己的背叛，他们就愿意重新奉他为王。接到信的埃塞尔雷德心花怒放，他派遣自己的第 6 个儿子埃德蒙王子秘密潜回英格兰，和写信的贵族们联络。在 1014 年开春之时，埃塞尔雷德重返伦敦，受到了宗教贵族和世俗贵族的热烈欢迎。

此时，身处林齐的克努特也察觉到情况不妙，那些一年前还对他父亲奴颜婢膝的北方贵族们现在纷纷换了副脸色，私下里蠢蠢欲动。克努特在战争方面的经验还有些不足，但他是个天生的政治家，手腕之高明与残忍远超其父。面对这种情况，他马上做出决断，带着所有愿意和他走的军队乘船撤离，回到丹麦向他哥哥哈拉德寻求援助。临走前，他将北方贵族交给他的人质的手、耳朵和鼻子割掉，然后扔在了桑威奇的沙滩上，作为对背叛者的警告。

此时的埃塞尔雷德虽然又成了英格兰名义上的最高统治者，但其实能够掌控的也仅仅是泰晤士河以南的地区和伦敦城而已。英格兰实际上分成了四股势力，除了国王之外，埃德里克郡长控制着麦西亚大部分，乌特雷德伯爵控制着诺森伯里亚，"高个子"索克尔则盘踞在东盎格利亚。埃塞尔雷德已经垂垂老矣，不能主政，所以他将大部分权力都交给了埃德蒙王子，自己则待在伦敦养老。埃德蒙王子确立的方针是联合埃德里克，肃清国内的维京势力残余，他们二人在 1015 年于牛津举行的塞恩大会上处死了两名和克努特有过联系的塞恩，并瓜分了死者的地产。但是，还没等他们完全消化这些"战利品"，克努特就带着一支维京大军回到了英格兰。

1015 年夏天，克努特抵达桑威奇，索克尔立刻向他称臣，并随同克努特一起战斗。为了对抗这二人的联盟，埃德蒙和埃德里克立刻也组成联军，开往东盎格利亚。这时，克努特展现了他的政治手腕，他派出信使，说服了埃德里克，许诺了他很多的好处。于是，埃德里克背叛了埃德蒙王子，带着自己的军队回家去了，独木难支的埃德蒙只好回到伦敦。不过，埃德蒙不是他那懦弱的父亲，他有着和先祖阿尔弗雷德大帝一样的坚韧不屈，不甘心坐看克努特一点点蚕食这大好江山。经过周密地计划，埃德蒙王子秘密启程前往诺森伯里亚，准备联合乌特雷德伯爵，一起对付克努特。

王子此行获得了巨大的成功，乌特雷德同意了他的请求，准备和他一南一北夹击克努特。然而，克努特立刻发现了这个联盟的软肋：王子因为缔结盟约的缘故身在诺森伯里亚，还没有回到伦敦，那么王室在南方的统帅依旧是昏庸的埃塞尔雷德，他是绝对不敢主动进攻的。所以，克努特需要做的，就是赶在埃德蒙王子回到伦敦之前干掉乌特雷德伯爵，以免腹背受敌。他马上联合埃德里克与索克尔，跨过麦西亚和诺森伯里亚的边界，直指诺森伯里亚首府约克城。面对 3 支大军的迅猛攻击，乌特雷德伯爵且战且退，最终力不能支，选择了投降。在埃德里克的唆使下，克努特处死了乌特雷德，扶植了自己的亲信埃里克为新的伯爵。

灭掉了乌特雷德后，克努特稍作休整，便在 1016 年南下，进攻英格兰人最后的堡垒——伦敦。维京大军没有遇到什么抵抗就抵达了城下，将其团团围困。此时的形势对于英格兰人来说万分危急，然而屋漏偏逢连夜雨，在这个节骨眼儿上，埃塞尔雷德国王撒手人寰。贵族们立刻推举埃德蒙王子为王，但是埃德蒙做出了

▲ 克努特国王

一个令人意想不到的决策：秘不发丧，暂不举行典礼，他突围出去找救兵！大臣们对此议论纷纷，但都被埃德蒙用强硬的手段压了下来，因为他知道，困守这座孤城只能得到和3年前相同的结果。埃德蒙将最后的希望寄托在西部的康沃尔和德文地区，阿尔弗雷德就是在那里重整旗鼓、击败强敌古思伦的。于是，在维京军队完全包围伦敦之前，埃德蒙潜行出城，往西部的山区奔去。

埃德蒙的冒险行为获得了很大的成功，康沃尔人和德文人不愧为威塞克斯忠实的臣民，他们纷纷响应埃德蒙的号召，组成了一支规模不大的军队。埃德蒙没有在此做过多的停留，而是立刻领兵东进，去救援被围的伦敦城。在彭瑟尔伍德附近，英军击败了维京人的前哨部队，赢得了一场宝贵的胜利，此战不仅打开了通往东部的道路，还鼓舞了威尔特郡和南安普顿地区的人民，让他们也加入到埃德蒙的麾下。感觉到威胁的克努特命令埃德里克去阻挡埃德蒙国王，双方于是在舍斯顿大战了一场，两边的伤亡都很大。此时，埃德里克开始心生退意，他不想在战争中过早地消耗掉手中的兵力，那样不论最后胜利的是埃德蒙还是克努特，自己肯定没有好果子吃。所以他为了保存实力，主动让开了通道，退回麦西亚休养去了。

补充了兵力之后，埃德蒙带着士气高昂的军队继续前进，终于来到了离伦敦城不远的地方。不过，埃德蒙并没有被胜利冲昏头脑，他清楚地知道，自己的实力还远比不上克努特，贸然与维京军队决战只会导致惨败；一旦他失去军队，现在处于观望状态的埃德里克就会化作饿狼，狠狠地将自己咬死。但是伦敦又不得不救，那么该怎么办呢？埃德蒙知道，在长期的围困下，伦敦城最需要的其实是粮食，所以只要他能在克努特的包围圈上打开一个缺口，送去一些补给，伦敦市民就会士气大振，继续坚守下去。制定好目标后，埃德蒙带着军队在上游渡河，到了泰晤士河以北。他游走在克努特的包围圈之外，时不时地骚扰一下，搞得他们不胜烦躁后，又从克莱汉格迅猛地插入，搅乱了克努特的军队。等到克努特急急忙忙地将主力调到北岸追击他时，他又迅速渡河返回南岸，攻击留在那里的维京人。一片混乱之中，伦敦市民抓紧时间修补了城墙上的缺口，并将许多补给品带入城内，本来摇摇欲坠的城防再次坚固起来。

看到自己的目的已经达到，埃德蒙也不再恋战，他率领部队撤走，去后方补充在战斗中损失的兵员与装备。被埃德蒙耍得团团转的克努特也回转到伦敦城下，看着城内民兵们高昂的士气，克努特知道这场仗不能这么打下去了。他如果接着攻击伦敦的话，埃德蒙会故技重施，重复之前的那些骚扰与突袭，维京人会白白损失兵力而一无所获，况且经过前一战的消耗与破坏，他的补给也所剩无几了。克努特再次做出决断，他和3年前的斯韦恩一样放弃了伦敦，他将军队分散开来收集给养，一支由他自己带领前往麦西亚，一支前往肯特。克努特的这一决定算是比较正常的，但是他显然低估了埃德蒙的决心和英格兰人的毅力，这让他不久后就吞下了苦果。

丹麦人分兵之后，埃德蒙苦等多时的机会终于来了。其实，此前他的蛰伏姿态只是一种伪装，他手下人马在伦敦战役时遭受的损失远没有表现出来的那么严重，这样做的目的就是麻痹克努特，让他以为英军现在威胁不大，可以放心行军。计策成功后，埃德蒙迅速动员起军队，在伦敦市民的帮助下追上了那支前往肯特的维京军队，将他们彻底击败。幸存的维京人骑着马逃到了谢佩岛，但依旧逃脱不了埃德蒙的利剑，纷纷被杀死在船上和岸上。这是一场辉煌的胜利，人们在埃德蒙身上看到了阿尔弗雷德大帝的身影，肯特之战也被他们称作新时代的埃丁顿之战，威塞克斯王朝的中兴似乎指日可待了。墙头草埃德里克见状立刻前来归降，并尊敬地称他为"铁甲王"埃德蒙（Edmund Ironside）。埃德蒙没有惩罚埃德里克，反而让他继续担任原职，威塞克斯和麦西亚终于合兵一处。

▲ "铁甲王"埃德蒙

得到埃德蒙出兵的消息后，克努特就知道大事不妙，他赶紧带着军队回师，但还是晚了一步。埃德里克转投埃德蒙之后，克努特实力上的绝对优势已经荡然无存，甚至还有劣势，因为他身处南方，很难从诺森伯里亚的大本营那里获得给养和兵力的补充。当然，如果克努特选择离开，缺乏海军的埃德蒙根本无力阻挡，他大可以从容地退回丹麦，在好好休整之后再杀回来。不过，克努特不想选择逃避，他虽然犯下了错误，但还有机会弥补。更何况，维京人向来靠刀剑取得功勋和财富，要是一场大战都不打就选择退缩，他克努特以后还如何领导这些桀骜不驯的部下？所以，克努特没有选择回师，而是驻扎在伦敦以北的埃塞克斯地区，等待埃德蒙的到来。

看到克努特求战的姿态，埃德蒙也决定应战，争取用一场战斗解决掉困扰了王国两百余年的维京之灾。他先是命令军队在伦敦集结，等到秋收结束军粮充足之时，再启程北上前往埃塞克斯。1016 年 10 月 18 日，在阿兴登山（Assandun），两支军队进行了一场决定英格兰命运的战斗。克努特的战术简单而明确，他要集中兵力，先打垮埃德里克率领的麦西亚军队，再回过头来夹击埃德蒙的威塞克斯军队。要是埃德里克先撑不住，那么维京人就胜利了，反过来要是埃德蒙率先击破了牵制他的维京军队，英格兰人就胜利了。与其说这是一次战役，还不如说，这是所有参战者压上一切的豪赌。

战斗打响后，克努特的主力冲下山头，直扑埃德里克和麦西亚军，"高个子"索克尔的约姆斯维京人部队则结成盾墙，迎接埃德蒙的冲击。战斗从一开始就进入了白热化阶段，埃德里克在克努特面前节节后退，索克尔也在埃德蒙狂野的攻击下苦苦支撑，战线犬牙交错，谁都不想轻易言败。在这胶着的时刻，克努特手上还握有一支预备部队，那是一支完全由长斧手组成的精锐卫队，成员们都是百战余生的勇士，他们身披双层重甲，脸上也有链甲面罩保护，只露出一双眼睛。看到战局陷入胶着，克努特没有理会索克尔的求援，坚定地让这支精兵去打埃德里克。这些高大的北欧战士们一冲入战场，就像切入黄油的餐刀一样，迅速撕开了麦西亚人的防线。他们仿佛感受不到恐惧和疼痛，根本不去理会麦西亚士兵任何攻击，只是一下又一下地挥舞斧子，带起一阵阵血雨腥风。剑盾兵来了，用肩膀撞开他的盾牌，砍杀！长矛兵来了，用胳膊夹住他的长矛，砍杀！弓箭手来了，低下头躲开他的箭矢，冲上去砍杀！骑兵来了，对准马头全力挥出斧子，连人带马一起砍杀！

这些北欧死神就这样一路突进，在身后留下一条由尸体和血肉铺就的道路，连他们头上飘扬的渡鸦旗帜都被染成了红色。赫里福德郡的民兵首先抵挡不住了，他们号哭着扔下武器向后方跑去，抛弃了一切尊严和荣誉，只为从那些巨斧下保住一条小命。埃德里克也跟着跑了，他虽然巧言善辩、长于阴谋，但在这赤裸裸的暴力面前，他那三寸不烂之舌起不了任何作用，于是，他再一次背叛了自己的主人。随着主帅的逃亡，麦西亚军队像雪崩一般溃散了，他们漫山遍野地逃跑，将埃德蒙国王丢在了战场上。在克努特和索克尔的两面夹击之下，埃德蒙国王深陷险境，多亏亲卫用身体挡住了维京人的斧头，他才成功逃出生天。然而，他的军队已经灰飞烟灭，他自己也受了重伤。圣安德烈节那一天，这位奋战了一生却功亏一篑的"铁甲王"带着无尽的悔恨和不舍，离开了这个世界。他的死代表着威塞克斯王朝的结束，也代表着英格兰最终屈服在维京人的统治之下。

▲ 一副中世纪的绘画，描绘阿兴登山之战中埃德蒙（左）和克努特（右）的对决，虽然这一幕可能从未发生过

征服了英格兰之后，克努特又相继获得了丹麦和挪威的王位，由此建立起一个空前庞大的帝国，让整个北海成了维京人的内海，这个帝国也因此被称为北海帝国。在之后的 19 年统治里，克努特竭力将自己塑造成一个仁慈明君。他不仅解散了大部分军队，只留下少量护卫，还减少税收，大力传播基督教文化，他也因此被尊为英格兰第二个也是

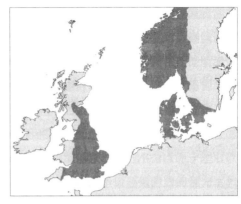

▲ 克努特大帝的北海帝国，深灰色部分即为其疆域

最后一个大帝。无论如何，盎格鲁－撒克逊人的光荣时代已经一去不复返了，亨吉斯特和霍萨的血脉被北海的波涛吞没，我们只能从史书中瞥见这些骄傲的战士曾经的辉煌。

参考文献

[1] 盎格鲁撒克逊编年史 [M]. 寿纪瑜，译．北京：商务印书馆，2000.

[2] （英）比德．英吉利教会史 [M]. 陈维振，周清民，译．北京：商务印书馆，1991.

[3] （法兰克）艾因哈德．查理大帝传 [M]. A.J. 格兰特，英译．戚国淦，译．北京：商务印书馆，1996.

[4] 苏旻婕．维京人的光荣与梦想——奥斯伯格船葬 [J]. 大众考古，2013 (5).

[5] Thomas J.T.Williams. *Landscape and warfare in Anglo-Saxon England and the Viking*

campaign of 1006[J]. Early Medieval Europe, 2015,23(3).

[6] Kathryn Powell. *Viking invasions and marginal annotations in Cambridge, Corpus Christi College 162*[J]. Anglo-Saxon England, 2008 (37).

[7] Simon Keynes. *An abbot, an archbishop, and the viking raids of 1006-7 and 1009-12*[J]. Anglo-Saxon England, 2007 (36).

[8] Niels Lund. *The armies of Swein Forkbeard and Cnut*[J]. Anglo-Saxon England, 1986 (15).

[9] Nicholas J.Higham, Martin J.Ryan. *The Anglo-Saxon World*[M]. New Haven:Yale University Press,2013.

[10] F.M.Steton. *Anglo-Saxon England*[M]. New York:Oxford University Press, 1971.

[11] H.R.Loyn. *Anglo-Saxon England and the Norman Conquest*[M]. New York:Longmans, 1964.

[12] Steven Bassett. *The origins of Anglo-Saxon Kingdoms*[M]. New York:Leicester University Press,1989.

[13] Mark Harrison. *Anglo-Saxon thegn ad 449-1066*[M]. Oxford:Osprey Publishing Ltd. 1993.

[14] Paul Wagner. *Pictish Warrior AD 297-841*[M]. Oxford:Osprey Publishing Ltd. 2000.

[15] David Nicolle. *Arthur and the Anglo-Saxon Wars*[M]. Oxford:Osprey Publishing Ltd. 1984.

[16] Tim Newark. *Ancient Celts*[M]. Hong Kong:Concord Publications Co. 1997.

[17] Mark Harrison. *Viking Hersir 793-1066*[M]. Oxford:Osprey Publishing Ltd. 1993.

[18] Ian Heath. *The Vikings*[M]. Oxford:Osprey Publishing Ltd. 1985.

[19] Terence Wise. *Saxons, Normans and Vikings*[M]. Oxford:Osprey Publishing Ltd.1979.

[20] Keith Durham. *Viking Longship*[M]. Oxford:Osprey Publishing Ltd.2002.

[21] Ryan Lavelle. *Fortifications in Wessex c.800-1066*[M]. Oxford:Osprey Publishing Ltd.2003.

[22] （英）蒙茅斯的杰弗里. 不列颠诸王史 [M]. 陈默，译. 桂林：广西师范大学出版社,2009.

[23] 蒋孟引. 英国史 [M]. 北京：中国社会科学出版社,1986.

南亚次大陆的命运转折点

莫卧儿皇位继承战争

作者 / 李珂

莫卧儿帝国是南亚次大陆上最后一个统一的封建王朝。"莫卧儿"（Mughal）是"蒙古人"的意思，因为莫卧儿皇室来自中亚，拥有帖木儿的父系血统和成吉思汗"黄金家族"的母系血统，可以说莫卧儿帝国也是黄金家族建立的最后一个帝国，是黄金家族"最后的荣耀"。莫卧儿帝国在1526年由中亚贵族巴布尔建立；后来，阿克巴大帝（Akbar，1542—1605年）统一北印度，建立起一个强大的帝国；贾汗吉尔（Jahangir）及沙贾汗（Shah Jahan）统治时期，帝国达到鼎盛；在奥朗则布（Aurangzeb）统治时期，帝国版图扩张到最大。当武功赫赫的奥朗则布于1707年去世后，莫卧儿帝国四分五裂，威势大不如前。到了19世纪，皇帝甚至变得有名无实，其政令不出首都德里，被戏称为"德里城主"。但是，印度民族大起义（1857—1859年）期间，末代皇帝巴哈杜尔·沙二世（Bahadur Shah Ⅱ）仍被各路人马推举为共同领袖，"百足之虫，死而不僵"，莫卧儿帝国的影响力可见一斑。直到英军攻陷德里城，俘获巴哈杜尔·沙二世并将其流放缅甸，莫卧儿帝国作为一个政治实体才正式消亡。

本文要讲述的，是莫卧儿帝国的第5位皇帝沙贾汗统治晚期在他的4个儿子之间爆发的皇位争夺战。一母同胞、性格各异的四兄弟为了各自的目的而结盟、背叛、欺骗、厮杀，最终，他们当中被命运选定的那个人，从累累尸骨里捡起了沾满血腥的皇冠，荣登至高无上的孔雀宝座，成为南亚次大陆的主宰。

腥风血雨的前奏

1657年3月7日，莫卧儿帝国皇帝沙贾汗刚刚结束了30年的统治，即将开启第31年。在莫卧儿皇室的习惯里，每3个10年称作"盖恩"（Qarn），被认为是最吉祥、完美的数字。值此承前启后之际，沙贾汗在离首都德里约100英里的行宫举办了盛大的庆典。在这场庆典上，来自伊朗萨法维王朝、中亚布哈拉汗国、土耳其和阿拉伯的使者，以及来自意大利和法国的旅行者纷纷到齐，冠盖云集，觥筹交错。此时的莫卧儿帝国正处于全盛时期，光是帝国的贵族们拥有的丰厚财富、奢华派头，就能使其他国家的国王都黯然失色。沙贾汗端坐在价值连城的孔雀宝座上，举世闻名的三大钻石——"光明之山""光明之海""沙赫"，以及无数珍贵宝石尽归他所有，他头上戴的帽子装饰着硕大的红宝石和鹭羽，身上穿的白色锦缎衣服有金银刺绣，他全身上下笼罩在令人目眩神迷的耀眼光芒中，恍若神祇。

▲ 沙贾汗与慕塔芝·玛哈尔

沙贾汗为他心爱的妻子慕塔芝·玛哈尔修建的陵墓即将落成，他不惜耗费巨资，用最纯净的白色大理石为材料，建造了后来闻名于全世界的"泰姬陵"。虽然莫卧儿帝国的两次对外战争失败，虽然为修建泰姬陵而财政吃紧，但是此时的帝国看起来国泰民安，一片祥和景象。大部分人深信，沙贾汗将会带领他们由一个辉煌的 30 年走向另一个辉煌的 30 年，黄金家族的荣耀将会继续庇佑北印度，帖木儿和成吉思汗的子孙将会一如既往地安宁统治这片土地。

但是，危机的种子已经悄然埋下，在帝国的裂缝里暗暗生长，只待一个时机便会破土而出。这些种子正是沙贾汗与慕塔芝·玛哈尔的爱情结晶，一母同胞的四兄弟——太子达拉·舒科、二王子舒贾、三王子奥朗则布、四王子穆拉德。

1657 年 4 月底，沙贾汗返回德里。9 月 6 日，他忽然病倒了，先是便秘了整整一周，然后病情急转直下，全身都肿胀起来，高烧不退。在此期间，沙贾汗滴水不进，宫廷医生们束手无策，救治无方，眼看着皇帝就要不久于人世——但是这场来势汹汹的重病并没有要了沙贾汗的命，而是带给他比死更痛苦的后果。

按照莫卧儿帝国的惯例，只要皇帝身在首都，每天早晨都应该在阳台上面会公众，但是他已经 10 天没有出现了。与此同时，太子达拉·舒科封锁一切消息，禁止任何人接近沙贾汗的病榻。一个谣言开始在德里流传，并且迅速传到各个行省，说沙贾汗已经死亡，而太子达拉·舒科封锁消息是为了做好部署，稳固根基，确保自己继承大统。

莫卧儿帝国历史上出现过多次手足相残、父子反目的惨剧，如贾汗吉尔反叛父亲阿克巴、库斯鲁反叛贾汗吉尔、沙贾汗与沙尔亚尔争夺皇位，但是，沙贾汗统治时代晚期的皇位继承战争是最为惨烈的。正是这四位王子争夺皇帝的宝座，才断送了沙贾汗的统治，并且由于他们选择的不同道路，这一场战争成了决定南亚次大陆命运的战争。

沙贾汗与慕塔芝·玛哈尔一共生育了 14 个子女，没有在童年夭折而长大成人的只有 7 人，除了上述 4 位王子外，还有大公主贾汉娜拉·贝格姆、二公主罗珊娜拉·贝格姆和三公主高哈拉·贝格姆。高哈拉·贝格姆是他们的第 14 个孩子，出生于 1631 年 6 月 17 日。当时沙贾汗正远征德干高原，慕塔芝·玛哈尔在布尔汉布尔的军营生下了她，由于卫生条件恶劣，慕塔芝·玛哈尔死于产褥热，年仅38 岁。

沙贾汗病重时，4 位王子都正值盛年：达拉·舒科 42 岁，舒贾 41 岁，奥朗则布 39 岁，穆拉德 33 岁。他们都在各种军事和行政岗位上历练过，积累了丰富的政治经验。而且四人都是省督，麾下有大量常备军队。

达拉·舒科的名字意思是"雄伟、荣耀或辉煌"。在他 28 岁时，沙贾汗正式确认他为继承人，赐予其"幸运王子"的称号，并让他掌管 2 万人的军队和 2 万匹马。31 岁时，他被任命为安拉阿巴德总督和古吉拉特邦省总督。38 岁时，他被任命为木尔坦总督和喀布尔总督。沙贾汗病倒后，任命他指挥 5 万步兵和 4 万骑兵。但是达拉·舒科的军事和行政才能并不突出，他很少去地方上任职，大部分时间陪伴在父亲左右，与文人雅士互相唱和为乐，也因此备受父亲宠爱。他醉心于印度神秘的文化，学识渊博，与印度教教徒来往密切，曾组织把印度宗教典籍和诗歌翻译成波斯语。他还热心于赞助文学艺术，生活十分安逸，喜好美色，甚至有一些他和妻姜享乐的细密画流传后世。他的缺点也很明显，脾气火爆，举止傲慢，在贵族中树敌不少。另外，他在宗教问题上持宽容观点，并且与莫卧儿帝国的伊斯兰教逊尼派（"正统派"）长期不睦，被后者视为异端。

舒贾当时担任孟加拉总督，他是一个很勇敢的人，也是一个不错的省督，但不如三王子奥朗则布那么出类拔萃。他还另外有一个劣势，即宣信什叶派，从而激起朝中正统派的不满。谁也料不到他会第一个自立为帝，发动叛乱。

奥朗则布的名字意思是"帝位之荣缀"。沙贾汗给他取这个名字，是希望他能成为帝国的忠实捍卫者、皇位上的荣耀点缀。然而，如果一个人的光芒太过耀眼夺目的话，他是不会甘于当一个配角的。奥朗则布幼年时期即才华出众，他熟

▲ 达拉·舒科的婚礼

读并能背诵《古兰经》，写得一笔好字。16岁时，他与沙贾汗和诸兄弟一同观看斗兽表演，一头发怒的大象突然冲向人群，他临危不惧，勇斗大象。危机解除后，沙贾汗为嘉奖他的勇气，曾奖励给他与身等重的金币。18岁时，他就被封为德干副王，主管相当广阔的国土，年收入约5000万卢比，这片区域后来就成了他的根据地。奥朗则布曾几度远征中亚，戎马倥偬半生。在1635—1657年长达二十多年的时间里，他的足迹踏遍如今印度、巴基斯坦和阿富汗的巴尔赫、坎大哈、木尔坦、古吉拉特、邦德尔坎德、德干高原等区域。他天性冷静，精于算计，战功赫赫，生活朴素，在宗教信仰上是最严格类型的穆斯林，深受帝国正统逊尼派贵族信任。

穆拉德当时是古吉拉特省总督，他虽然也作战勇敢，但是有勇无谋，放荡不羁，而且头脑简单，容易受骗。舒贾在孟加拉称帝后不久，他也在艾哈迈达巴德自立为帝。

虽然这四兄弟是一母同胞，但是他们之间没有兄弟之爱，顶多是其他三人都对太子达拉·舒科抱有嫉妒。在贾汗吉尔皇帝统治晚期，当时还被称为"胡拉姆王子"的沙贾汗曾被父亲猜忌，被迫携妻带子流亡，后来又不得不返回德里，并将达拉·舒科和奥朗则布充作人质。这两兄弟尽管经历过同为人质的两年岁月，但是并没有共患难的感情。他们之间的斗争在整个莫卧儿帝国是公开的秘密，沙贾汗不得不把奥朗则布远远调离德里，希望能缓和两人的冲突。达拉·舒科和奥朗则布两人在性格和作风上完全不同，他们互相蔑视，也互相嫉妒。达拉·舒科嫉妒奥朗则布的战功和行政才能，奥朗则布嫉妒达拉·舒科拥有太子之位、父亲的宠爱和无忧无虑的生活。在能见面的时候，达拉·舒科经常尖刻地讥讽奥朗则布是"伪君子""苦行僧"，而奥朗则布常常保持沉默，一副埋头苦干、任劳任怨的样子，但是他打心眼儿里认为这位大哥"可耻、愚蠢又不公正"，甚至是一个"卡菲勒"（异端）。

这两兄弟之间较大的冲突有两次。1644 年，大公主贾汉娜拉因一次意外火灾被烧伤，奥朗则布从德干行省前往阿格拉（Agra）看望姐姐，路上延误了日程，被沙贾汗认为不关心长姐，引来了不满，而后他又仓促地身穿军装、佩带武器觐见沙贾汗，被沙贾汗认为是大不敬，遭到怒斥。在达拉·舒科的挑拨下，奥朗则布被免去职务、军衔，并遭到软禁。在贾汉娜拉的劝说下，一年后沙贾汗又赦免了他。后来奥朗则布先后出任古吉拉特总督，受命远征中亚坎大哈，并于 1653 年重新回到德干行省担任总督。

1656 年 1 月，沙贾汗命令德干省督奥朗则布兴兵讨伐南印度的高康达王国[①]和比加普尔王国。在奥朗则布即将兼并两王国之际，又是达拉·舒科阻挡了他。达拉·舒科向沙贾汗进言道："奥朗则布本就据有德干行省广阔之地，若是又征服两王国，势必自立为王，裂土而立。"沙贾汗又考虑到这两个王国可以起到战略缓冲的作用，阻挡南部山地的马拉塔人，于是命令奥朗则布退兵。奥朗则布无奈之下，与两国签订和约，撤兵返回。1657 年 1 月，南印度的比加普尔王国陷入内乱，奥朗则布认为这是控制南印度的大好时机，一边请示沙贾汗，一边趁机挥师南下。沙贾汗又百般忧虑，担心儿子拥兵自重，于是强迫奥朗则布与比加普尔国王签订和约。奥朗则布再次功亏一篑。

---

① 今天印度的安得拉邦海德拉巴地区，以盛产钻石而闻名。

事实证明，奥朗则布并不是人为刀俎、我为鱼肉的性格，两度被挫后，他耐心等待，一有机会就会以最残忍、最坚决的方式复仇。

帝国境内纷扰的流言让二王子舒贾坐不住了。人们纷纷传言沙贾汗已经死了，出现在皇宫阳台上的人只是一个长得与沙贾汗有几分相似的奴隶，而达拉·舒科的伎俩是一个缓兵之计，为的就是稳住这几个手握重兵的弟弟，暗中积蓄兵力，待到他登基成为莫卧儿皇帝、几个弟弟不得不入朝拜贺之时，达拉·舒科就会威逼他们交出手中的兵权，把他们带到阿格拉刺瞎眼睛囚禁起来——

▲ 奥朗则布的肖像

或者毒死、溺死。这种流言并非无稽之谈，在莫卧儿帝国历史上夺位相残的事多着呢！在得到沙贾汗病倒的消息后，舒贾如坐针毡，他横下一条心，干脆就在1658年1月自立为王。2月中旬，他带领一支大部队离开孟加拉，向沙贾汗和达拉·舒科所在的阿格拉①进逼。他刚到达恒河中游的贝拿勒斯附近，便遭到了达拉·舒科最倚重的长子苏莱曼·舒科和最信任的将军、拉吉普特酋长米尔扎·拉贾·贾伊·辛格率领的帝国军队的袭击。这支军队中大多是拉吉普特人②，堪称虎狼之师，他们在米尔扎的率领下，给舒贾以致命打击，迫使他退回孟加拉。

天性冷静而精明的奥朗则布没有仓促行动，在二哥和弟弟相继称帝之时，他悄无声息地进行了一系列部署。他在纳巴达所有渡口布防，并与二姐罗珊娜拉保持联系，以便知晓首都正在发生的一切事情。接着，他诱骗头脑简单的弟弟穆拉德达成协议：战利品的三分之一归穆拉德，三分之二归奥朗则布；征服整个帝国后，旁遮普、阿富汗、克什米尔和信德归穆拉德，他可以在这些地区称王，以国王身

---

① 莫卧儿帝国很长时间内是实行双都制的，阿格拉是莫卧儿帝国的另一个都城。

② 拉吉普特人（Rajput）是印度北部一个骁勇善战的部族，他们属于印度化了的突厥人，自称刹帝利种姓。在这次战争中，他们站在达拉·舒科这一方。

份发行货币。在写给弟弟的信中，他这样说道："这人世充满了尔虞我诈、变幻无常，因此我丝毫无心掌握权柄，唯一的愿望是去麦加朝圣。但是，若你有心惩戒我们的不义兄长（达拉·舒科），阻止其种种愚蠢偏私行径，你可以将我视作诚挚之友与牢固之盟。"

两兄弟现在各自向阿格拉推进。1658 年 4 月 13 日，奥朗则布抵达迪巴尔布尔，得知穆拉德在他西边几英里处，随后二人会合。他们一路没有遇到过像样的抵抗，直到 4 月 15 日在乌然尼附近的达尔马特遭遇效忠于达拉·舒科的军队。这支军队由马尔瓦尔的马哈拉贾·贾斯万特·辛格和卡西姆·汗率领，可是二人在指挥上出现了分歧，这给军队带来了恶果。虽然马哈拉贾的拉瑟尔先遣队拼死战斗，但帝国军队被彻底打垮，只有五六百人落荒而逃，其余全被杀死。两位得胜的王子迅速前进，占据了通往昌巴尔河的通道。现在，他们已经掌握了通往阿格拉的大门的钥匙。

萨穆加尔之战

穆拉德和奥朗则布的军队继续前进，于 4 月 20 日占领了瓜廖尔城堡，气势汹汹地向阿格拉逼近。

达拉·舒科现在内心十分焦虑。舒贾称帝后，接到消息的他已经派遣了一支 22000 人的强大军队前去贝拿勒斯迎战二王子舒贾。虽然 2 月 14 日这支军队击退了舒贾进犯的势头，但是，分兵削弱了他防守阿格拉的军事力量。

帝国军队在达尔马特的失败大大出乎达拉·舒科的意料，而两个弟弟急行军的速度又使他震惊。他的父亲和朋友们劝他加强防守，等待米尔扎·拉贾·贾伊·辛格和苏莱曼·舒科王子从贝拿勒斯返回。但是，他急躁鲁莽、刚愎自用，根本听不进劝告。他现在所掌握的军队，特别是穆斯林军队，可能更认同奥朗则布而不是他，他急需一场胜利来凝聚人心。

一些穆斯林宫廷贵族劝说沙贾汗让儿子们议和，把战争限制在家庭纷争的范围内。沙贾汗动了心，但是达拉·舒科却嘲笑他们是懦夫，并且宣称要把奥朗则布赶走，就像猎人撵兔子那样。这样的举动加深了宫廷贵族与他的隔阂，使他们更加倾向于奥朗则布那一方。

达拉·舒科很快组建了一支新的部队。由于莫卧儿帝国财力雄厚，他不难从阿格拉城里找到足够的盔甲和武器，况且还有很多枪支和大象在他手里。短短几天时间，大约 6 万名士兵被武装起来，但是这支军队只是看上去令人畏惧，实际上内部矛盾重重。这支军队由各种各样的人组成，他们来自不同的阶级和地方，就这样匆匆聚在了一起，没有经过统一训练，协同性堪忧。这支军队的许多指挥官是绣花枕头，从未上过战场。达拉的主要依靠是信仰印度教的拉吉普特人和希兹人的军队，由穆斯林组成的另一部分帝国军队已经靠不住了，大多与他离心离德，或者对他的事业漠不关心。他很快将发现，这一点会给他带来致命影响。

达拉·舒科率领大军前去截击奥朗则布与穆拉德，他于 5 月 22 日到达达乌尔布尔，在此地建筑碉堡，在路口设伏，忙得不亦乐乎。他要把奥朗则布和穆拉德的大军拖在此地，等他儿子苏莱曼带兵回来跟他会合，一同消灭敌人。好几天后，他才震惊地知道一个消息：奥朗则布的大军绕过了达乌尔布尔，取道达乌尔布尔以东 40 英里的巴道尔，直扑阿格拉。达拉·舒科急忙率军赶往阿格拉。

久居深宫、习惯安逸生活的达拉·舒科缺乏实战经验，这使他犯了一个致命错误，他在他认为的奥朗则布前往阿格拉的必经之路上设下伏兵。拿破仑说："永远不要让敌人知道你在想什么！"拥有多年实战经验的奥朗则布料到达拉·舒科会有这手，遂舍近求远，选择了一条让达拉·舒科想不到的路线。正如同二战时期，纳粹德国的军队绕过固若金汤的马其诺防线，取道比利时进攻，直取巴黎。

亚穆纳河从东边流经阿格拉城和泰姬陵，在离河岸 9 英里处坐落着一个名叫萨穆加尔（Samugarh）的小村庄。在这个村庄东南边，有一片开阔的原野。这个地方很适合作为决定命运的舞台，让各个角色在舞台上角逐，决定阿格拉的主宰该是谁，莫卧儿的主宰该是谁。

1658 年 5 月 28 日，率军回援的达拉·舒科与奥朗则布—穆拉德联军在离阿格拉几英里的萨穆加尔相遇。

达拉·舒科赶在了奥朗则布前面，比他早一天到达此地。达拉的部队与突然出现的敌军短兵相接，但没有讨到太大便宜，当听到奥朗则布本人就在不远处的消息后，达拉·舒科停下来，不再前进。因为他深知奥朗则布诡计多端，生怕前面有什么陷阱在等着他。他决定静观其变。而在原地等着让敌人进攻是最不明智的做法。达拉的部队虽然以逸待劳，但是他们在犹豫要不要参与战斗。他们的对手奥朗则布已经取得了达尔马特战役的胜利，是一个可怕的敌人——行动迅速如闪电，在战败者中不留一个活口。而他们自己虽然有5万人马，但是没有得到系统的训练。士兵对达拉失去了信心，而奥朗则布不费吹灰之力就取得了心理战的胜利。

他做出这样的选择也是意料之中。在5月份的印度，天气已经十分炎热，似火骄阳在头顶炙烤，脚下的沙质平原尘土飞扬，达拉的军队十分疲惫，许多人因中暑、口渴却缺乏饮用水而死亡。达拉·舒科的士兵们已经疲惫不堪，他的马匹因炎热而倒下许多，大象也被极端的热浪折磨。就像他所说的那样："我们所有的盔甲都是滚烫的，我们就像被烤干了一样站着。我们的脚不能移动，那片场地对我们来说，仿佛是一个炽烈的地狱。"日落时分，双方各自扎营。

5月29日，正式战斗打响，奥朗则布率先进攻。

听到奥朗则布进攻的讯号，达拉·舒科也迅速组织起阵形，他的队伍在辽阔的平原上摆好阵势，大约有2英里长。其军队骨干由拉吉普特人和达拉自己的家臣构成，因为他们有着共同利益，是可以信任的；另有将近一半的人是属于皇帝的军队，达拉·舒科认为这些人不够可靠，于是把他们放在了不重要的位置。他所有的大炮被连成一排，沿着他的整个前线排布。在大炮之后是一个密集的火枪手团队，人数数以千计；在火枪队后面是500头骆驼，负载着旋转枪；再后面是一群包覆着带倒钩的铁甲的大象组成的方阵；然后是大量的骑兵，这是印度最传统的兵种。

在前锋位置的是拉吉

▲ 表现萨穆加尔之战的画作，17世纪中叶，现藏于哈佛艺术博物馆

普特人的特遣部队，这些酋长是整个作战过程中最勇敢的人。在前锋和中场之间有一个预备队，任务是乘胜追击或救援遇险的前锋部队，它由1万名士兵组成，主要是拉吉普特人和部分达拉·舒科的穆斯林家臣。这支预备队的指挥官是库马尔·拉姆·辛格（斋浦尔的首领）和穆斯林军官赛义德·巴哈杜尔·汗。在大阵中央，达拉·舒科本人端坐在大象背上的轿子里，高高在上，居中调度，从原野的四面八方都可以看到他。其他大象紧紧围绕着他，负责保卫。组成中军的是达拉自己的家臣，有4000名阿富汗人雇佣兵，另外还有3000名最精锐的皇家骑兵，都是他最忠实的追随者。左翼是由达拉·舒科的次子西皮尔和穆斯林军官鲁斯塔姆·汗指挥的皇家护卫队的士兵，他们的总人数在1万到1.5万之间。右翼十分重要，由拉吉普特酋长拉姆·辛格·拉扎尔和穆斯林哈利勒·汗指挥。哈利勒·汗是一个帝国老臣，曾任大维齐尔，是宫廷第一等级的尊贵贵族，但是他注定要背负可耻的恶名，因为在这一天他背叛了达拉·舒科。右翼大部分是来自中亚的雇佣军，还有少数拉吉普特人。这五个部分组成了达拉的军队。

从表面上看，达拉的军队规模宏大，音乐嘹亮，旗帜飘舞，大象和马匹威风凛凛，战士们穿着崭新的盔甲；但作为一架战争机器，它有着致命的缺陷。首先，他的军队不团结。除了之后哈利勒·汗的背叛外，军队的其他部分也相互嫉妒、缺乏合作。他的军队部署是很奇怪的组合，左右翼都是各有一个穆斯林将领和一个印度教徒将领，他们往往互相不服，各行其是，达拉也没有能力把自己的追随者和莫卧儿帝国部队熔铸成一个整体，在一个旗帜下奋力作战。拉吉普特人是一支至关重要的力量，他们总是有自己独特的作战风格，但是他们太过桀骜不驯，不能长期服从首领，也不能长期坚持下去，指挥官很难对他们保持至高无上的权威，使他们按照指令迅速、有效、准确地行事。其次，达拉·舒科的军队的机动性远远不如奥朗则布的军队。他的马匹和运输牲畜不合格，许多高头大马是从皇家马厩中牵出来的，平日里养尊处优，更适合进行炫耀性的游行，而不是担负严峻的战争任务，在炎热的天气里急行军数十天，许多牲畜已经半死不活了。

然而，奥朗则布和穆拉德的部队却十分顽强，久经战火考验。奥朗则布的军队更是有绝对的统一指挥。在他的军队里，所有军官都被教导要毫不犹豫地服从命令，从不抱有任何疑问。奥朗则布还有一个撒手锏，那就是他有一支火炮部队。

这支火炮部队由他的心腹将领米尔·朱木拉（Mir Jumla）一手打造，引进了欧洲的先进技术。

米尔·朱木拉在这段历史中扮演了重要角色。他原是珠宝商人，后成为雇佣军首领，然后开启了政治生涯。他于1591年出生在伊朗的一个商人

▲ 道拉塔巴德堡的大炮

家庭，曾因从事钻石业而与印度南部高康达王国产生联系，后来为经营钻石贸易而来到高康达王国。在17世纪40年代，米尔·朱木拉拥有自己的舰队，在印度洋和红海沿岸诸城市进行贸易，并且他拥有南亚次大陆最强的雇佣军。他还与西欧商人、传教士保持密切关系，曾使不少西欧商人取得在印度经商的王室特许。因为为高康达国王服务，他被任命为维齐尔。后来，由于他手握重兵，引起了高康达国王的猜疑，国王欲削弱其力量，收编其部队，于是米尔·朱木拉转而投靠莫卧儿帝国的德干副王奥朗则布，被奥朗则布任命为首相，并指挥6000名步兵和6000名骑兵。在这场莫卧儿王位继承战争中，他成为奥朗则布的左膀右臂，但是他没有出现在这场战役里，而是留守德干。

奥朗则布的前锋由约1万名士兵组成，都是穆斯林，由他的长子穆罕默德·苏丹指挥，经验丰富的将军纳贾巴特·汗做他的顾问。前锋部队受到炮兵火力掩护，炮兵的指挥官是米尔·哈利勒。右翼由穆斯林军官伊斯兰·汗指挥。穆拉德负责左翼，即他自己的部队，大概不到1万人。在军队的中央，奥朗则布坐在大象上，指挥全局。他的侧翼，指挥官分别是巴哈·汗和达伦·汗。

在印度的战争中，大象经常扮演重要角色。高大而凶猛的大象，全身披挂铁甲，上面有令人畏惧的倒钩。它们就像中古时代的坦克一样，防御、进攻能力一流。奥朗则布同达拉·舒科一样，也使用了战象。好钢用在刀刃上，达拉·舒科用战象防御，而奥朗则布把战象用来进攻，而且和步兵协同作战。但是不管在哪一方，

战象附近都是黑压压的一群人，身披铁甲的大象看上去就像是人海中升起的钢铁巨塔。

到早上 8 点时，队伍的调度工作已经完成，奥朗则布的战争机器开始运转，军队向达拉·舒科那一方逼近。当奥朗则布大军的新月军旗从地平线上出现时，他和他乘坐的战象不久也出现在达拉·舒科视线以内的地平线上。达拉·舒科急忙命令己方全部大炮开火。巨大的声响震动整个原野，带来滚滚烟尘，就像黑夜的披风一样覆盖住空气。但是这样做没收到什么效果，因为那时的火炮在很远的距离上无法对敌人造成什么伤害。

奥朗则布让部队保持沉默，他要节省自己的弹药和武器。1 个小时的炮击过去了，对方还毫无动静，达拉·舒科感到迷惑了。他错误地判断了情况，以为自己的火炮威力巨大，奥朗则布和穆拉德那帮叛军被吓住了。由于被假象迷惑了，或者说，由于对战争的无知，他决定停止炮击，对"胆怯的"敌人发起进攻。在震耳欲聋的乐声中，在大象的怒吼声中，达拉·舒科命令部队开始进攻，战斗正式打响。此时已经过了中午。

西皮尔·舒科和鲁斯塔姆·汗率领着达拉的左翼猛冲向前，正中奥朗则布下怀。突然，两军之间弥漫起一片烟雾，同时爆发出耀眼的火光，如同一千把剑被旋风裹挟着以排山倒海之势向鲁斯塔姆·汗的军队袭来。这是奥朗则布做出的回答。一阵炮击后，炮兵后面的火枪手站起来，向敌阵放枪。鲁斯塔姆·汗所率左翼部队阵脚大乱，不仅速度变慢，而且阵形也被打乱。鲁斯塔姆·汗掉头向右，向着奥朗则布疾驰而去，企图冲破炮兵部队，直取中军。预备部队的巴哈杜尔·汗也赶到中路，这反而切断了鲁斯塔姆的路径。

现在他们面临着一

▲ 奥朗则布王子曾勇斗大象

场近距离的战斗——与奥朗则布的长子穆罕默德·苏丹的部队短兵相接。赛义德·巴哈杜尔·汗摔倒受伤，两个部下希德迪·劳威尔和哈迪·汗被杀，他眼看着要被击溃，现在一切都要指望鲁斯塔姆·汗了。他的部队疯狂地射击和放箭，向前、向左、向右进攻，但仍然无法突破敌阵。一颗子弹击中了鲁斯塔姆的胳膊，他预感自己大限将至，很快把他的大象换成了一匹战马，他决心参加最后一次进攻。然后，他与其他十几个绝望的骑兵被敌人团团包围，他在一堆被杀的人中间被俘虏。对于一个身经百战而最后伤痕累累的老兵来说，这是一次光荣的战斗。奥朗则布的右翼指挥官伊斯兰·汗亲手砍下了他的脑袋，并且掷到奥朗则布面前，以此证明自己的胜利。西皮尔·舒科指挥着左翼的部分残兵败将逃走。

与此同时，更残酷的战斗在拉吉普特人与穆拉德指挥的奥朗则布的左翼部队之间爆发。穆拉德保持了他一贯的悍勇作风，猛冲向前。达拉·舒科这一方的哈利勒·汗似乎正打着自己的小算盘，只是应付性地发动了几次进攻，但是拉吉普特部队却是忠于达拉·舒科的。拉吉普特军官恰尔特拉·萨尔的部队突破火炮屏障，以激烈的攻势攻击穆拉德，遮天蔽日的箭雨使天色都变暗了。他们像打入的楔子一样，把穆拉德和奥朗则布的军队切割开来。拉吉普特人天生就是战斗的种族，在战斗中，他们一身盛装，就好像要参加婚礼的新郎一样。拉吉普特部队的首领拉姆·辛格·拉扎尔身先士卒，冲在最前面。他一身鲜艳的黄色衣服（这是他最喜欢的颜色），还戴着一串珍珠项链，从马背上翻身跃上穆拉德乘坐的大象，指着他尖声嘲笑道："就凭你，居然还想篡夺太子的宝座？"

这个拉吉普特人拿利刃对准穆拉德，自以为此战必胜无疑，但是，他的大喊大叫使大象受惊，大象跪倒在地，他失去平衡掉落下去，穆拉德马上用箭射死了他。这段看似滑稽实则十分凶险的插曲，体现了穆拉德目前的处境。他脸上被箭矢擦出三个伤口，他乘坐的大象也中了许多箭，就像只长满刺的豪猪，驭象的人也被杀了。穆拉德奋勇作战，但是仍然腹背受敌，他的军官纷纷被杀，部队也被打散了。

拉吉普特人捍卫了他们种族的传统，他们很快打败穆拉德，向奥朗则布冲去。奥朗则布正在调遣部队加紧援助穆拉德，不料却得到了拉吉普特人突入中军的消息。奥朗则布与他们正面交锋了。这两股力量都是强大而可怕的。不少拉吉普特首领与奥朗则布本有旧怨，此时仇人见面分外眼红，定要将这个企图篡夺帝位的叛逆王子斩杀于阵前；但奥朗则布的部下也同样坚决地捍卫自己心中的英雄。拉吉普特人在与穆拉德的战斗中力量已经大大受损，这个时候人数已经减少很多了，弹药也不够充足，而且哈利勒·汗的援兵迟迟不到。他们以一种"完全蔑视生命"的态度在战斗，连后来奥朗则布时代的宫廷史学家都赞扬他们"作战非常英勇"，但是他们却无法扭转局势，一个个地被打落下马。拉吉普特王公贾·鲁普·辛格鲁莽大胆地跳下马来，向奥朗则布乘坐的大象跑去。大概是受到刚才穆拉德事件的启发，他想用刀砍断大象的腿，好让大象摔倒，把奥朗则布从象轿里抛出去。他成功地砍到了大象的腿，但是却被奥朗则布的卫兵一拥而上砍成了碎块，尽管奥朗则布十分钦佩他的英勇，曾想让卫兵们刀下留人。拉吉普特人的进攻，如冰消雪融般被瓦解了。

事已至此，达拉·舒科的左翼和右翼都被消灭了，而他自己，犯了一个足以葬送一切的大错误。战役刚打响时，听闻鲁斯塔姆·汗受挫的消息，他就急忙乘着大象穿过他的火炮部队，去奥朗则布的右翼支援鲁斯塔姆·汗。这是一个致命错误。在尘土和烟雾中，在密集嘈杂的骑兵队里前进，在敌人的火力范围内，他放弃了自己的全军统帅地位，只作为一个普通的支援部队指挥官发起进攻。这样一来，他就不能统领全局并密切关注战斗的变化了，他的军队一下子群龙无首了，这对战局产生了关键影响。

每一件事情都陷入了混乱。首先达拉·舒科不能够得知由拉吉普特部队奋力拼杀而取得的进展——击溃穆拉德的部队并攻入奥朗则布中军，也就不能派出援军，因而失去了千载难逢的机会。其次，他在炮兵前面前进，挡住了他们的炮火，而奥朗则布的炮火继续向他的部队袭来，没有任何火力与之对抗。当达拉发现了自己的错误，疯狂地向炮手发信号让他们把大炮交给他指挥时，已经太迟了。几乎所有的炮兵都放弃了他们的阵地，分散到各处，因为现在战线后面没有力量来惩罚这些行为。运输大炮的牲畜因炎热和疲劳而死亡，没有人能把沉重的大炮往前拖。

意大利人曼努奇在这场战役里是他部队里的一个上校，负责一小支火炮部队的指挥。他后来回忆道："达拉·舒科既不懂战争规则，又缺乏指挥经验。在鲁斯塔姆·汗陷入困境后，他紧随其后，把自己也赔进去了。"同样参与这场战役的莫卧儿军官阿给勒·汗的评价更不客气："达拉就像一个门外汉一样，在战场上瞎捣乱，他居然跑到自家大炮前头去了！"

达拉·舒科现在已经明白了自己犯的错误，但是他只能孤注一掷，向奥朗则布发动进攻。他命人把所有的战鼓敲响，仿佛之前的胜利者是鲁斯塔姆·汗，而他要跟随鲁斯塔姆去消灭剩余的杂碎敌人似的。但他很快就遭到迎头痛击：奥朗则布的炮兵以逸待劳，等着他们像猎物一样进入射程之内，然后，奥朗则布的炮兵突然发射炮弹、火枪，击毙了很多人。达拉遭受了严重损失，被迫向右掉头，以躲避敌人的炮火，并急忙调集他的部队进行反攻。

奥朗则布调动侧翼部队增援前方，他周围的防御很空虚，有一段时间里他甚至没有任何守卫。这是达拉·舒科的第二次机会，如果他能够突破侧翼，那么胜利就会属于他。但是，由于作战困难和疲惫，他做了一个短暂的停留。在进攻过程中突然止步，速度和攻势的猛烈程度都会大大减弱。黄金时机稍纵即逝，再也无法挽回了。期间，奥朗则布在他的队伍里穿梭，做出了新的部署。达拉·舒科放弃了继续前进的打算，转向自己的右翼以支援溃败的部队。由此，达拉最终走向了他的末日。

之前，在达拉的整个阵线，他从最左边到最右边做了漫长的移动，而且是在两边的大炮之间。此时正是下午两三点钟天气最炎热的时候，在炽热的阳光下，在令人窒息的灰尘里，漫长而辛苦的行动使他的人马筋疲力尽、大汗淋漓，全身像是被水泡过一样，而且没有一滴水可以解渴。当他回到自己的阵地前沿时，他的部队已经是一副半死不活的状态了。

他们被一支新的敌军袭击了。在战役的早期阶段，奥朗则布的前锋严格遵守纪律，待在应在的位置，尽管左翼和右翼打得热火朝天，他们还是没有投入战斗。看到达拉·舒科的左翼、右翼和前锋部队都被击败，指挥奥朗则布军前锋的穆罕默德·苏丹立即行动，向达拉·舒科发起进攻。此时，达拉·舒科的其他部队自顾不暇，况且没有预备队可以投入，因此他只能率领残部独自应对了。

这是战役结束的开始，也是达拉·舒科的政治生涯结束的开始。他接到消息，自己几个部队的指挥官大都已经阵亡，他决定由自己来制止这场灾难。尽管他现在对胜利完全不抱希望，但他还是坚定地站了出来鼓励他的部下。然而，奥朗则布的军队像海浪一样无穷无尽，在他们面前步步逼近。敌人的火力十分猛烈，6磅和2磅的炮弹从空中飞过，每过一分钟，达拉·舒科都损失惨重。有几枚炮弹落到了达拉·舒科所骑大象周围，他的朋友和随从们担心他的安危，大声喊道："从已经成为目标的大象上面下来！"可怜的达拉·舒科急忙从大象上下来，骑上了一匹马。

在现代，关于莫卧儿帝国的历史研究中，流传着这样一种错误的说法：在战斗开始的时候，达拉·舒科占上风，眼看着就要击败奥朗则布了，他的大象却受了伤，于是他听从了一个叛徒的劝告，把大象换成了一匹马，他的军队看不到他，便陷入惊慌失措之中，纷纷逃亡，达拉·舒科就这样把他的胜利变成了溃败。人们往往愿意相信这样的故事，就像英格兰的国王理查三世"一匹马换一个王国"，如果达拉·舒科"一头大象换一个帝国"，可能会更容易引起大家的兴趣。这个故事是如此深入人心，以至于著名史学家伯尼尔也相信这个说法，爱德华兹和加勒特合著的《莫卧儿帝国》里也采取了这个说法。

但是，正如贾杜纳斯·萨卡尔教授所说，这是一个颇为戏剧化的说法，却不符合真实的历史，更不符合常识。根据当时处于不同阵营的亲历者的书信和回忆录，我们可以得出结论：达拉·舒科的确更换了坐骑，但是这个举动并不是失败的主要原因，他因为缺少实战经验而犯下了致命错误，以及他的部队不团结，这两点才是失败的原因。更换坐骑的确加速了他的溃败，但失败的结局是早已经注定的。

有一些帝国军队指挥官，比如哈利勒·汗等人，本来就不忠于达拉·舒科，他们一看到战况急转直下，便望风而逃了。现在，达拉·舒科的象轿空了，剩下的部队散布在原野上，看见他的大象在独自游荡（并没有受伤），认为他早就溜之大吉了，那么，他们还为谁而战呢？他们已经半死不活，昨天在田野里徒劳无功地忙活半天，今天的行军更加艰苦，在烈日下，在尘土里，从黎明到太阳下山，一直在战斗。一阵阵灼人的热风吹来，击中了达拉所部士兵的脸，让他们几欲晕倒。大部分人都干渴到没有力气来射箭或挥舞长矛。继续待在这样的地方是不可能的，帝国军队只是在等待一个当逃兵的正当借口出现。达拉·舒科从大象背上失踪，无论是在心理上，还是在实际上，都给了他们一个恰当的理由。全军立刻变成了乌合之众，混乱不堪地逃离了战场。

达拉几乎成为光杆司令，一个人傻愣愣地站着，除了几个忠实的追随者和朋友外，所有人都遗弃了他。就在此时，一个随从被火枪击中，在他身旁挣扎着死去了。如果再拖延下去，他们也会像这个随从一样毫无意义地死去。达拉心不在焉，他的儿子西皮尔·舒科在伤心地哭泣，几个忠心的随从把两人扶上马背，把他们的马头转向了阿格拉。

逃亡的太子一行疾驰了四五英里，然后在一棵大树旁跌下马背，瘫坐在阴凉的树荫下。达拉·舒科取下已经被晒得滚烫的头盔，他感觉自己都快要窒息了，但是他注定无法得到休息。他们听到了一大串水桶的响声，那是附近村落的人在运水，但是侍从们以为是追兵赶来了，顿时惊慌了起来，劝他重新上马，并说，如果他想躲避被俘的命运，就赶快逃走。达拉完全不为所动，一副听天由命的态度，说："现在就让命中注定要发生的事情发生吧。有谁能比敌人更好地使我从羞愧中解脱出来呢？"最后，他还是上马了，并且于晚上9点到达阿格拉。

达拉·舒科最开始的计划很简单：派优势骑兵穿透敌人的防线，直取中军，袭杀奥朗则布，使敌军不战而溃。他天真地以为，只要杀死了敌军统帅，这支由穆拉德和奥朗则布各自的军队组成的叛军，就会分裂成两部分。再者，他内心十分惧怕、憎恨这个弟弟，盼望着杀死他。平日里，达拉·舒科总是装出一副不屑的样子，实际上他深知奥朗则布是他最大的对手，是他的太子宝座上时刻悬挂着的达摩克利斯之剑。所以他发动了连续的骑兵冲锋，所以他急不可耐地带兵救援受困的左翼鲁斯塔姆·汗，所以他把战争失败的原因归结为右翼指挥官哈利勒·汗的背叛——在拉姆·辛格·拉扎尔率领拉吉普特骑兵冲进敌阵中央、袭击穆拉德并险些取下奥朗则布性命时，哈利勒·汗却按兵不动，使得拉吉普特人的进攻成为强弩之末。在后来的日子里，达拉·舒科一次又一次地抱怨："哈利勒·汗真是个让人不齿的叛徒！"

与达拉马特之战不同，这次奥朗则布没有主动出击，而是像滑铁卢之战中的威灵顿那样：严防死守，耐心而又坚定地保持自己的优势，等待对手耗尽力气，再给予致命一击。奥朗则布拥有强大的心理素质，是不亚于威灵顿的伟大统帅，然而达拉·舒科却不是拿破仑，他一开始的部署就有着太多错误。

当达拉·舒科离开他的大象时，奥朗则布命人演奏起代表胜利的欢快音乐，而士兵们从四面八方传来欢呼声。达拉的剩余部队立即向胜利者投降或者逃跑。尽管敌人已经毫无反抗之力，奥朗则布并没有乘胜追击，因为他们自己也筋疲力尽了，就像在那漫长的仲夏日被他们征服的死者和生者一样。

现在，奥朗则布和穆拉德的大军距离阿格拉不到 5 英里了。

亡命的太子

德里从公元前 6 世纪就存在了，而阿格拉首见于记载是在公元 1080 年。阿格拉在德里的东南方向，位于亚穆纳河西岸，东去恒河平原，西接旁遮普平原，南通马尔瓦高原，是交通要冲之地。这两个城市如今都在印度的北方邦。

5 月 29 日，对于阿格拉的达官贵人和平民百姓来说都是异常漫长的一天，他们很焦虑，因为战场离他们如此之近，从中午起，远处就有炮声隆隆作响。武装冲突的结果是什么？帝国的继承人证明了他的实力并了断了他最大的麻烦？或者，他们的城市会被他得胜的对手屠戮蹂躏？

下午 2 点，有人从战场上返回了，不过那是逃回来的残兵败将。一开始，人们并不相信他们带回来的坏消息，但是坏消息越来越多：有的逃兵说，拉吉普特酋长们已经全军覆没了；有的逃兵说，达拉·舒科扔下部队不管，从战场上溜之大吉；甚至有的逃兵说，奥朗则布已经大获全胜，把达拉·舒科和其他战俘统统砍了脑袋。

大约在晚上 9 点时，一小群骑着马的气喘吁吁的人跌跌撞撞地穿过黑灯瞎火的街道，穿过匆匆打开的大门，进了达拉·舒科的宅邸。这是达拉和他剩下的全部追随者。他走进房间，关上了门，内心爆发出强烈的哀伤。这令人沮丧的消息立刻传开了，全城都惊慌起来。沙贾汗和大公主贾汉娜拉意识到自己的儿子（弟弟）要大祸临头了，都悲痛不已。

达拉·舒科的损失不可谓不惨重，

▲ 阿格拉红堡（砖墙整体呈红色）

他只带了几个随从匆匆逃走，把所有的火炮辎重留给了敌军。他倚重的拉吉普特人军队和阿富汗军队遭受的损失尤为严重，几乎所有的高级将领都被杀了，部队也被打散了。

当天夜里，他带上妻子儿女、大批随从和金银珠宝，来不及和父亲沙贾汗告别，就匆匆逃离了阿格拉，前往德里。他们逃得可谓惊险，在他们逃走后不久，奥朗则布的部队就封锁了从阿格拉到德里的全部道路。因此，随后出发的沙贾汗和贾汉娜拉就被困在了阿格拉城里。

奥朗则布一方的损失很轻，高级将领中只有米尔·哈利勒因中暑而亡，穆拉德虽然受了三处伤，但是伤势不重。而且他们缴获了达拉·舒科扔下的所有辎重和财物。

当天晚上，奥朗则布下令在阿格拉城外扎营休息。接下来的 10 天里，他住在努尔·曼济勒园林里，每天都有许多文武官员前来向他宣誓效忠，甚至包括达拉·舒科麾下的许多将领。那些从奥朗则布与穆拉德手中逃脱并踏上逃亡之路的军官，大部分不愿意继续效忠达拉·舒科，而是选择自顾性命。这样，奥朗则布收编了达拉·舒科的势力，实力大大增强。

奥朗则布宣称，他和弟弟穆拉德从南方赶来只是要"清君侧"，以便更好地效忠父皇沙贾汗。他还说，太子实在是不仁不义，残害手足，放荡奢侈，扰乱国家，他这次前来就是要拨乱反正，让帝国回到原来的轨道，绝对不能算是犯上作乱。

大公主贾汉娜拉替沙贾汗写信答复，说："如果你针对的只是达拉·舒科的话，倒也不算是犯上作乱，但是你必须面见父皇，面对面地把我们之间的误会解开。如果你看重自己的名声，就应该听从父皇的旨意，并且停止军事行动。"

沙贾汗十分盼望与奥朗则布见面，希望他能和达拉·舒科和谈，兄弟之间不再手足相残。但是奥朗则布对自己的父亲有着深深的怀疑和不信任，甚至是怨恨。谁都知道，沙贾汗最宠爱的是太子达拉·舒科和大公主贾汉娜拉，他俩长期住在都城，陪伴在沙贾汗左右，而奥朗则布无论做得多好，立下多少功勋，都不如他俩朝夕相处的陪伴分量重。据说，在 1657 年，沙贾汗病倒后，深深忧虑身后之事，为了让达拉·舒科稳坐皇位，解决掉手握重兵并与达拉·舒科交恶甚久的奥朗则布，沙贾汗计划以"和平解决家庭危机"为由，把奥朗则布召回德里，然后囚禁在监狱里，二公主罗珊娜拉得知这一消息，立即派人向奥朗则布通风报信，警告他远离德里。此后他对罗珊娜拉提供的消息深信不疑。他认为，这次也不过是一个圈套，父亲只是在欺骗他，父亲心里只有他的大哥和大姐。或者说，奥朗则布已经触到了至高无上的皇帝宝座的边缘，是不会轻易罢手的。所以，他不愿意去见老皇帝。他派人接管了阿格拉，并把沙贾汗居住的阿格拉红堡围困起来，然后就从城外启程去追击达拉·舒科了。

6月8日，沙贾汗派人打开阿格拉红堡的大门，向自己的孙子、奥朗则布的长子穆罕默德·苏丹投降。沙贾汗随即被剥夺一切权力，软禁在这座城堡里。

穆拉德的结局

从阿格拉到德里大约有200公里，但是奥朗则布和穆拉德却走得很慢，因为他们各怀鬼胎。

在萨穆加尔之战后，穆拉德对奥朗则布的嫉妒越来越强烈。虽然奥朗则布称赞说："全靠穆拉德和我的士兵们的勇敢，我才有幸赢得这场战役。"奥朗则布还许诺把西部领土划给他，让他自称国王，但是每个人都把奥朗则布当作主角，而把穆拉德看作陪衬。在穆拉德为了养伤而躺在营地时，帝国的每个达官显贵都跑去向奥朗则布宣誓效忠。自从沙贾汗投降后，奥朗则布实际上已经是帝国的主宰，只差一个"皇帝"的名号。这个事实让穆拉德难以接受，他妒火中烧：为什么他哥哥能拥有这些，而他不可以？

为了同他哥哥竞争，他开始扩编军队，诱惑奥朗则布身边的许多最近加盟的帝国部队到自己这边来，承诺支付更高的价码，甚至截获和转移要进入奥朗则布阵营的部队。他宽松的纪律和鲁莽的慷慨使他被某一类士兵青睐——如果我是莫卧儿的雇佣军，想要胡作非为的话，肯定想拥有一个宽大而对我放任自流的主人。许多人很乐意抛弃又严格又吝啬的奥朗则布，转而投靠穆拉德，以便获取更高的等级和薪水。短短几天时间里，穆拉德的军队迅速膨胀到了2万人。他的追随者把他称为"审判人"，他俨然以国王自居。许多雇佣军一加入他麾下，便沿途大肆抢掠，他也放任不管。最后，他不再拜见奥朗则布，而公开与之对立。

穆拉德不是他哥哥的对手，他哥哥早有了计划。奥朗则布一路上走走停停，冷眼观察着他的举动，还秘密贿赂了他的贴身侍从奴鲁·德·丁，因此这个弟弟在奥朗则布面前不存在什么秘密。

奥朗则布再次声明他会遵守自己的诺言，并且邀请穆拉德前往他的营地，他将摆宴席庆祝穆拉德伤愈康复，并且商讨下一步的作战计划。6月25日，当穆拉德打猎回来时，奴鲁·德·丁诱使他进入奥朗则布的营地。奥朗则布在军营门口迎接穆拉德，将他带到自己的帐篷里。虽然穆拉德手下的军官劝他不要前往，但是他并未过多防备。奥朗则布的态度异常亲切，他对弟弟嘘寒问暖，无微不至，把穆拉德都弄糊涂了。丰盛的晚餐已经为兄弟俩摆好，饥饿的猎人大吃了一顿，奥朗则布连连向穆拉德敬酒，说："经历了这么多风波，现在你也该开怀畅饮了。"吃完晚餐后，两个人又说了一会儿话。

人往往是吃饱了就困。穆拉德逐渐感觉到困倦，打了好几个哈欠。奥朗则布命人给他搬来一张床，让他打个盹儿，自己则离开帐篷。穆拉德解下剑和匕首，舒了一口气，伸了个懒腰，瘫倒在床上。一个仆人跪在床边给他揉腿，一个漂亮的女奴走进帐篷给他洗头。这个年轻的女孩用柔软的手掌抚摸着穆拉德的头发，把他带入深深的睡梦中。穆拉德一睡着，她就起身离开帐篷，把他扔在枕头边的武器也拿走了。

这位不幸的王子醒来后发现自己戴上了沉重的锁链。他先是试图拿起武器反抗，然后发现枕头旁边空空如也，于是他大声谴责他哥哥对一位客人兼盟友背信弃义，并且诅咒他哥哥将来会身败名裂不得好死。但是，进一步抵抗是无望的。

奥朗则布站在屏风后面，对他弟弟发表了一通长篇演说，这段演说真可谓是典型的奥朗则布风格，大概内容是："亲爱的弟弟，你最近的胡作非为（纵容手下抢掠）可能会造成干扰、麻烦，伤害百姓和国家。你心中充满了傲慢自大的感情，任何人都劝不动你。我作为哥哥，看在眼里急在心里，所以必须小心地把你看管起来，否则你将一步步地走向毁灭。"

穆拉德的追随者对他们主人的命运毫不知情，他们以为奥朗则布还在和穆拉德商讨机密事宜。第二天早上，奥朗则布接管了穆拉德的2万人马。他们当中许多人是被名爵利禄吸引过来的，不愿为救穆拉德而与奥朗则布的军队发生冲突；

至于穆拉德的老部下，他们曾经劝他不要前往奥朗则布的大营，穆拉德却不听劝告，所以他们认为穆拉德是咎由自取。因此，穆拉德的士兵、仆人和财产都被奥朗则布据为己有了。

在一队骑兵的护送下，这位不幸的囚徒被送往萨里姆加尔城堡的土邦监狱。1659 年 1 月，他从那里被转移到瓜廖尔城堡。

▲ 今天的瓜廖尔监狱

1661 年，他曾经试图逃离瓜廖尔城堡，但是被守卫发现。他逃跑未果的消息使奥朗则布下定决心除掉他。

这时，穆拉德曾经犯下的一桩罪行成了他脖子上的绞索。几年前还在艾哈迈达巴德做总督、谋划起兵的时候，穆拉德曾怀疑其税务总管阿里·纳奇的忠诚，以为他暗中投靠达拉·舒科，遂亲手将他杀死，但事实上阿里·纳奇是无辜的。

得知了穆拉德逃亡未果的消息后，阿里·纳奇的两个儿子认为奥朗则布对穆拉德的忍耐肯定到极限了，他一定对穆拉德动了杀心，所以，他们为父亲报仇雪恨的时机到了。他们前去觐见已经是莫卧儿帝国皇帝的奥朗则布，要求讨回父亲的血债。奥朗则布来了个顺水推舟，趁机下令以谋杀罪处决穆拉德。1661 年 12 月4 日，穆拉德在瓜廖尔城堡被处决，他的尸体被就地埋葬在瓜廖尔监狱。

如文森特·史密斯指出的，奥朗则布与英国国王亨利八世很相似，他们天性残忍但又很虚伪，绝不会给别人留下话柄，于是用各种法律来处置他的受害者，力求"名正言顺"。

舒贾的最后一搏

5 月 29 日晚，达拉·舒科惊险地逃脱了。奥朗则布只是封锁了全部从德里前往阿格拉的道路，而没有追击他。占领阿格拉时，奥朗则布的当务之急是巩固权力，于是他只是派人跟踪达拉·舒科的动向，后来他发现穆拉德成了新的危险，故没有急于前往德里，而是停下来亲自解决这个微妙的麻烦。当奥朗则布于 7 月 5 日抵达德里城郊时，得悉达拉·舒科已经逃往拉合尔。于是，他将追击的任务交给赛义德·巴哈杜尔·汗，他自己在德里又停留了大约 3 个星期，好让军队在长途行军之后休整一下，同时也利用这个间歇为他在皇城举行加冕典礼做必要的准备。7 月 21 日是星相家确定的日子，在这天，他登基为"帕德沙"（意为帝王、国王），称号为"阿拉姆基尔"（即"宇宙征服者"），又加封号"加齐"（即"纯洁的战士"）。6 天后，他继续向拉合尔进军。

达拉·舒科于 1658 年 5 月 29 日在萨穆加尔之战中被打败后，便逃往德里。虽然大部分旧下属投降了，但是还有一些人对他保持忠诚，一路上不断有人赶上并加入他的行列。当 6 月 5 日到达德里时，他已经有了 5000 人马。当他得知阿格拉投降和父皇被俘的消息后，便离开德里向西逃去，前往拉合尔。他在拉合尔拥有大量财产，这里还有一个重要的帝国军火库。他也寄希望于勇敢好战的旁遮普人，从他们中间，他能够招募到大量雇佣军。他于 7 月 3 日抵达拉合尔，花了一个半月的时间招募新兵，完成迎战奥朗则布追兵的准备工作。他一共招募了大约 2 万士兵，并派人守卫萨特累季河的所有渡口，以阻止奥朗则布渡过此河进入旁遮普。由于雨季已经到来，旁遮普的许多河流和泥泞道路会拖延奥朗则布一段时间，他希望雨季能阻止奥朗则布尾随他进入拉合尔。

如贾杜纳斯·萨卡尔教授所说，"这只是达拉·舒科的一厢情愿罢了，他没有考虑到奥朗则布的能力和意志力，在他面前，所有人类和自然界的障碍都会让路"。奥朗则布所部在大雨中稳步前进，在达拉·舒科抵达拉合尔仅仅 1 个月之后，奥朗则布的先头部队就渡过了萨特累季河。8 月 14 日，奥朗则布本人和他的大部队也渡过萨特累季河。

达拉·舒科发现抵抗无望，被迫离开拉合尔，于 8 月 18 日带着他的家眷和他在拉合尔城堡得到的所有财产匆匆赶往木尔坦。奥朗则布仍然穷追不舍，达拉·舒科再次被迫离开木尔坦，于 9 月 13 日沿印度河而下，前往塔塔要塞。然而，奥朗则布现在被迫将追击任务交给他信任的军官，他本人则从木尔坦折返，去对付来自孟加拉的新的危险——舒贾在那里再次制造了麻烦。

在此之前，舒贾得知沙贾汗病重的消息后，便在孟加拉加冕，并向阿格拉进发。达拉·舒科派遣他儿子苏莱曼和拉贾·辛格率领大军前去迎击舒贾。两军在贝拿勒斯附近的马哈杜尔普尔相遇，舒贾被打败。于是，舒贾退回孟加拉。但是后来达拉·舒科被奥朗则布打败，被迫召回他儿子苏莱曼的军队，放弃追击舒贾。这个时候，奥朗则布给舒贾写了一封深情款款的信，答应给他统治的孟加拉增加领土："你以前经常向沙贾汗乞求得到比哈尔省，因此我现在将它加到你的版图里。花些时间和平地治理它，修复你破碎的政权。我处理完达拉·舒科的事回来后，将努力满足你的其他愿望。作为一位真正的兄弟，我不会拒绝你的任何愿望，不管是土地还是金钱。"

舒贾并不相信奥朗则布，但这封信给了他喘息的时间，为他提供了重新部署的机会。既然奥朗则布前往旁遮普追击达拉·舒科，舒贾便恢复了野心，他决定为夺取皇位再赌一把。于是，1658年10月，他带领军队走出巴特那。罗塔斯、楚纳尔和贝拿勒斯全都向他打开大门，到12月的第3个星期，他已经前进到阿拉哈巴德。但是，也许没有哪个兄弟曾经正确地研究过奥朗则布，他具有孜孜不倦的精力、无穷无尽的智谋，他一接到他兄弟调兵遣将的消息，便立刻从旁遮普赶回来，日夜兼程，抵达阿拉哈巴德附近的哈吉瓦，并做好一切战略部署，准备于1659年1月3日与舒贾一决雌雄。

奥朗则布的军队约有5万人。侦察部队虽然人数不多，但是个个是精锐，由阿卜杜拉·汗指挥。这些人平时就是优秀的猎手，习惯于追踪飞禽走兽，能够觉察到周围的每一个细节。前锋部队由祖尔菲卡尔·汗和奥朗则布的长子穆罕默德·苏丹率领。右翼部队由伊斯兰·汗指挥，左翼部队由埃多兰·汗和库马尔·拉姆·辛格（米尔扎·拉贾·贾伊·辛格的儿子）指挥，这两支部队分别有1万名步兵，并装备大量火器。另有约3000名骑兵，两支骑兵分别由达乌德·汗和舒·扬·辛格王公指挥。中军至少有2万人，奥朗则布本人和他的第3个儿子穆罕默德·阿扎姆坐在高大的大象上。在靠近他的位置，米尔·朱木拉坐在另一头大象上，随时准备在任何危机中帮助他。

舒贾的军队大约有2.3万人，前锋9000人，侧翼各2000人，中军1万人。奥朗则布比起他大概有2：1的优势。

▲ 舒贾阵营里全副武装的大象（大约创作于1650年）

1月3日上午8点，两军爆发冲突。

战斗一开始，火炮就给双方造成了很大破坏，舒贾的左翼指挥官是他的长子扎因丁，他的大象被一颗炮弹击中，驾驭大象的人和仆人都死了，他则被大象甩了出去。两方的前锋部队冲得离对方太近，很快便缠斗在一起。接着，赛义德·阿拉姆指挥舒贾的右翼向奥朗则布的帝国军队左翼发动进攻。由3头已经发狂的大象开道，每头大象的身体被一个两头削尖了的巨大铁棍穿透，无论是人还是任何野兽都不能阻挡它们。帝国军队的左翼无人能招架，很快便溃败了。恐慌蔓延到中军，士兵们在一片混乱中惊慌失措，不顾一切地逃命。更糟糕的是，一个流言传来：奥朗则布已经被击毙在军中。

这个噩耗传遍了战场，使军心大乱。奥朗则布军中有许多人逃走了，甚至包括一些从德干战争时期就跟随他的老兵。舒贾阵营里高喊起口号，有些人就像亲眼所见一样，说篡位逆贼奥朗则布已死，战争的胜利者舒贾将挺进阿格拉，释放老皇帝沙贾汗。如果这是真的，那么阿格拉一定很像滑铁卢战役之后的布鲁塞尔。

但是，这不是真的。战斗还在进行，在中军大阵中，奥朗则布还安然无恙地坐在大象上。发狂的3头大象继续前进，它们身上巨大的伤口使它们比平时更厉害了，其中一只冲到了奥朗则布的大象前面。这是这场战斗的关键时刻。如果奥朗则布摔落在地或掉头逃跑，他的整个军队都会逃跑；但他岿然不动，把大象控制得牢牢的。在他的命令下，一个卫兵贾拉拉·汗一枪射中冲来的大象，然后一群帝国军队的大象围住了它，一个勇敢的皇家驯兽师敏捷地跳到它背上，把它牢牢地控制住。另外两只大象在朝来的方向——舒贾军队的右翼方向逃跑，导致其阵脚大乱。现在奥朗则布有喘息之机了，他转过身去帮助他的右翼，他的右翼在这段时间里承受了很大压力。

这在当天的行动中是决定性的举动。帝国军队的右翼得到加强后，发起了一次反冲锋，把敌人从他们面前赶走，并追杀过去。在此期间，舒贾左翼的将军哈桑·克希奇被杀。奥朗则布的帝国军队前锋成功地击退了进攻，他们动摇了敌人的前线，随即包围了他们。而在舒贾那一方，孟加拉人塔霍尔·汗等人英勇作战，从包围圈中逃走。但奥朗则布军队的炮弹、子弹和飞石呼啸袭来，没有人能抵挡，舒贾的前线开始溃败。

现在整个帝国军队有了全面的推进，无论是前锋、右翼、左翼，还是中军。像一团乌云一样，他们包围了舒贾的军队。由于舒贾的左翼和右翼都溃败了，他从两边被包围了，他的许多贴身卫兵在他的眼皮底下死于帝国军的炮火。炮弹袭来，沿途的人不是被炸掉脑袋，就是被炸掉一半身子，血肉横飞。从6磅到20磅的炮弹无所不有，都在舒贾残部头上乱飞。因此，舒贾的将军劝他从大象上下来，换乘战马。

就像达拉·舒科在萨穆加尔遭遇的溃败那样，这标志着战斗的结束，现在舒贾也失去了一切。看到他的象轿空空荡荡的，最大程度的恐怖击中了他手下战士们的心脏，整个军队也一哄而散了。舒贾徒劳地叫喊着，训斥逃兵，但是无人理会他，他在战场上成了一个"无奈的旁观者"。

舒贾的军队被彻底打垮了，他落荒而逃。米尔·朱木拉被奥朗则布派去追击溃退的军队，最终王子被赶出孟加拉，进入德干，于1660年10月从那里越过阿拉干边界。此后，再也没有关于舒贾的确切消息，据说他和他的家人被阿拉干人杀了。

尘埃落定

达拉·舒科从塔塔要塞折向东，前往古吉拉特，并在那里获得了穆拉德留下的大量财富，他的军队扩编到了2.2万人。现在他有机会逃往德干，在那里，他可以依靠高康达王国和比贾普尔王国苏丹的帮助。两年之前，两国曾被奥朗则布两度进攻，割地赔款，他们与达拉·舒科可谓是同仇敌忾。达拉·舒科曾经为他们向沙贾汗说情，为他们争得了宽大处置，并让奥朗则布退兵。

有他们的帮助和支持，达拉·舒科本可以成为他弟弟的危险对手。但是，他感情用事，在危急时刻不能保持沉着镇定，加之缺少一个有组织、有效率的情报系统，不能做到对敌人的动向了如指掌，这些缺陷导致了他的悲剧结局。

1659年1月，他听到了一个虚假消息，说奥朗则布在孟加拉被舒贾打败。在这个谣言的诱惑下，达拉·舒科放弃了前往德干的想法，他决定利用奥朗则布东征的机会，从西部对阿格拉实行打击，使沙贾汗复位。

由于阿季米尔是达拉·舒科的必经之路，他便与拉吉普特酋长拉贾·贾斯万特·辛格联系。这个酋长答应帮助他，他相信了酋长的话，于1659年2月向那个方向前进。然而，拉贾·贾斯万特·辛格在别人的调解下，重新得到奥朗则布的宠信，他背弃了他所属种族的武士精神，出卖了达拉·舒科。达拉·舒科到达阿季米尔附近时，才得到拉贾·贾斯万特·辛格倒戈的消息，他大为震惊：拉吉普特部族非常重视名誉和信用，而这位酋长竟然食言！

这时，达拉·舒科处于进退维谷的悲惨境地，返回艾哈迈达巴德（在古吉拉特）已经不可能，因为这几乎有1个月的路程；而奥朗则布也已经到达阿季米尔附近。战争一触即发。

达拉·舒科在离阿季米尔约4英里的狭窄山口德奥拉伊布阵，希望能在这里用他的小部队抵挡敌人的强大部队。实际上，他吸取了上次的教训，避免与人数占优的奥朗则布军队在开阔平原进行决战是正确的。从1659年4月12日到14日，连续3天，敌人一次又一次试图夺取达拉·舒科的阵地，但都被击退。达拉·舒科在第4天才最终失败。

达拉·舒科只得逃往古吉拉特的艾哈迈达巴德，但是，这次这个要塞对他关上了大门。于是，他南下逃往塔塔要塞，而这个要塞也让他吃了闭门羹。他本来可以绕道坎大哈投奔波斯，像他的亡命祖先胡马雍一样，在那里，他很有可能会得到波斯什叶派统治者的帮助，因为他们是反对正统逊尼派的奥朗则布的。但是，很不幸，达拉·舒科没有选择这条路线。他转而向北，进入波伦山口附近的达达尔酋长马立克·吉万·汗的领地。就在这个时候，不幸的王子失去了他忠实的妻子娜迪拉·贝加姆，在他所有颠沛流离和艰难困苦的日子里，她一直陪伴着他。如今，她的去世使达拉·舒科不知所措、悲痛欲绝，现在他已经生无可恋，任凭命运摆布了。

马立克·吉万·汗背叛了达拉·舒科，将他交给了他的追击者。1659年6月

23 日，达拉·舒科连同他的次子西皮尔·舒科、两个女儿被交给了奥朗则布的将军巴哈杜尔·汗。2 个月后，这一行人抵达德里城外。1 个星期之后，这位皇室囚徒被带到德里集市游街示众。

侮辱性的游街发生在 8 月 29 日。达拉·舒科坐在一头满身污秽的小母象背上的一乘敞开的象轿里，旁边是他 14 岁的次子西皮尔·舒科。他们后面坐着监狱看守，一个名叫纳扎尔·贝格的奴隶，他手里拿着明晃晃的剑。这位囚徒曾是世界上最富有的皇位继承人，是最辉煌的"伟大莫卧儿人"沙贾汗最宠爱的儿子，现在他穿着粗布衣服，戴着只有最穷的人才戴的暗黑色头巾，没有项链，没有珠宝饰物。他的双脚戴着锁链，双手倒是没有戴手铐。在 8 月灼热如火的阳光下，他被带着通过当年令他荣耀、显赫一时的地方。他沉浸在耻辱的痛苦中，既不抬头，也不旁视，而是"像一根被压垮了的嫩枝一样坐着"。叛徒马立克·吉万·汗骑着马，走在达拉·舒科的旁边。这一情景激起了民众的愤怒，第二天爆发了针对马立克·吉万·汗的民众暴乱。

奥朗则布已经在考虑了结他哥哥的生命，民众暴乱促使他下了决心，他的二姐罗珊娜拉也极力怂恿他杀死达拉·舒科，免得夜长梦多。根据穆斯林法学家的主张，他颁布了敕令，以背弃信仰和背离伊斯兰教正统的理由，判处达拉·舒科死刑。8 月 30 日晚，刽子手把西皮尔·舒科从父亲的怀抱中拉走，在达拉·舒科猛烈挣扎之后将其斩首。为了向奥朗则布证实他确实已经死亡，斩下来的头被送到奥朗则布处。

罗珊娜拉久居德里和阿格拉，但是她在沙贾汗的宫廷里并不如哥哥达拉·舒科和姐姐贾汉娜拉那样有地位，她在皇位继承战争里选择站在奥朗则布这一边，正是为了扳倒贾汉娜拉，取得宫廷第一夫人的地位。女人有些时候是比男人更加冷酷的，她决心在奥朗则布与沙贾汗之间再扎上一刀，让他们一刀两断。在奥朗则布验看过达拉·舒科的头颅后，她用金色的头巾把血淋淋的头颅包起来，放进精心准备的盒子里，送到父亲沙贾汗那里，作为奥朗则布和她给他的礼物。

被软禁在阿格拉红堡的沙贾汗，尚不知道达拉·舒科已经被抓住并且被处死。看守告诉他："你的儿子奥朗则布皇帝和女儿罗珊娜拉公主送来了这件礼物，只要你看一眼，就会永生难忘。"这位老人很高兴，以为他的儿女终于记起他了，但是他打开盒子之后，发现里面是自己大儿子的头颅，便惊恐万分地倒在地上，一下子昏了过去。

根据奥朗则布的命令，达拉·舒科的尸体被放在一头大象身上第二次沿街示众，然后草草掩埋在胡马雍陵墓中的一个墓穴里。

达拉·舒科的长子苏莱曼从孟加拉返回后，一直在寻找他父亲，由于局势恶化，他率领的军队与他分道扬镳，他不得不过上流亡生活。后来，奥朗则布逼迫苏莱曼投靠的印度王公迈德尼·辛格将他交出，并押往德里。奥朗则布虽然在接见苏莱曼时很客气，亲口许诺不会杀他，但是却命人将他押往瓜廖尔城堡监狱。1662 年，苏莱曼·舒科被慢性毒药罂粟酒毒死。

沙贾汗在失去了皇帝的宝座后又活了 8 年。他晚景凄凉，被囚禁在阿格拉红堡里，终日祷告，以泪洗面，唯一的慰藉就是遥望远处的泰姬陵。可能是为了逃避囚禁生父的愧疚，奥朗则布从来没有去看望过他，陪伴在他身边的只有大女儿贾汉娜拉。1666 年，沙贾汗去世，尸体被装进棺材顺亚穆纳河运往泰姬陵，和他心爱的妻子慕塔芝·玛哈尔埋葬在一起。

印度斯坦大皇帝

奥朗则布打败了所有的对手，成了孔雀宝座的新主人、莫卧儿帝国无可争议的主宰。

也许有人会说，1628 年沙贾汗皇帝的登基典礼是壮观的，是伟大的莫卧儿人中最壮观的。但是他当时还没拥有孔雀宝座，也没有成为举世闻名的三大钻石的主人，更没有纯洁的白色大理石建筑——泰姬陵。也许有人会说，1628 年沙贾汗皇帝的登基典礼是盛大的，但是他儿子奥朗则布的第二次加冕典礼比他的还要盛大。奥朗则布试图以一场热闹的庆典冲淡往日的血腥记忆。登基典礼集合了所有的盛况——东方式的金碧辉煌和罗马式的庄严宏伟。穆斯林君主盛装登基，头上戴着华贵讲究的头巾，钻石和珠宝在头巾上闪闪发光，一根白鹭羽毛装饰在它的前部。新君主的名字在讲坛上公开宣布（呼图白），新铸造的钱币上则印有他的名字。在大多数情况下，其称号和当王子时的不一样。贵族和军官慷慨地赠送礼物，新君主则授予他们头衔或晋升官职、发给赏金。大量的善款捐给学者、圣人和乞丐。晚上的音乐、舞蹈和灯光使庆祝活动圆满结束。

奥朗则布的正式登基典礼定在 1659 年 6 月 5 日，1 年之前他曾在德里登基，但是当时太过匆忙，一切都是草草了事，所以，所有的庆祝和欢乐都留给了眼下。

在 5 月 12 日他返回德里时，举行了隆重的入城仪式——尽管在街上游行并不是穆斯林加冕礼的必要组成部分。一大早，游行开始于德里的郊区科伊拉巴德。乐队开始卖力演奏，接下来是一长队披金戴银的巨象，它们的外衣由金线织成的布做成，装饰有刺绣和丝绒，缀着数不清的宝石，金色的铃铛和银色的链子在它们身上飘荡。一队由波斯人和阿拉伯人组成的威武骑兵紧随其后，他们的马鞍上装饰着金子，头上戴着的花环里镶嵌着珠宝。再往后是密集的步兵队列和炮兵队列，他们全副武装，亮出武器。他们身后跟着一大群贵族和官员。最后，皇家兽苑里最威风凛凛的大象出现了，一个金色的王座绑在它背上，上面坐着他们无可争议的征服者和统治者——印度斯坦大皇帝奥朗则布·阿拉基姆尔·加齐。

再过几个月他就 40 岁了，长年征战四方的经历使他看起来比实际年龄要老不少，但不像东方国家常见的达官显贵那样油腻腻地挺着大肚子。他的身躯看起来有点单薄，但是又高又匀称。他长着一张严肃的不苟言笑的长脸，鼻子和下巴还没有老年时那么突出，脸颊也没有那么瘦削，眉毛也没有下垂，也没有那么灰白的大胡子，尚不是 30 年后西方旅行者拜谒他时见到的样子。在那宽阔的额头下，是一双冷漠锐利的眼睛，没有任何危险或恐惧能打破它们的平静，软弱和怜悯的感情也不能做到。

在他的右边、左边、后面，跟着他的部队，各部队保持适当的距离。道路两旁的臣民们惊奇地注视着那些打败了毕加普尔王国和高康达王国，并且深入敌境击败了达拉·舒科和舒贾，占领阿格拉并囚禁沙贾汗的老兵。在队伍行进时，从大象的背上，一把把金币和银币被不断地抛到左右人群里。科尔特将军指挥这个队列穿过德里的集市，由拉合尔门进入德里红堡。皇帝在公共议事厅和私人会客厅里各坐了一会儿，接受贵族们献上的丰厚贡品。最后，他回到后宫。

看来，奥朗则布是被命运眷顾的人，得到了神的全部奖赏：荣耀、权势、强大的国度。在漫长的 49 年统治中，他立下了赫赫武功，被征服者名单可以列一长串，他兼并了东部库奇比哈尔王国和阿萨姆王国，消灭了南部毕加普尔王国和高康达王国，征服了西北部阿富汗部落，平息了拉吉普特部落叛乱，剿灭了葡萄牙海盗，打败了英国东印度公司，征服了马拉塔部落。

但连年的战争耗尽了莫卧儿帝国的国力，奥朗则布的穷兵黩武和苛政又引得民怨沸腾，甚至他的亲人也与他离心离德。他把二姐罗珊娜拉视为救命恩人，但是她却仗着权势过着放荡奢侈的生活，卖官鬻爵，搞得声名狼藉。他不得不软禁了自己的二姐。后来他的儿女也背叛了他。1681 年，他的三儿子小阿克巴和拉吉普特部族首领联盟发动叛乱，而大女儿安·妮萨里应外合，为叛军传递信息。他诡诈的头脑又一次挽救了他，他成功地离间了儿子和拉吉普特人的关系，使拉吉普特人撤兵，而小阿克巴成了光杆司令，仓皇逃走。小阿克巴先是逃到孟买，再坐船前往波斯，后来差不多与奥朗则布同时去世。而奥朗则布的大女儿被终生幽禁，直到死去。

1674 年，马拉塔人领袖西瓦吉自立为王，控制了西部大片地区。此后，南亚次大陆的老牌霸主莫卧儿帝国与迅速崛起的马拉塔之间展开了一场旷日持久的战争。

奥朗则布晚年的大部分时间消耗在与马拉塔人的拉锯战中。他在 89 岁时死去，在临终前给儿子的信中，他写道："我孑然一身地来到这世上，又将独自离去。

▲ 老年的奥朗则布画像

▲ 奥朗则布的坟墓，位于马哈拉施特拉邦的奥兰加巴德

我是谁？我的命运是什么？我对此茫然不知。荣华富贵转瞬即逝，只余悲伤悔恨。我未曾使帝国海清河晏、江山永固，而是虚掷光阴，徒劳无功。我知道，在冥冥之中自有神庇护，然而我黯淡的视线却触不到他的荣耀之光。"奥朗则布在极大的懊悔和迷茫中死去，留下了一个四分五裂的帝国，在他死时，一场暴雨下得正酣。最后一位伟大的莫卧儿人，于1707年3月3日在艾哈迈德纳格尔踏上生命的终点。

参考文献

[1]（印）斯迪芬·麦勒迪斯·爱德华兹,（印）赫伯特·利奥纳德·奥富雷·加勒特. 莫卧儿帝国 [M]. 尚劝余, 译. 西宁：青海人民出版社,2009.

[2]（巴斯斯坦）A.H. 达尼. 巴基斯坦简史 [M]. 四川大学外语系翻译组, 译. 成都：四川人民出版社,1974.

[3] 瓦莱丽·贝兰斯坦. 莫卧儿统治下的印度帝国 [M]. 吉晶, 王菲菲, 译. 上海：上海人民出版社,2006.

[4] Jadunath Sarkar. *History of Aurangzib*[M]. Calcutta:M. C. Sarkar & Sons,1912.

[5] Stanley Lane-Poole. *Aurangzib and the Decay of the Mogul Empire*[M]. Charleston:BiblioLife,2008.

[6] Audrey Truschke. *Aurangzeb: The Life and Legacy of India's Most Controversial King*[M]. Redwood City. Stanford University Press,2017.

[7] Vincent Smith. *The Oxford History of India*[M]. Oxford:Oxford University Press,1994.

雪域猛虎的怒吼

唐代吐蕃王朝简史

作者 / 赵子威

公元7—9世纪，在我国青藏高原存在着一个强大而又神秘的政权——吐蕃王朝。这个政权，虽没有中原李唐王朝的豪迈磅礴，但也有其独特魅力。曾经使李唐王朝蒙受大非川战败、安西四镇尽失的耻辱，曾经和东西强国共同逐鹿中亚——这样的吐蕃王朝，历史发展轨迹究竟如何？

诞生：神话和现实的交织

提及吐蕃的起源，绕不开这两个问题：吐蕃建立之前的西藏是个什么样的情形？吐蕃人的起源和早期的历史发展轨迹又是如何？

由于史料和考古证据的缺乏，这两个问题很难得出确切的答案。根据两唐书关于吐蕃来源的记载，可知吐蕃的出现是一个既充满艰辛又疑窦丛生的过程：

吐蕃本西羌属，盖百五十种，散处河、湟、江、岷间，有发羌、唐旄等，然未始与中国通。居析支水西。祖曰鹘提勃悉野，健武多智，稍并诸羌，据其地。蕃、发声近，故其子孙曰吐蕃，而姓勃窣野[1]。或曰南凉秃发利鹿孤之后也，二子，曰樊尼，曰傉檀。傉檀嗣，为乞佛炽盘所灭。樊尼挈残部臣沮渠蒙逊，以为临松太守。蒙逊灭，樊尼率兵西济河，逾积石，遂抚有群羌云。（《新唐书·吐蕃传》）

吐蕃，在长安之西八千里，本汉西羌之地也。其种落莫知所出也，或云南凉秃发利鹿孤之后也。利鹿孤有子曰樊尼，及利鹿孤卒，樊尼尚幼，弟傉檀嗣位，以樊尼为安西将军。后魏神瑞元年，傉檀为西秦乞佛炽盘所灭……樊尼乃率众西奔，济黄河，逾积石，于羌中建国，开地千里。樊尼威惠夙著，为群羌所怀，皆抚以恩信，归之如市。遂改姓窣勃野，以秃发为国号，语讹谓之吐蕃……（《旧唐书·吐蕃传》）

细品一番以上两段文字，大致可知：吐蕃原来属于西羌的一支，西羌乃是西汉时期的羌族[2]；吐蕃人生活于析支水（位于今青海省果洛盆地），然而从未与中

---

① 根据《旧唐书》，又作"窣勃野"。结合安应民《吐蕃史》等著作，其读音应该和"悉博野"相似，《新唐书》或有误。由于此处是引用史料，故保持原样不变，后文将采取"悉博野"说法。

② 其聚居地大致在今天青海、甘肃和四川一带。

▲ 阿玛尼卿山

原地区有过任何来往；其祖先叫鹘提悉博野，为人聪慧、善战，率领部众吞并了周围的羌族部落，占据了他们的领地；由于在唐朝，"勃"和"蕃"发音相近，所以鹘提悉博野的后代建立的政权名叫吐蕃；有人说他们是南凉国君秃发利鹿孤的后代，秃发利鹿孤有两个儿子，其中一个儿子傉檀的势力被西秦所灭，剩下的儿子樊尼率领残部投靠了北凉的建立者——沮渠蒙逊，蒙逊让他担任临松（今甘肃省张掖市南）太守，北凉灭亡后，樊尼率领军民向西渡过黄河，越过积石川（今青海阿玛尼卿山），于是统领了众羌。

我们再来看看另外两种古藏人的起源说法——卵生说和土著说。

先来看卵生说。根据《朗氏家族史》的记载，远古时期的世界，是一个卵状的球状物，外壳后来演化成了白色的崖石；卵中如同蛋清一样的液体演变成了白螺海，而卵液中演化出了一个具有思维与智慧的生命，也就是今天藏人的祖先。这段文字记载与中原史籍《三五历纪》（三国时期吴国人徐整所撰）中关于盘古开天辟地的情节雷同，实属神话编造。

土著说，又称"猕猴变人说"。这个说法比之卵生说，科学实证根据就多很多了。在苯教的原始史籍记载中，远古时期的青藏高原西南部的雅砻河谷，生活着一只猕猴，后来，这只猕猴与罗刹女结为夫妻，不久就生出了6只小猴子。随着时间的流逝，6只小猴子慢慢长大，老猴子将它们带到了一片长满野生谷类的山坡，它们从此以吃野生谷物为生，尾巴渐渐消失，具备了直立行走的能力，并且能语言沟通，于是变成了人。这段文字，和达尔文的进化论不谋而合。并且，在拉萨曲贡、卡若等石器时代遗址的考古发掘中，出土文物里就有对猕猴的图腾崇拜。

由于有实物出土，藏人的起源似乎有了结论。那么，吐蕃刚发迹的时候，西藏是个怎样的情况？它是如何发展起来的？

古代西藏的情况同中原地区的乱世格局一样，存在着大大小小的割据小邦。法国藏学家拉露（Lalou）女士根据出土的敦煌文献考证，在悉博野部落崛起的同时期，西藏存在大大小小四十余个割据势力。这些割据小邦各自独立，它们互相联盟、彼此攻伐，就在这样的险恶环境中，悉博野部落慢慢成长起来……

《贤者喜宴》《雍布拉康宫志》《布顿佛教史》等文献记载了悉博野部落传说中的第一位酋长，也就是吐蕃的第一位赞普——聂赤赞普的发迹史。

聂赤赞普的故事很有传奇色彩，《雍布拉康宫志》记载：

在波沃地方有一女叫恰姆尊，她生有台乌让九兄弟，其中幼子名叫吴皮热（即聂赤赞普），他长相俊俏、五指相连、能力极强，故被当地众人放逐出境。在前来吐蕃（即指雅砻河谷）的路上，他在北路亚力孔地方遇见了一拨吐蕃的寻王队。寻王人问："你是何人？来自何地？"答："我自波沃地方而来，前去吐蕃。"又问："你有何能耐？"答："因能力超强，故被乡人所逐。"

成书于12世纪的史书《弟吴宗教源流》也存在相关记载：雅砻谷底的部落属民和领导者无力控制当地局势，遂决定派遣一支队伍去外地迎接能力极强、能掌控局势的强力人物；但这种人物太难寻找，正当众人困惑之际，天空中传来了声音，要他们去找一个叫聂赤的人，迎立他为王。然而，事实真是如此吗？

首先，在第一代赞普聂赤统治吐蕃之前，西藏经历了十二旺增时期。"旺增"（dbang-madzad）一词，意思是"统治、治理"。根据《五部遗教》的说法，西藏曾由12个被称为"旺增"的人统治。由于史料和实物的缺乏，我们很难知道"旺增"时代西藏的具体情况，但根据众多藏学家的研究和分析，聂赤赞普并非一个出身低微的人，而是属于"旺增"时代某一显赫家族的成员。

其次，聂赤赞普之所以被迎立，并非是因为某种神谕或者他自身的能力，而是因为他舅舅穆杰王的军事支持。

综合以上两点，聂赤为何能成为统治者的答案已经有了。他并非像史书中记述的一样只身一人去吐蕃，而是靠其背后显赫的家世和自身能力上位的。那他的能力究竟如何呢？

有关聂赤赞普统治时期的故事并不多。在此，笔者列出《贤者喜宴》中的记述：聂赤赞普在位时期，有六大忧虑——偷盗、怨气、敌人、牦牛、毒药和诅咒者，为了排除这些忧虑，聂赤带领族人进行扩张征服，发展本部的医学，并初步制定法律等。

发迹：从雅砻到拉萨

　　聂赤赞普之后的六任赞普，名字中都带有"赤"字，故并称为"天赤七王"[①]。"天赤七王"之后，雅砻悉博野部落进入了止贡赞普时期。和他的七位先辈一样，止贡赞普本身也带有很浓的神秘感。据敦煌吐蕃文书中的《止贡赞普传略》记载，止贡赞普的母亲分娩时，止贡赞普的祖母问了扎马岩是否坍塌、丹木勒瓦湖是否干涸等问题，好似止贡的降生对悉博野氏族来说不是幸事，这位祖母为了让自己的孙子能够平安长大，给他起名为止贡。

　　但是，上天跟止贡赞普的祖母，甚至跟悉博野氏族部落开了个巨大的玩笑。《止贡赞普传略》记载了他和罗昂达孜比武而身死的故事：

　　止贡自少时就十分好战，并且自身具有很大的神性，能够自由穿梭于天地两界，因此十分骄傲自大。巧的是，西藏的一个割据势力——娘若香波[②]的统治者罗昂达孜也是个勇武之人。止贡赞普听闻后，想要和罗昂达孜一较高下，于是二人在娘若香波城堡比武，止贡赞普不幸被杀。

　　获得胜利的罗昂达孜流放了止贡赞普的3个儿子，抢夺了悉博野氏族的王位，但他随后被悉博野内部的人杀死，众人立刻迎立止贡的遗腹子如拉杰为王。如拉杰即位后，为止贡赞普修建了坟墓，并且率兵消灭了娘若香波的势力，报了国仇家恨。于是，他被上尊号"布德贡甲"。

　　布德贡甲之后的"中列六王""八德王""上赞五王"[③]的具体事迹，由于史

---

　　① 即聂赤、木赤、丁赤、索赤、梅赤、德赤和斯赤赞普。
　　② 具体位置不可考，大致位于今西藏琼结县境内。
　　③ "中列六王"指替列、雪列、果日列、仲谢列、体雪列、额雪列赞普。"八德王"指萨南森德、赤南雄赞德、色诺南德、色诺波德、德脑南、德诺波、德加波和德正赞普。"上赞五王"指多汝龙赞、赤赞南赞、赤札本赞、赤托杰托赞、拉脱脱日聂赞赞普。

料缺乏，难以如数列举。

到了仲年德如、达布宁塞时期，悉博野部落的发展已经初具规模。仲年德如死后，他的儿子达布宁塞将矛头指向了拉萨河流域。当时盘踞在拉萨河流域的势力是森波。由于之前统治阶层发生内讧，森波由两个人分别统治，各不统属：昏聩无能的达甲吾统治一部分，其兄弟赤邦松统治另一部分。达甲吾的部下不满主人不辨是非、昏聩无能[①]的作风，大臣念儿松就劝诫达甲吾，但达甲吾依旧故我，反而放逐了念儿松。念儿松忧愤不过，立即投到赤邦松麾下。比起达甲吾，赤邦松多少有点"人情味"。在赤邦松的支持下，念儿松杀死了达甲吾。于是，赤邦松在此统一了森波，使之成为西藏割据政权中屈指可数的强劲势力。

胜利往往会蒙蔽当局者的头脑，扰乱其正常思维。吞并达甲吾之后，赤邦松的本性慢慢暴露来。一些识时务的大臣在氏族贵族首领娘·曾古、韦·旁多热义策等人的影响下，暗下决心另寻明主。《敦煌吐蕃文书译释》中还记载了娘·曾古吟唱的诗歌[②]：

汤汤大河对岸 / 雅鲁藏布江对岸 / 有一子，人之子 / 实乃天神之嗣 / 唯真天子方能调遣 / 唯好鞍鞯方能驮

诗歌中的"有一子"指的是悉博野部落首领达布宁塞。娘·曾古和韦·旁多热义策秘密商议扩充自己的阵营，将农氏家族、蔡邦家族都拉拢进来。娘·曾古还乔装潜入达布宁塞所在的青瓦城堡，诉说自己和盟友想要归顺的想法。然而，未及攻打森波，达布宁塞就撒手人寰了，消灭森波的大任落到了他儿子南日伦赞的身上。

南日伦赞继位后，与娘·曾古等人秘密会晤，双方进行了盟誓[③]。等一切准备妥当之后，南日伦赞决定对森波动手。敦煌吐蕃文献记载了南日伦赞征服森波的过程：

① "任何事均偏听轻信，颠倒为之，以罪恶为善，以善为罪恶……"参见《敦煌吐蕃文书译释》。
② 藏族常以吟唱诗歌的方式来表达自己的喜怒哀乐或者某种向往。
③ 盟誓是唐代吐蕃氏族和赞普最常用的确立和维护隶属关系的一种形式，氏族首领发誓向赞普王室效忠，赞普王室则发誓保护氏族的合法权益。

南日伦赞让弟弟和母亲稳住后方，自己率领军队北上。此时，娘·曾古等人在达巴夏如山上设置哨卡；韦·旁多热义策则作为南日伦赞的"马前卒"迎战。结果赤邦松被打得落花流水，仓皇向北逃往突厥。森波政权被悉博野部落吞并。

随着森波的覆灭，雅砻悉博野的势力扩张到了拉萨河流域。拉萨河流域较为良好的自然条件，给了悉博野部落更好的发展空间。此时，除了东北部的象雄和日喀则的藏蕃，西藏的统一大势已经很明显了。南日伦赞因为此种功绩，被臣民冠以"赞普"（bstan po）的头衔。南日伦赞吞并森波后就神秘死去，据史书记载，他死于毒杀。他死后，他13岁的儿子弄赞继承了赞普大位。这个弄赞不是别人，正是后来迎娶文成公主并一统西藏的松赞干布。

崛起：雄主松赞干布

松赞干布，可以说是吐蕃赞普里知名度最高的一位，他也是唐代吐蕃史中无法回避的关键人物，甚至对同时期的唐、天竺、泥婆罗（尼泊尔）等都有巨大影响。那么，他是个怎样的人物？

首先，两唐书对他的态度就很友好。《旧唐书·吐蕃传》说："弄赞弱冠嗣位，性骁武，多英略……"《新唐书·吐蕃传》评价他："其为人慷慨才雄，常驱野马、牦牛，驰刺之以为乐……"从汉文史料可以看出，松赞干布在中原人心中的形象很好。那么，事实果真如此吗？

松赞干布即位时，吐蕃内部政局并非风平浪静，象雄、苏毗[1]、塔波、工布、泥洋波[2]等从属势力接连反叛。面对如此危急的形势，13岁的松赞干布将他们"尽行斩灭，令其绝嗣"，很快平息了叛乱。

松赞干布平息国内叛乱后，觉得国家必须要有一套系统完整的法律和健全的

---

① 位于今唐古拉山以西地区。孙波是苏毗的一个音译。
② 塔波、工布、泥洋波并称"东部三小邦"。塔波位于今西藏加查县、朗县境内；工布是吐蕃的藩国之一，位于今西藏林芝县，其统治者是悉博野氏族的支系，该地的财政独立于吐蕃王室；泥洋波的具体位置已不可考。

军政制度，于是拉开了改革的帷幕。松赞干布改革是一个涉及法律、军政、文化等方面的全方位改革，改革后的悉博野部落逐渐发展成为一个区域性强国。

法律

由于吐蕃在此之前基本没有系统的成文法律，因此南日伦赞、松赞干布在位期间相继出台了一些成文法。而相比南日伦赞，松赞干布的法制改革更为完善。

提及吐蕃的法律，就不得不提著名的第穆萨摩崖石刻，这个石刻算是现存最早的吐蕃法律文献。第穆萨摩崖石刻的出现与止贡赞普身亡后的故事有很大关系。如前所述，止贡赞普死后，罗昂达孜抢夺了他的王位，并将他的 3 个儿子流放，而其中一个就来到了工布，此后工布成了吐蕃的一个藩国。虽说工布是赞普王室统一控制下的藩国，但它享有很大的特殊权力。那工布凭什么能拥有这些权力呢？原因就在第穆萨摩崖石刻。

止贡赞普死后，吐蕃的最高领导权一度为外人窃据，布德贡甲上位后，为了稳定局势，就与自己的兄弟、工布的统治者——聂赤（此人不同于第一代赞普）定下了盟约。那时的盟约草本由于年代太过久远，很难找到实物，但盟约双方牢

▶ 松赞干布塑像

▼ 第穆萨摩崖石刻

牢铭记盟约内容。后来，赤松德赞赞普下令将之前与工布小王的盟约以及工布的历史发展铭刻在石崖上。由于时间久远和史料缺乏，盟约的全部内容今已经很难得知，但根据《敦煌吐蕃文书》记载，工布享有独立的财政权，赞普王室没有权力征收工布的赋税；如果征收，就视为违反第穆萨摩崖石刻中的盟约内容。

松赞干布主持修订法律的具体过程，由于史料缺乏，无法还原。在此仅介绍几个比较重要的法典：

1.《赤则本谢之法》，又名《王庭、衙署、职官安置之法》，是吐蕃的基本法案。该法典规定了吐蕃国内官员等级与职能、五如的划分等。

2.《本色妥夏哇坚之法》。该法典规定了吐蕃的计量单位：升、两、合、勺、钱、厘、突等。

3.《王朝准则法》。该法典规定了详细的奖惩制度，一共 15 种。

4.《扼要决断之法》。此法典是民事诉讼法，规定"强弱双方如果争讼，待察其真伪之后，再做出对豪强者不加羞辱、对弱者不令其沮丧之判决"，意即如果上诉的双方存在身份等级、身体强弱、财力多寡等差距，判决方了解其真伪后，再做出对双方都不偏袒的最后裁决。

吐蕃五如

卫如：其管辖地以拉萨（逻些）小昭寺为中心，是吐蕃赞普王庭所在地，又被称为"中心如"，辖 10 个千户。

约如：位于卫如南面，以雅砻昌珠为中心，即今藏南地区。它管理着吐蕃的发源地——雅砻，辖 10 个千户。

叶如：以香曲河流域为中心，在今西藏南木林县境内，辖 10 个千户。

如拉：又称"藏如拉"，位于今藏南日喀则地区，辖 10 个千户。

苏毗如：即悉勃野部落征服苏毗之后建立的如，位于今西藏东北部唐古拉山以南地区，辖 11 个千户。

官职		职能
中央	大相	相当于中原王朝政府的宰相,帮助赞普处理重大事件,并且可以节制军权
	内相	分为"囊论掣甫""囊论觅零甫""囊论充",负责赞普王室的生活起居与安保工作,协助大相处理重大事务
	整事大相、整事副相、小整事	司法方面的官员,负责处理吐蕃境内大小司法案件,监察官员和法令执行情况
	岸本	相当于财政部长,负责国家财政运作
地方	如本	由当地氏族首领担任,负责"如"的民事和军事事务。吐蕃一如分为上、下分如,每一个分如各设一如本
	千户长	负责千户的民事与军事事务

5.《权威判决之总法》。该法典从字面意思来看是关于终审判决的法案,它规定若双方有罪,按照"优巴坚案"[①]判决。

6.《内府之法》。其内容不明。

7.《纯正大世俗法十六条》。一般认为该法依据佛教的十善法[②]制定。《贤者喜宴》记载了其中若干条:不准杀人,杀人者抵罪;不准偷盗;勿淫法;妄语(说谎)者割舌;饮酒节制法;奴隶不得造反;不准偷坟掘墓。

军政

松赞干布改革中的军政改革是个很重要的内容,它影响了此后吐蕃百余年的历史。笔者曾在《战争事典029》中的《大非川之战与唐蕃博弈》一文中介绍过吐蕃的地方军政制度,故在此不做专门介绍。

---

① 优巴坚案出自古印度佛经《贤愚经》中的故事。婆罗门(古印度最高种姓)优巴坚向某户主借了一头牛,但归还时,优巴坚将牛赶入主人院内,未打招呼就离开了。该户主虽然看见牛,但牛没被绳子拴缚,从后门溜走。二人于是将诉状递交国王,国王做了如下判决:婆罗门送牛而不语,割其舌;户主见牛而不拴,断其手。

② 不杀生、不偷盗、不妄语、不妒、不邪淫、不两舌、不恶语、不忿恨、不愚痴、不巧辩。

文化

文化改革主要有以下两种措施：

1. 创制藏文

松赞干布当政以前的吐蕃，由于发源于雅砻悉博野部落联盟，先天具有十分浓厚的"原始味"。那时的人们因为没有文字而无法用书面语言交流，记录东西也都用结绳记事这一很原始的方法。随着吐蕃的扩张，其与外界文明交往的渠道也逐渐多元化。尤其在与象雄的交往中，吐蕃吸收了它的医学、巫术、宗教（苯教）等文化内容。到了松赞干布时期，苦于吐蕃境内尚未有统一的文字出现（史学界有一说法认为吐蕃早期使用象雄文字），于是松赞干布决心创制属于自己国家的文字。但是，这项任务交给谁去完成？如何完成？

西藏本身所处的地理位置，使其与古印度（天竺）的交流相对容易些。于是，松赞干布派出了几批"留学生"前往天竺学习。但由于吐蕃人常年生活在气候多变的青藏高原，对印度潮热的气候十分不适应，许多人都半道折返。仅有一个人克服了种种困难，留在印度学习难度极大的梵文和佛学理论，他就是通米桑布扎。通米桑布扎学成回国后，根据梵文字母创制了藏文（古藏文）。

2. 引入佛教等其他宗教

吐蕃的本土宗教是象雄的苯教。原始部落时期，人们无法解释种种自然现象，因此认为是自然神祇的意志。于是，苯教成了吐蕃的主流宗教。

松赞干布时期，由于实行大刀阔斧的改革，吐蕃逐渐打破了与外界文明的隔阂，开始与外界进行文化交往，通米桑布扎"留学"印度就是一个显著的例子。通米桑布扎不仅带回了创制藏文的灵感和资源，而且带回了佛教在西藏扎根的种子。他回到吐蕃后，和唐朝的玄奘一样，引领了译经传播佛学的风潮。松赞干布急切地想知道国内世代相传的苯教典籍《宁保桑哇》的内容，通米桑布扎于是组织一些人翻译了这部典籍。此外，他还组织翻译了来自天竺的《宝云经》等佛教典籍。

根据阿拉伯史料记载，松赞干布曾与阿拉伯帝国的呼罗珊总督有过交流，双方发生过接触……伊斯兰教借此机会传入了藏地，松赞干布还在逻些城（今拉萨）内建了一座清真寺。但是，吐蕃与外界的交往并非总是如此和平，而是交杂着刀光剑影和尔虞我诈。

外交与内政

松赞干布掌权前期，泥婆罗（Nepālā）发生了内乱。根据《新编尼泊尔史》的说法，公元606年，泥婆罗国王希瓦德瓦一世死后，大臣阿姆苏自立为王。松赞干布有意和泥婆罗联姻，于是派吐蕃第一外交能手噶尔·东赞域松（禄东赞）携带重礼和一百多名随从前去请婚，可是吃了闭门羹。泥婆罗国王询问了禄东赞许多问题，如"贵国有无十善法？有无寺院？"但令人惊奇的是，松赞干布在禄东赞启程前给了他3封信，信里回答了上

▲敦煌壁画中的吐蕃人形象

述问题，并且还进行了"外交恐吓"——如果你不把公主嫁给我，我就让泥婆罗的王宫变成大蕃（吐蕃人称自己国家）的王宫。随后，吐蕃军队开始对泥婆罗进行军事威慑。泥婆罗国王自知双方的实力差距悬殊，便将女儿赤尊公主嫁给了松赞干布。

松赞干布征服象雄后，青藏高原基本被吐蕃统一，然而他的野心并未就此平息，盘踞在青海湖一带且已被唐朝重创的吐谷浑成了他的下一个目标。此时的吐谷浑已经失去了当年称霸西域的强大实力，在内部分裂和外界侵扰下逐步走向崩溃，被唐朝痛揍后，出于对现状的考虑，它不得不向唐朝请婚议和——吐谷浑可汗诺曷钵迎娶了唐弘化公主。松赞干布也顺应这次请婚浪潮，派遣使者前往长安城请婚，但唐太宗李世民置之不理。松赞干布于是用刀剑说话。

迅速击败吐谷浑后，吐蕃军又在松赞干布的率领下攻打唐朝的松州（今四川省松潘县），没想到被唐朝将军牛进达击退。松赞干布知道唐朝的强劲实力，乖乖退军回到了西藏。此后，他经过外交斡旋，终于说服李世民，将文成公主许配给了自己。

后来发生的"王玄策事件"给了松赞干布向天竺地区扩张的机会。这事源于古印度的内讧。公元7世纪，古印度戒日王朝的创立者、被玄奘评价为对佛法"孜孜不倦，竭日不足"的戒日王去世后，其大臣阿罗那顺篡夺了王位。本来，外国

的政变和地处中原的唐王朝无任何关系，但为了表示自己睦邻友好的诚心，公元648年，唐朝中央派出了以右卫率府长史王玄策为主使的使团，携带礼物前往天竺。但阿罗那顺并不领情，反而派出军队袭击唐朝使团，王玄策只身一人逃往吐蕃边境。此时吐蕃已经于7年前和唐朝建立了姻亲关系，于是松赞干布派出吐蕃精锐一千多人，加上泥婆罗雇佣军七千余人组成远征军，进击天竺。吐蕃—泥婆罗联军攻占了茶镈与罗城（今印度巴特那县西北），"获其妃、王子，虏男女万二千人，杂畜三万"（《新唐书·西域传》）。此后，吐蕃—泥婆罗军到达恒河中游。但根据史料记载，由于水土不服，吐蕃远征军仅在恒河中游树立一块石碑后就撤了军。之后，蒂尔湖一带被囊括到吐蕃的版图中。

伴随松赞干布辉煌政绩的还有阴暗残忍的宫廷阴谋，其中就有"琼波·邦色事件"。

南日伦赞在位末期，位于今日喀则地区的地方政权——藏蕃的政局出现了波动。藏蕃的政治制度较为特殊，是国王和大臣联合执政。执政大臣琼波·邦色很有心机，他时刻关注着吐蕃的扩张速度和整体局势。在南日伦赞荡平森波势力之前，他就打算另择明主，而他看好的人选正是南日伦赞。于是，在他的运作下，藏蕃并入了吐蕃的版图。投入南日伦赞麾下后，邦色充分发挥了他的聪明才智，《敦煌吐蕃文书》P.T.1287号记载了他参与征服森波王赤邦松的事情。但是他很傲慢。根据敦煌文书记载，南日伦赞时期，吐蕃属部塔波发生叛乱，南日伦赞连夜召开紧急会议，商讨对策。会上，担任外相的僧果米钦主动请缨，愿意领军平叛。这时，邦色提出反对意见："你担任悉南纰巴一职多年，领军打仗并不是你的职责范围，况且我以前从没听到有人说你能胜任，你没有金刚钻，为何揽这个瓷器活呢？"僧果米钦不服，反唇相讥："以前确实没人说我能胜任此事，但我就像皮囊中的匕首，刀锋未露，一旦暴露，必血溅三步！"南日伦赞见僧果米钦如此自信，便让他领军平叛。僧果米钦不负众望，成功平定了塔波叛乱，用行动证明了自己。

松赞干布时期，琼波·邦色已处于吐蕃最高决策圈。但是，骄傲、诡计多端的他并不十分安分，常暗起波澜。其中较为突出的有两件事情：第一是大相娘·尚囊（娘·芒布杰尚囊）的谋反案；第二件事则是家宴时图谋弑君。

娘·尚囊担任的是吐蕃最高行政官职——大相，外邦归附而来的邦色作为副手辅助他。令人意想不到的是，波色打算用诡计除掉娘·尚囊。他先是在松赞干布面前编造关于尚囊的谣言，力图动摇松赞干布对尚囊的信任，接着又在尚囊面前露出赞普对他不信任的风声，使二人关系日渐疏远。最后，尚囊不再参与朝政事务，终日将自己关在家里，松赞干布由此怀疑尚囊在秘密策划谋反，于是诛杀了尚囊及其属下。

除掉尚囊后，邦色顺理成章地继任为大相，此时他还兼任象雄地区的总管。后来他年事已高，松赞干布准许他"退休"。然而，退休后的琼波·邦色并不消停，他邀请松赞干布到自己府上用餐，打算在席间杀掉他。娘·尚囊死后，松赞干布对波色的宠信已经到了无以复加的地步，收得邀请后，他就派禄东赞前去安排宴会。禄东赞不仅十分精明，还对赞普王室十分忠心，在安排过程中，他察觉到了异样，于是找借口离开波色府邸，前去告知松赞干布。妄图杀害赞普会遭到吐蕃最残酷刑法的惩罚，波色得知事情已经败露，于是要求儿子昂日琼杀了自己，并且提着他的首级向松赞干布请功。

公元 650 年，松赞干布去世。后世的吐蕃史学家对他有着很高的赞誉：

……对外疆域向四方扩张，内政坚实雄厚，磅礴不衰；平民黔首贵贱平等，轻徭薄赋，安居乐业，逸度春秋……

由于松赞干布唯一的儿子贡松贡赞先他而去，故其继承人是年幼的孙子——芒松芒赞。芒松芒赞尚不具备理政的能力，朝政大权只能暂时由禄东赞代管，于是吐蕃进入了噶氏家族统治时期。

扩张：饱受争议的噶氏家族

噶氏家族统治时期（650—698 年），吐蕃掀起了第一次对外扩张高潮。然而对外扩张需要本国有充足的资源储备，于是，为了准备对外战争所需物资，噶氏家族进行了改革。

公元 653 年，大相禄东赞主持制定了"农田贡赋"和"牛腿税"。

"农田贡赋"的内容：

1. 按每户耕种人数分配田地，将耕种者姓名记录在户主名下；

▲ 禄东赞鎏金像

2. 有势力者不准多占田地和圈地，田地必须根据每户人数来分；

3. 通过植树确定相邻田地的边界，不许肆意砍伐界树；

4. 违反以上规定的人，除收回已有田地外，还会受到相应的法律处罚。

细品上述文字，我们可以看出，吐蕃在噶氏家族统治时期的土地制度类似于中原王朝的均田制。

在吐蕃，赞普是掌握土地最多的人。由于在扩张时征服了很多势力，被征服的土地和土地上的人成了"战利品"，被赞普据为己有。但是，为了维系赞普和贵族之间的关系，尤其是确保贵族们的忠诚，赞普会以法令形式将一些土地赐予底下的臣属。得到田地与附属于田地之人的贵族，不能私自转卖土地，转卖土地必须经过赞普同意。这样做，在一定限度上遏制了因土地自由买卖造成的土地兼并。

"牛腿税"是针对牧区的税收。由于吐蕃境内气候条件不一，藏南的农业产出无法维持国家的经济运转，更别说对外发动战争。于是，噶氏家族针对吐蕃以畜牧业为主的特点，实施按照一条牛腿收税的"牛腿税"。

此外，禄东赞还制定了"大料集"制度。"料"指的是物资供应，"集"指的是集中。因此，大料集制度是一种包括征发兵丁和劳役、募集物资装备的综合制度。其办法是三户抽一，并向当地的耕种民户、奴户收取一定的实物作为后勤物资，除此之外，还给他们摊派了劳役。

禄东赞还主持制定了"红册"制度。所谓"红册"，指的是吐蕃当地民户的户籍登记册，因为册本被涂成红色，故名"红册"。公元692年，吐蕃各地开始了吐蕃史上第一次人口普查。每一地区（即每一如）调查当地百姓的详细信息（包括姓名、年龄、经济收入、籍贯等）后，全部登记造册。吐蕃每次发动对外战争前，均根据当地"红册"或者"白册"进行动员、征发和训练。每次作战结束后，同样根据"红册"上的征发人数核实现存军队人数，以明晰阵亡人员数量。

公元 654 年，禄东赞经过一段时间的内部改革后，准备进攻白兰羌，一来摸下唐高宗李治的底牌，二来间接打击吐谷浑残部（白兰羌和吐谷浑是盟友关系）。为了掩饰自己的意图，禄东赞先向唐朝示好：赠送了百匹良马和一个巨型拂庐（帐篷）。656 年，禄东赞率军迅速击败了白兰羌，白兰羌故地被吐蕃占据。此后在乌海之战中，吐蕃大将达延莽布支被唐朝将军苏定方斩杀，吐蕃军随之战败。此后一段时间，唐蕃双方没有大的战事发生。

禄东赞没能看到自己打败唐军的那一天。667 年，他在青海地区病死。他死后，吐蕃大相的位子由其长子噶尔·赞悉若多布继任。但没过多久，噶尔·赞悉若多布便因被指控参与了谋反案而被诛杀，禄东赞的次子噶尔·钦陵赞卓（论钦陵）继任大相职位，并且全权负责青海地区的一切事务。

与父亲禄东赞相比，论钦陵的才能更多的表现在军事指挥方面。670 年，他率领大军攻破唐朝安西四镇。边关紧急的军情促使唐高宗向吐蕃下发了"战书"，并派遣薛仁贵率远征军浩浩荡荡经青海向逻些城进发。后来，这股唐军部队在大非川大败于论钦陵。

噶氏家族当政时期，吐蕃虽然在军事扩张、内政经济制度建设方面取得了一些成绩，但这些成绩并没有成为噶氏家族不被诛杀的"护身符"。这一时期，由于连年对外征战，大批青壮年应征入伍，血战沙场，导致吐蕃劳动力短缺，正常的生产难以维持。如果说民怨沸腾不足以导致噶氏家族覆灭的话，那么君权膨胀就是其覆灭的主要原因。

随着小赞普[1]逐渐成长，他内心沉睡的君权意识开始苏醒。小赞普并不想自己在帐篷（吐蕃王室多居住在帐篷里）里啃先祖的老本，让其他家族出去打天下，而是想要做出一番属于自己的事业。于是，年仅 19 岁的他打算除掉噶氏家族。

在噶氏家族的长期经营下，吐蕃无论是都城还是境外，都深受其影响。如何除去这个家族，使大权重归自己手里？

---

[1] 芒松芒赞赞普去世后，由其尚在襁褓中的儿子赤都松继任赞普。

噶氏家族的成员因担任的职务不同，分为以论钦陵为首的青海系和以赞碾恭顿为首的内廷系。"远交近攻"，赤都松赞普打算先对内廷系下手。695年，他以"谋反"的罪名诛杀了掌握最高行政权的噶尔·赞碾恭顿，摧毁了噶氏家族的一角；而对重兵在握，又有防务在身的论钦陵，他没有迅速采取行动。

此时的唐（武周）蕃边境十分不安宁。武则天派遣的王孝杰、娄师德军，与论钦陵、论赞婆率领的吐蕃军血战于素罗汗山（位于今甘肃临潭县），论钦陵又一次获胜，但他离自己的死期已经不远了。

素罗汗山会战后，论钦陵打算学父亲禄东赞向唐朝释放和平的烟幕弹——联姻。这其中有什么玄机吗？

玄机就出在论钦陵对周边局势与信息的掌握上。复兴的东突厥汗国在可汗阿波干（默啜）的领导下，经常袭扰唐（武周）朝边境。696年，东突厥袭扰唐朝凉州（今甘肃省武威市），面对突变的边境形势，武则天不得不接受论钦陵提出的议和要求。然而，接受归接受，武则天派出的谈判代表可不是吃素的，这个代表就是郭元振。

根据《资治通鉴·唐纪二十一》的记载，论钦陵和郭元振见面后就提出了自己的要求——唐朝让出安西四镇。郭元振看出了论钦陵的心思，问道："阁下打算吞并吗？"[1]论钦陵被这一十分有重量的话给问住了，就回复道："我们如果贪图土地，打算在边境作乱，那可以向东侵犯贵国的甘、凉二州，何必把手伸到万里之外那么远啊？"[2]在之后的对话里，论钦陵还提到了西突厥"去中国甚远"。然而，富有计谋的郭元振没有给出答复，而是带着吐蕃使者返回朝廷去觐见武则天。

论钦陵为何提起西突厥？这就需要提一下西突厥中的西五弩失毕部和东五咄陆部的位置。西五弩失毕部，指的是西突厥西部的五个部落，首领被称为俟斤（irkin）；东五咄陆部，指的是西突厥东部的五个部落，其首领被称为"咄"。如果西五弩失毕部或者东五咄陆部要对吐蕃构成威胁，势必要经过青海地区，而

---

① 岂非有兼并之志乎？
② 吐蕃苟贪土地，欲为边患，则东侵甘、凉，岂肯规利于万里之外邪？

青海地区对吐蕃来说是一块战略要地，所以，论钦陵转移话题，暗示是西突厥对吐蕃在青海的利益造成了潜在威胁。

郭元振的计谋是，武周不能放弃安西四镇，但可以放弃西五弩失毕部；作为条件，吐蕃必须归还青海地区，让吐谷浑独立。这个计谋看似没什么亮点，其实暗藏了郭元振对时局的深刻把握。郭元振认为，吐蕃经历了长时期的战争，国人早有厌战情绪，现在民众希望过太平日子，不愿受兵燹之苦，如果论钦陵拒绝这个要求，继续打仗，吐蕃国内的舆论肯定会对噶氏家族十分不利，一旦赞普控制不好，就会发生大规模民众起义。然而，论钦陵拒绝了这个提议。双方开始了漫长的谈判。漫长而又毫无结果的谈判对郭元振也有利，因为可以使赞普对论钦陵失去信心。

当论钦陵专注于外交事务，陷入了无休止的谈判泥潭时，小赞普的机会来了。

根据敦煌吐蕃文献的记载，698 年，小赞普以狩猎的名义邀请噶氏家族，而就在这一年里，赞普已经诛杀了噶氏家族及其党羽千人。论钦陵知道，如果前去，势必会成为赞普的刀下之鬼，便以戍边防敌为由拒绝了赞普的邀请。论钦陵这下可是摸了老虎屁股，引来了杀身之祸。小赞普以论钦陵抗旨不遵为由下令捉拿他，论钦陵没做任何抵抗，就自我了断了。

论钦陵死后，他弟弟赞婆和侄子弓仁前去投奔唐朝。武则天非常热情地接纳了他们，封赞婆为归德郡王、右卫大将军，封弓仁为酒泉郡公、左玉钤卫将军。此后，他们的子孙改姓论，在唐朝建功立业，甚至在安史之乱中都能看到他们奋勇作战的记录（譬如，论惟真）。

昔日显赫一时的噶氏家族在年轻的赞普手中画上了句号。论钦陵的死使吐蕃在一段时期内在任用武将时陷入了极大困境。噶氏家族的灭亡对吐蕃是祸耶？是福耶？

强盛：进击的吐蕃

噶氏家族倒台后，赤都松赞普掌握了最高权力。为了不再让自己和后代的大权旁落，赤都松赞普在抄没噶氏家族家产后不再设立大相一职。稳定内部后，他专注于军事攻伐，将朝政大权托付给了母亲赤马蕾，自己则率军前往今云南[1]境内平定造反的归属蛮部，但不幸病死军中，享年 29 岁。

赤都松赞普的一生是短暂的，他还没有享受到最高权力带给他的快乐就猝然离世。由于其子赤德祖赞还在襁褓中，因此大权由"太皇太后"赤马蕾掌管。

赤马蕾是唐代吐蕃史中唯一一个当政的女性。在男权主宰的社会，女人当政是最不可理喻的事情。然而，在吐蕃统一青藏高原前，就有很多区域势力由女人当政，比如苏毗国。

苏毗国，大致位于今西藏那曲一带。根据史书记载，苏毗国早期实行的是双王制度，即夫妻共同治理国家。但其地女尊男卑，因此妻子作为国家最高统治者，处理国中的大小事务；丈夫则被称为"金聚"，领兵打仗是其职责所在。是以，史书将苏毗国称为"西海女国""西女国"。此外，《旧唐书·东女国传》提及了一个叫作"东女国"的存在："东女国，西羌之别种，以西海中复有女国，故称东女焉，俗以女为王。"由此可见，古代西藏由女主统治的势力还是屡见不鲜的。

在吐蕃所信奉的苯教中，女性神祇占的比重很大，况且赤马蕾代行的是赞普的最高权力，而赞普在吐蕃被视作神一样的人物；因此，女性崇拜和神化的赞普权力使得无人敢对掌权的赤马蕾提出异议。在她掌权初期，大臣岱仁巴农囊扎等人公开叛乱，但不久就被她平定，叛乱的大臣"于苯教之那拉山顶杀之"。同时，为了稳固自己的统治，她重用外戚势力，将自己的弟弟尚赞卓热拉巾[2]提拔至中央，开了外戚势力进入中央并且左右吐蕃政局的先河。

如果说这些还不足以表明赤马蕾有统治才能的话，那么她维持和唐朝的稳定关系就一定能了。

从噶氏家族专政开始，吐蕃和唐朝的战争一直都没停息过。到了赤都松赞普统治时，因为名将论钦陵自杀、赞婆率余部外逃，吐蕃在这段时间无良将可用，扩张遇到了瓶颈。比如 700 年（武则天久视元年），吐蕃进攻凉州，但在洪源谷

---

[1] 此时云南并未被南诏统一。因此有些史书记录他去讨伐南诏之事，纯属错误。
[2] 根据理查德逊（Richardson）的研究。

被唐朝将军唐休璟打败；702年（武则天长安二年），赤都松亲自督战攻打悉州（辖境约今四川省茂县西北部和黑水县东南部），被陈大慈击退。连年战争使吐蕃兵疲民乏，在这种情况下，向唐朝主动示好、与其联姻才是最好的外交策略。于是，赤马蕾打算向唐朝抛出"橄榄枝"。

其实早在赤都松赞普时期，吐蕃已有向唐朝示好之意，但由于赞普去世，这事就被搁置了下来。吐蕃赞普死后停灵时间长（两到三年），赤马蕾执政后于唐中宗神龙元年（705年）才派使者前去长安告丧；3年后，她请求唐中宗为其孙子野祖茹（即赤德祖赞）许婚。同年，唐中宗将金城公主许配给了野祖茹。双方订立盟约，史称"神龙会盟"。

712年，赤马蕾走完了她的人生道路。赤德祖赞以赞普的葬礼规格隆重地安葬了他的祖母，以表达自己最大的敬意和对祖母功绩的肯定。此后，吐蕃进入赤德祖赞时代。

赤德祖赞时期，吐蕃的对外扩张方向与以往相比有了很大不同，即向云南和中亚地区发展势力。

如前文所述，吐蕃早在松赞干布时期就已经往中亚地区发展势力了。吐蕃想进入中亚，只有两条路可走：一条是经过青海占领唐朝控制的新疆地区；另一条是控制今克什米尔、阿富汗地区。第一条道路吐蕃是走不通的，因为大非川战役后，唐朝加强了该地区的防务，吐蕃想突破这条防线可以说甚是棘手，因此吐蕃选择了第二条路。

但是，要想控制今克什米尔、阿富汗地区，就必须搞定当地的两个政权——大、小勃律（Bruzha）。《新唐书·西域传》对大小勃律有如下记述：

大勃律，或曰布露。直吐蕃西，与小勃律相接，西邻北天竺、乌苌……小勃律去京师九千里而赢……王居孽多城，临娑夷水，其西山颠有大城曰迦布罗……

唐代僧人慧超所著《往五天竺国行记》中，勃律国最初并不分大小。显然，是外力导致其分裂的，而这个外力就是吐蕃。

对吐蕃而言，勃律是进入中亚的最佳道路。因此，吐蕃在公元7世纪的时候就对勃律动手了。吐蕃大军突然袭来，令勃律王十分惊恐，他立即让使者去询问发兵缘由，吐蕃给的答复是："我非谋尔国，假道攻四镇尔。"然而，"假道攻

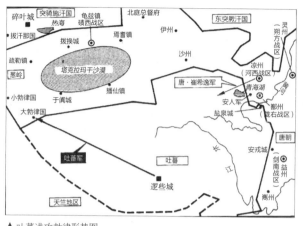

▲ 吐蕃进攻勃律形势图

四镇"不过是托词，在吐蕃的攻势下，勃律很快被打垮。后在迁徙过程中，分裂为大、小勃律。分裂的勃律无法独自对抗吐蕃，因此拉了一个靠山——唐朝。

唐朝对吐蕃进攻勃律一事也十分关注，因为协助勃律抵抗吐蕃，能从西侧拱卫安西四镇的安全。唐玄宗为此在小勃律设置了绥远军。

722年，吐蕃进攻小勃律。接连丧失9座城后，小勃律王没谨忙向唐朝北庭节度使张孝嵩求救。张孝嵩派遣副使张思礼前去救援。在唐朝援军和勃律军的奋力搏杀下，吐蕃的攻势被暂时遏制住了。虽然吃了苦头，但吐蕃并未灰心，他们积极展开外交攻势，寻找合适的盟友。

734年，吐蕃与突骑施①联姻。一年后，突骑施进攻安西和北庭都护府，而此时吐蕃正准备第二次攻打小勃律。

737年，吐蕃军队在论·结桑东则布的指挥下，对小勃律展开大规模攻势。小勃律王很快败下阵来，表示愿意臣服。为了稳固与小勃律的关系，吐蕃王室将公主赤马禄嫁给小勃律王苏失利。然而事情并未就此结束。

吐蕃对小勃律用兵使唐朝的安西都护府受到了极大的威胁。为此，唐玄宗于天宝六年（747年）派安西副都护高仙芝前去解决小勃律问题。高仙芝率军行进数月后，首先攻下了吐蕃的要塞连方堡，随后迅速进入小勃律，俘虏了吐蕃公主和

---

① 属于西突厥东五咄陆部，散居于伊犁河流域。

小勃律王。为了防止吐蕃大军来援，高仙芝命人摧毁了战略通道——婆夷和的藤桥。

随后，吐蕃公主赤马禄和小勃律王苏失利被送往长安，他们受到了玄宗的优待，而高仙芝继续率兵不断"扩大战果"。750年，他率军讨伐了亲吐蕃的羯师国，但在751年，他之前取得的一切胜绩都被怛罗斯之败冲淡了。

▲ 藤桥

与唐朝在中亚的博弈告一段落后，吐蕃将目光转移到了云南地区。此时云南地区已经有了统一的征兆。盘踞该地的"六诏"——蒙巂诏、越析诏、浪穹诏、蒙舍诏、施浪诏、邆赕诏——互相攻伐，其中蒙舍诏（南诏）最为强大。南诏国王皮罗阁执政时期，为了统一云南地区，在今后的斗争中处于有利地位，南诏积极利用唐蕃之间的矛盾扩充自己的势力。吐蕃希望和南诏搞好关系，在云南、四川一带取得对唐朝的优势地位；唐朝则想利用南诏牵制住吐蕃在云南、四川的势力。因此，南诏成了双方博弈的焦点。

早在噶氏家族专政时期，吐蕃就已经将触角伸向了今云南洱海地区。而738年，唐朝册封皮罗阁为越国公，显然是在拉拢南诏。皮罗阁趁机用重金贿赂剑南节度使王昱，请求他支持六诏归一。王昱也想借南诏攻打吐蕃的安戎城，遂上报朝廷，玄宗应允。这年9月，王昱进攻安戎城，将军队驻扎在蒲婆岭，此时吐蕃大军来援，王昱功败垂成。然而，王昱的失败并未影响南诏的统一大业，南诏以唐朝为坚实后台迅速对外扩张，并最终统一云南，皮罗阁被唐朝册封为云南王。

现在的形势是吐蕃独自对抗唐朝—南诏联盟。748年，皮罗阁去世，他的儿子阁罗凤即位。然而，此时南诏因不满唐姚州都督张虔陀的暴行，开始反感唐朝。随着南诏对唐朝的外交好感度日渐降低，双方关系最终破裂。阁罗凤先是诛杀了

---

① 今吐蕃大兵压境，若不许我，我将归命吐蕃，云南非唐有也。

张虔陀，接着在吐蕃的暗中支持下肆意进攻唐朝边境。751 年，唐玄宗派剑南节度使鲜于仲通率军进攻南诏，南诏不敌，阁罗凤派遣使者前去谢罪，并说："如今吐蕃大兵压境，如果不答应我，我就投靠吐蕃，云南你们唐朝是得不到的。"[①]鲜于仲通听不进这个"最后通牒"式的外交辞令，不仅扣留了使者，而且继续进兵，最终被吐蕃—南诏联军击败。对此，唐朝诗人白居易有诗描述道：

> 鲜于仲通六万卒，征蛮一阵全军没。
>
> 至今西洱河岸边，箭孔刀痕满枯骨。

唐与南诏关系破裂是吐蕃最想看到的结果。由于阁罗凤投靠吐蕃，唐朝西南边境受到了吐蕃和南诏的两面夹击，吐蕃更容易侵扰唐朝边境的城市了。为了巩固这种联盟，赤德祖赞册封阁罗凤为"日东王"，后又加封他为"赞普钟"（赞普之弟），并将吐蕃的告身制度引入南诏。虽然吐蕃非常侥幸地拉拢了南诏，但双方并未进入真正的"蜜月期"。

754 年，赤德祖赞神秘死亡（一说是被手下大臣谋害）。随着他的去世，吐蕃进入了有史以来最疯狂的军事扩张期。

赤德祖赞死后，他的儿子赤松德赞继承了赞普大位。此时的吐蕃，经过从松赞干布到赤德祖赞的长期经营，国力达到了巅峰。然而，想要继续和唐朝进行较量，对时局的把握是十分重要的。

755 年，在唐朝的东北部，即今北京、河北地区，一个胡人正在紧锣密鼓地准备着反叛，这个胡人就是安禄山。对此时的唐朝来说，边境已经是"山雨欲来风满楼"。

由于此时唐朝赖以生存的均田制在土地兼并的狂潮中被摧毁，以均田制为基础的府兵制度自然是独木难支。各地折冲府的府兵兵源较之以前大幅缩减，甚至连唐玄宗用于日常出行的仪仗队都出了问题。渐渐地，募兵制取代了府兵制。与府兵制相比，募兵制虽然填补了府兵兵额的空缺，但很大程度上加重了国家的财政负担，唐朝中央政府控制的军队整体素质也随之下降，然而他们面对的是由汉、室韦、同罗等族组成的十几万人的强大叛军！

为了阻截叛军对洛阳、长安的进攻，唐朝中央政府不得不把陇右边境的唐军东调。这种"拆东墙补西墙"的做法造成河陇边境出现真空状态，给吐蕃进一步扩张创造了机会。

756年，安史之乱爆发的第二年，吐蕃派遣使者出使唐朝，询问唐玄宗是否愿意联合平叛。唐玄宗拒绝了吐蕃的请求，并礼送使者出境。事实上，吐蕃这次"请求"并不是真正想帮助唐朝平叛，而是在刺探唐朝实力。随后，吐蕃开始大规模进攻唐朝。从757年开始，吐蕃军队先后攻占了唐朝的神威军（位于今青海省海晏县）、定戎军（位于今青海省湟中县西）、制胜军（位置不详）等驻地，并快速将战火烧到了唐朝的京畿重地——长安！

此时的吐蕃并不想马上攻取长安，他们在762年又遣使入唐，要求和唐朝会盟，但其真实意图是拖延时间。在谈判期间，吐蕃加紧了军事准备，并且让军事指挥能力不亚于论钦陵的恩兰·达扎路恭担任吐蕃攻占长安的总指挥。

据《恩兰·达扎路恭纪功碑》记载，他"忠贞不贰，足智多谋，英勇深沉……其娴熟弓马战阵，所出计谋，均操胜算，彼洞悉唐廷政情"。有了这等知己知彼、有良好的军事素养的战将，赤松德赞很放心。恩兰·达扎路恭提出的"首倡兴兵入唐，深取京师之议"，获得了吐蕃上下的热烈支持，他们认为，被叛乱折腾得焦头烂额的唐朝已经无力抵抗了。

736年，吐蕃军队由恩兰·达扎路恭和埩·野息书通分别率领，攻打唐朝泾州（今甘肃泾川县北），并在高晖的指引下接连攻占了邠州（今陕西彬县）、奉天（今陕西乾县）、武功（今陕西武功县）。不久，大军兵临长安城下。

随着吐蕃军队兵临城下，长安城内乱作一团。首先是唐代宗仓皇逃到陕州（今三门峡市陕州区），继而长安内部"官吏藏窜，六军逃散"。由于长安地区没有像样的守备力量，吐蕃军轻易地攻入了长安。吐蕃还拥立了金城公主的侄子——广武王李承宏为傀儡皇帝，任命前翰林学士于可封为宰相，广置百官。由此，吐蕃在关中地区有了一个"傀儡政府"。

然而，繁华的长安留不住吐蕃

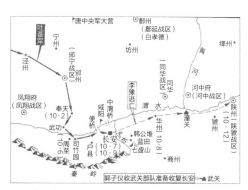

▲ 吐蕃进攻关中、长安的形势图

军队，再多的金银和粮食也缓解不了吐蕃人对于气候的不适应。在成立了"傀儡政府"后，吐蕃军队带着搜刮的金银财宝、粮食锦缎等"战利品"，徐徐西撤。

随着吐蕃军撤出长安，唐朝也计划收复长安，推翻吐蕃拥立的"傀儡政府"。这项任务落在了平定安史之乱的大功臣——郭子仪的身上。郭子仪先是收拢之前的散兵游勇，然后采用"疑兵"之计：白天在长安城外树起大量的军旗，击鼓声威；晚上则燃起一片篝火，造成中央大军已经兵临城下准备攻城的假象。迫于这种情形，李承宏坐不住了，主动放弃了皇位。长安的光复使唐代宗对郭子仪十分感激，代宗说道："如果我很早就用了你，我今天还会走到这个地步吗？"

唐朝虽然成功收复了长安，但仍时刻受到吐蕃的军事威胁。因而，双方在陇右、关中地区的博弈成了这一段时间的重头戏。

受吐蕃本地农业状况所限，进入河陇地区的吐蕃人习惯在秋季发动战争。秋季，不仅是河陇地区唐朝边民收获庄稼、囤积粮食的季节，也是吐蕃马匹最为壮硕、天气最有利于打仗的季节。唐代武元衡的《塞下曲》里就有相关诗句提到这点：

草枯马蹄轻，角弓劲如石。

骄虏初欲来，风尘暗南国。

吐蕃的农业产区主要为今藏南地区、河陇地区、青海湖地区以及尼泊尔、印度部分地区。这些地区气候温暖、土壤肥沃，有良好的水利条件，非常适合种植业的发展。吐蕃主要的粮食作物是青稞、小麦、稻子、荞麦等。根据第穆摩崖石刻的记载，吐蕃的藩国工布就出产大米。《册府元龟·外臣部土风三》记载："有青海，去城五百里，周回四百里，傍土平沃，多植麦。"此外，出土的吐蕃简牍记载了吐蕃实物税的缴纳情况：上等农户一突农田缴纳五克青稞、五克麦子。

比之气候温暖的农业区，气候相对恶劣的藏北地区就成了畜牧业的天下。此外，青海湖地区也是吐蕃主要的畜牧业基地。吐蕃最常见的家畜是牦牛，而牦牛和黄牛交配而生的犏牛是吐蕃农业区的主要耕作牲畜。

吐蕃畜牧业中最发达的是养马业。由于其本身的游牧民族风气，吐蕃人十分注重马匹的养殖，也十分重视与其他势力通过贸易交换良马。除了牦牛、马匹外，吐蕃人占据今新疆部分地区后，逐渐发展起养驼业。

由于吐蕃进攻时间多集中在秋季，唐朝边区不得不组织军队去防御，是为"防秋兵"。吐蕃和唐朝在河陇地区你来我往，双方互有胜负。笔者根据两唐书等史料，罗列了双方交战的一些胜负情况：

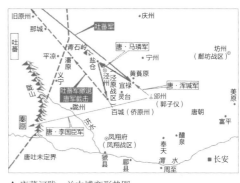
▲ 唐蕃河陇、关中博弈形势图

1. 广德二年（764年），吐蕃联合唐朝叛将仆固怀恩、回鹘，深入关中地区，长安陷入惶恐，随即回攻凉州。

2. 大历元年（766年）九月，吐蕃攻灵州；十月，被朔方节度使路嗣恭击败。

3. 大历三年（768年），吐蕃进攻灵武，随即分兵威胁长安。郭子仪调拨5万军队屯兵奉天，守卫长安。九月，凤翔节度使李抱玉派遣部将李晟出兵大震关，袭击吐蕃的屯粮据点定秦堡，焚烧囤积谷物，斩杀守城吐蕃将士，俘虏守将慕容谷钟。

4. 大历八年（773年），吐蕃军与唐朝将领浑瑊所部交战。浑瑊打算依靠地形设置拒马枪防止吐蕃骑兵冲锋，但部下不从，唐军被打败。

5. 贞元二年（786年）九月，吐蕃大相尚结赞率军路过陇州，中途被唐朝将领李晟所部袭击。李晟部将王佖采用李晟"直破中军"的战术，向吐蕃精锐部队虎豹军发起猛攻，吐蕃军死伤大半。

上述五例仅是这一时期双方交战的冰山一角。随着战事陷入僵持，吐蕃的优势慢慢消失。建中四年（783年），吐蕃大相尚结赞与唐朝陇右节度使张镒会盟于清水，双方暂时偃旗息鼓。这场会盟史称"清水会盟"。

然而，促成这次会盟的吐蕃大相尚结赞并非真诚的和平主义者，他其实是一个很有谋略的人。由于长期领兵在外，他对唐朝守将多少有些了解，尤其是心腹之患李晟、浑瑊、马燧。怎么除去这三个人？尚结赞策划了一次"假会盟"。他首先把矛头指向了李晟。

吐蕃军队进入凤翔境内后，尚结赞一反常态给部队下死命令，不许私自掠夺，然后声称自己受李晟之邀，前来请求唐朝官员出城犒赏，而后吐蕃军队全部退却。此后，李晟派遣部下王佖和野诗良辅于十月攻袭吐蕃催沙堡，焚毁吐蕃粮草。十一月，吐蕃大军围攻盐州（今陕西定边县），并且忽悠当地官员杜彦光说："我欲州城居之，听尔率其人而去。"杜彦光迫于大军围城的危急形势，未做任何询问，便率众离去。此后吐蕃破夏州，也用了相同的策略。随着盐州、夏州接连丧失，朝廷里的舆论越发不利于李晟，李晟的政敌张延赏更是经常上书对其加以诋毁。唐德宗考虑到李晟在军中的威望，没有严厉惩处，而是让他俩和好了事。

公元787年，吐蕃遭遇自然灾害，大量牛马死亡。尚结赞于是向唐朝提出议和，而此时唐德宗已经丧失了和吐蕃议和的兴趣，命令李晟、马遂、浑瑊三人严防边境。

尚结赞又心生一计，他用重金贿赂马遂，马遂于是替吐蕃说话。朝廷内再一次展开了战和大论战，而李晟属于坚定的主战派。大臣韩游瓌上书唐德宗："吐蕃弱则求盟，强则入寇，今深入塞内而求盟，此必诈也。"此后，韩滉又提出了收复河湟地区的方略。此时的唐德宗明显地倾向主战派，准备派兵讨伐。但不久韩滉去世，李晟在此之前已经颇受非议，一个人很难与主和派相抗衡，于是主和派占了上风。

主和派领袖之一、李晟的政敌张延赏上书唐德宗，认为李晟不适合在外掌兵，建议剥夺其兵权。由于此前的事情，唐德宗也不是很信任李晟，便立刻收回了李晟的兵权。

随着李晟被贬谪，尚结赞的第一步已经成功，下一步他要一网打尽。于是，就发生了"平凉劫盟事件"。

尚结赞表示将在会盟结束后归还盐、夏二州，但必须让浑瑊、杜希全和李观作为唐朝使者前来会盟。787年四月，唐朝派遣崔浣前去会见尚结赞，表明会盟代表只有浑瑊能前来。五月，唐朝派遣浑瑊为清水会盟使、兵部尚书崔汉衡为副使、司封员外郎郑叔矩为判官、宦官宋奉朝为都监司前往会盟。这时，尚结赞通知唐朝方面，说清水那里风水不吉利，"请盟于原州之土黎树"，但土黎树那个地方地势险恶，唐朝方面不愿冒险，于是提议将地点改在平凉川（今甘肃平凉附近）。

会盟开始前，尚结赞将数千吐蕃骑兵隐蔽在盟台西边，然后布置3000名士兵守护盟台，唐朝方面也派出3000名士兵守护盟台，双方各有哨骑互相监视。当浑瑊等人在帐篷内更换衣服稍事休整时，吐蕃骑兵向毫无防备的唐朝官员和士兵发动了突然袭击。宦官宋奉朝在乱军中被斩杀，此外还有60余名唐朝大小官员成了俘虏。浑瑊是个久经沙场的老将，立即抢了一匹马逃离现场。

本来平凉劫盟就是针对浑瑊，而浑瑊遁逃，这是尚结赞始料未及的。于是，智谋不亚于禄东赞的他，故意对马遂的侄子马城说："我们吐蕃以马为命，我在河曲的时候，由于是春季，不利于我们作战，你叔叔马遂半渡而击，使我军大败。今日之所以求和，全是你叔叔的功劳。现在我怎么能拘留他的后辈呢？"尚结赞说这番话实际上是为了离间马遂等人与唐德宗，他认为，宦官俱文真回去后肯定会在唐德宗耳边重复这句话。果然，马遂、崔汉衡等人不久就被罢免官职，尚结赞的计谋大收奇效。

796年，吐蕃大相兼任东部节度大使尚结赞走到了人生尽头。他死后，吐蕃立即向唐朝请和罢战。然而，此时南诏又成了双方关注的焦点。

自从张虔陀的暴行迫使南诏倒向吐蕃以后，唐朝的西南边境就一直处于两面受敌的危险境地。779年，亲吐蕃的南诏王阁罗凤去世，其孙异牟寻继位。适时，吐蕃联合南诏在川滇地区发动进攻，但随后被唐朝将领李晟打败，南诏军队损失惨重。接着，异牟寻将都城迁到了羊苴咩城（今云南大理），并接受了吐蕃赞普册封的"日东王"称号。

此时吐蕃与南诏的关系已经出现裂痕，被绑在吐蕃战车上的南诏打算寻找机会脱离吐蕃控制。再者，异牟寻本身汉化程度较高，他萌生了脱离吐蕃、与唐朝结盟的想法。

从788年开始，异牟寻就尝试与唐朝建立联系。这年，吐蕃联合南诏进攻西川地区，并让南诏军驻扎在泸水北岸。如何化南诏为友的任务便落到了时任剑南节度使韦皋身上。剑南节度使、陇右节度使、河西节度使是防御吐蕃的三大支柱，这种责任重大的官职必须交给有才能、有智谋的人去担任，韦皋就是这种人。

韦皋在担任剑南节度使期间，政绩斐然。《资治通鉴》评价他在任时"重加赋敛，丰贡献以结主恩，厚给赐以抚士卒。士卒婚嫁死丧，皆供其资费，以是得久安其位而士卒乐为之用，服南诏，摧吐蕃……府库既实，时宽其民，三年一复租赋，蜀人服其智谋而畏其威，至今画像以为土神，家家祀之"。使南诏脱离吐蕃，是他外交工作上的亮点。

首先，韦皋写信给异牟寻，信中详细叙述了南诏该如何叛离吐蕃，并且故意让此信落到吐蕃手里。吐蕃一看盟友要叛离，十分不愿意，于是时刻关注南诏。韦皋的离间计开始奏效。

此时的"国际形势"已经不太利于吐蕃。早在787年，唐朝宰相李泌就提出了"北和回鹘，南通云南，西结大食天竺"的战略，目的是使"吐蕃自困"，而韦皋是"南通云南"的总负责人。他见异牟寻还不敢最终拍板，便写信给异牟寻。《资治通鉴》记载了信的内容："回鹘屡请佐天子攻灭吐蕃，王不早定计，一旦为回鹘所先，则王累代功名虚弃矣。其云南久为吐蕃屈辱，今不乘此时依大国之势以复怨雪耻，后悔无及矣。"

但是，唐朝联合回鹘攻灭吐蕃只是托词，韦皋的目的是督促异牟寻"弃蕃投唐"。异牟寻不是一个毫无主见的人，虽然没有立即公开翻脸，但每次吐蕃出兵，他都逐次减少援助的兵员人数。791年，吐蕃闻知南诏与韦皋私下联系后，立即以宗主国的身份责问原委，异牟寻回答道："唐使，本蛮也，皋（韦皋）挺其归尔，无他谋也。"

此后，吐蕃对南诏极端不信任，以各种名目扣押南诏许多贵族子嗣，并且鼓励周边酋长阻断唐朝和南诏的联系。韦皋发觉时机已成熟，于是将计就计，发兵破除亲吐蕃的当地部落，打通了云南道；此后又兵围吐蕃坚城维州，虽未能攻下，但作战中俘获了吐蕃守将论[1]赞热。异牟寻也觉得时机成熟，于是下达了所谓的"四忍四不忍"，乍看起来与清太祖努尔哈赤为报父祖之仇而立的"七大恨"类似。

794年，异牟寻公开与吐蕃决裂。他取消了吐蕃所封的"日东王"封号，并率兵攻克吐蕃60处堡垒，斩断了吐蕃通向云南的唯一交通要道——铁桥[2]。六月，异牟寻派使者前往长安献上吐蕃所赐南诏金印、地图和贡品，两国关系进入蜜月期。

赤松德赞统治时期是藏史学家公认的吐蕃黄金时代。这段时期，除了大规模

---

① "论"在吐蕃代表与赞普王室没有婚姻关系的氏族，在这里并不是指归降唐朝、改姓论的噶氏家族。与赞普王室有婚姻关系的氏族被称为"尚"。

② 在云南省香格里拉县境。唐置铁桥，跨金沙江，以通吐蕃。吐蕃于此置铁桥城，为吐蕃十六城之一。

对外扩张的军事征服，吐蕃在文化方面也颇有发展。

吐蕃的国教是苯教。苯教在吐蕃的起源和发展可以分为三个阶段：

第一阶段：笃苯。该阶段大约从聂赤赞普开始到止贡赞普结束。主要以原始信仰为主，将大自然的山河大地、日月星辰等均赋以神性，其性质属于卡尔·马克思所指的"原始宗教"。

第二阶段：恰苯。该阶段大约从止贡赞普开始到吐蕃灭亡结束。以自己本地固有的苯教（笃苯）为主，融合了来自外地（比如象雄）的苯教。恰苯以占卜之术为主，一些苯教大师编写了属于这一时期的苯教经典，比如《色米》。

第三阶段：觉苯。此阶段最早开始于拉托托日聂赞赞普时期。根据藏文史料记载，佛教传入吐蕃的时间最早不是松赞干布时期，而是拉托托日聂赞时期。由于当时吐蕃没有系统完善的统一文字，传进的佛经无法被翻译、流传。知道松赞干布时期，吐蕃才开始大规模翻译外来佛经。由于大量佛经被翻译成藏文，其理论对当地存在已久的苯教产生了巨大影响，在互相争斗的过程中又彼此融合。

赤松德赞赞普时期，吐蕃大规模扩张，接触了大量外来宗教文化。其中，来自中原地区的汉传佛教、来自天竺的印度佛教进入吐蕃宗教的文化圈。那么，佛教在吐蕃的传播和扎根顺利吗？

事实上，传播的过程很不顺利。赤松德赞继位时年纪小，朝政由大臣玛香仲巴杰和恩兰·达扎路恭把持。自从松赞干布、文成公主死后，佛教失去了政治上坚定的支持者，影响式微。笃信苯教的玛香仲巴杰还发布新规限制佛教：禁止吐蕃辖区内的一切人等信奉佛教；革除信仰佛教大臣的官职；将文成公主入藏时带来的佛像埋于地下；驱逐来自唐朝和天竺、泥婆罗的佛教僧人；将大昭寺改为屠宰场；废除佛教超度死者灵魂等仪式，均依苯教教义行事。

佛教虽说受到了严厉制裁和限制，但并未在吐蕃销声匿迹。一个名叫巴·赛囊的吐蕃官员让事情出现了转机。

巴·赛囊原本是个苯教信徒，但他对佛教的"轮回"等说法很感兴趣。根据传说，他的一个女儿不幸夭折后，他前往小昭寺找一佛教僧人超度亡灵。在做法事前，他问起了佛教的"轮回"，佛教僧人说："你在死去女孩的口中放上珍珠，并在左脸上涂上颜色，将尸体埋在你妻子床榻下，明年你妻子定会生下男孩。"

第二年他妻子果然产下一个口含珍珠、左脸上有红色胎记的男孩儿，并且这个孩子对家中事物非常熟悉。于是，巴·赛囊成了虔诚的佛教徒。

此后，巴·赛囊前往天竺学习佛法。他在天竺结识了当时著名的佛学大师寂护。他邀请寂护前往芒域，开始供养寂护。他成了寂护的弟子，跟随他学习佛法。然而此时吐蕃的形势对佛教而言还很严峻，寂护不便也不可能去见赤松德赞，只好返回泥婆罗。小赞普也为了保护巴·赛囊，以信仰佛教为由将其罢官，让他在家里休养。

随着小赞普长大，玛香仲巴杰被处死。于是，赤松德赞开始光明正大地崇佛。首先，赤松德赞恢复了巴·赛囊的职位，并且派他去泥婆罗邀请寂护。寂护在和赞普会面时表示自己修行尚浅，举荐了当时名满天竺的密宗大师——莲花生。

莲花生原是天竺邬仗那国的王子，与乔达摩·悉达多一样，他舍去了王位前去参悟佛法，精通佛教密宗。有了巴·赛囊、莲花生等人的支持，赤松德赞下令制裁苯教徒。这次制裁，被苯教史学家视为第一次"灭法期"。

佛教在赤松德赞赞普、莲花生、巴·赛囊等"拥佛派"的支持和保护下，势力逐渐壮大。由于在此之前吐蕃还没有很正规的佛家寺院和佛学学术交流场所，笃信佛教的赤松德赞斥资修建了吐蕃第一座佛寺——桑耶寺。

根据《贤者喜宴》的记载，桑耶寺历时 12 年（763—775 年）才建成，仿照的是当时印度著名佛寺那烂陀寺（Nālandā Vihāra）和欧丹达菩黎寺的布局，融合了

▲ 桑耶寺

▲ 位于今印度巴特那县的那烂陀寺遗址

泥婆罗、古印度和吐蕃的建筑风格。为了庆祝这一寺庙的建立，赤松德赞命令包括巴·赛囊在内的 7 个大臣出家为僧，即吐蕃史上第一批佛教僧人——"七觉人"。桑耶寺的建立是吐蕃佛教史上的一个里程碑。从此，吐蕃的佛事活动都在此举行。

然而，众所周知，佛教并非铁板一块。自从释迦牟尼圆寂后，历代佛教僧人因为对教义的理解不同而产生了诸多派系纷争，比如耳熟能详的大乘佛教（主张普度众生）、小乘佛教（强调修行自我）和密宗佛教（指咒语通过特殊、秘密的方式传授）。

由于吐蕃特殊的地理位置，来自中原、泥婆罗、天竺和中亚的文化很容易传入该地，故吐蕃佛教十分多元化。而来自不同地区的佛教僧人传播自己宗派的教义，难免会引起宗教教义之争。

赤松德赞时期，中原地区传入吐蕃境内的佛教是禅宗一派。当时来自沙州（今甘肃敦煌）的大乘高僧摩诃衍那受赞普之邀来到吐蕃传教。摩诃衍那宣传的教义比来自古印度的佛教教义要简明许多，因而广受欢迎，甚至赞蒙（赞普的妃子、公主）没庐氏都拜师习禅。但是，摩诃衍那的倍受欢迎引起了天竺佛教僧人的不满。

当时，桑耶寺的第一任住持寂护已经圆寂，弟子贝央继任为住持。于是，以贝央（古印度佛教）为主的"渐入派"和以摩诃衍那（中原禅宗）为主的"顿入派"展开了激烈的辩论，双方互相指责对方是"异端邪说"，并且要求吐蕃当局禁止对方的传教活动。迫于此种形势，赞普让两派在桑耶寺举行辩经大赛。

笔者受掌握的史料和知识所限，难以还原辩经大会的场景。不过根据法国藏学家戴密微（Demiéville）的著作《吐蕃僧诤记》记载，辩经的结果是摩诃衍那一方获胜；但藏文佛教史料记载是贝央派获胜。按照古印度佛教辩经的规矩，失败的一方有两个选择，一是改换门庭，一是割舌或者自杀。如果摩诃衍那辩经失败，按照规矩必须两者选其一。但根据《娘氏教法源流》的说法，辩经之后，赤松德赞非常礼貌地将摩诃衍那送回了敦煌（此时敦煌已经被吐蕃占领）。

除了兴建佛寺、打压对佛教有敌意的势力外，赤松德赞还给僧人制定了很多政策：

一是僧官制。将僧人引入吐蕃官僚体系。在此之前，吐蕃官僚体系是由氏族贵族组成。赤松德赞的兴佛运动，给了佛教僧人走进吐蕃上流社会的机会。根据

《贤者喜宴》的记载，赤松德赞设立了掌管全国佛教事务的最高官职——佛法宗师，可佩带大金文字告身。担任此职的堪布寂护去世后，巴·赛囊继任此职，同样被授予大金文字告身，地位十分显赫。从此，僧人逐步进入吐蕃官僚体系，和氏族贵族同堂议政。

二是养僧制。除了给僧人崇高的政治地位外，赤松德赞还规定 100 户属民供养一座佛教寺院，负责承担佛寺的日常花销；每 3 户属民供养一位吐蕃僧人。除此之外，僧人还能收到政府额外的物质补偿。

三是僧伽制。使寺庙享有独立的经济收入和事务管理权。赤松德赞从地方行政、经济管理权中分离出了对寺院的管理权，建立了僧伽组织，由僧伽组织对该寺庙的财政、行政进行管理。

797 年，赤松德赞赞普去世。他的死，不仅预示着吐蕃对外大规模扩张时代的结束，也成了吐蕃由盛转衰的关键点。

尾声：日渐衰落的王国

随着赤松德赞去世，吐蕃的国势开始呈现下滑的势头。

新赞普牟尼（足之煎）继位时，吐蕃的社会矛盾异常尖锐。此前吐蕃长期对外扩张，掠夺到的财物数量远远大过之前的任何时代，但这些数量巨大的财物仅仅是一些氏族贵族的专属"战利品"！他们在战争中凭借战功受到赞普的封赏，积累了大量土地、属民，生活因此变得奢侈腐化。反观平民百姓，由于频繁的战争和苦重的劳役，百姓纷纷背井离乡，有的甚至沦为奴隶。

牟尼赞普上台后要做的第一件事就是缓和这种阶级矛盾。根据《贤者喜宴》的记载，牟尼赞普延续父亲赤松德赞的养僧制度，要求全国人民供养寺庙。但是，由于贫富差距过大，贡品不仅有绫罗绸缎、金银器皿，还有破盆烂瓦、旧衣破布。牟尼赞普起初大为不解，以为这是对佛祖的大不敬和亵渎，经过一番调查后，他才发现原委。于是，他连续三次发布了要平均财物的诏令。但是，平均财物这一诏令缺乏实施的依据和基础，再加上牟尼在位才短短一年就撒手人寰，该诏令基本没有被实际执行。

牟尼死后，赞普之位由他的三弟赤德松赞继承。

与其兄长牟尼一样，赤德松赞自幼在宫中受到佛教理论的熏陶。在赤松德赞和牟尼赞普死后，尚且年幼的他在娘·定埃增的辅佐下逐渐成长。娘·定埃增是个虔诚的佛教信徒，出自有着悠久历史并对吐蕃有卓著功勋的娘氏家族。赤德松赞自幼受其教诲，心里十分偏向佛教和僧人阶层。他不仅延续了父兄的兴佛政策，还有所发展。赤德松赞在位时，吐蕃官制内出现了专门为僧人设置的官职——沙门参政大诏仪。

沙门参政大诏仪，在汉文史书内被翻译成"钵阐布"。《新唐书·吐蕃传》说："钵阐布者，虏浮屠（指佛教）豫国事者也。"那么，沙门参政大诏仪，究竟有什么职能呢？它在吐蕃官制内是什么地位呢？我们需要先梳理一下吐蕃的相制发展历程。

首先是独相制。根据敦煌出土的吐蕃文书，吐蕃有记载的第一任大相出现于南雄赞德赞普时期。但日本藏学家山口瑞凤对此有不同的看法，他认为吐蕃第一任大相早在布德贡甲时期就已经出现。从有记载的第一任大相到噶氏家族被灭，这一时期吐蕃实行独相制。这一时期的大相，可谓"一人之下，万人之上"，其职能包括：协助赞普制定法律制度，主持氏族盟会，出使异国进行外交谈判，掌管军队指挥权，代表赞普对地方行使管理权。

噶氏家族被灭后，大相这一职位无人也没人敢担任，因为此时是吐蕃君权逐渐加强的时期。鉴于此前大相"专属户"噶氏家族独揽大权的历史教训，赞普将独相制变成了多相制。

多相制，实际上是由众多宰相组成"宰相会议"。此时的大相虽然是众相之首，但其权力被手下众相削弱分化。宰相之间可以互相制衡、互相监督，防止出现一家独大的局面。但是，并不是所有宰相都有事情做，有些宰相被授予的是虚职，并没有实际负责的工作。于是，由大相领头的"宰相会议"，成了赞普最高顾问委员会和决策机构。这种会议有个专门的称呼——小御前会议。

经历了一人独揽大权的独相制和众多宰相互相制衡的多相制以后，吐蕃统治高层避免了君权旁落，官制的发展步入正常轨道。但是，随着佛教在吐蕃的逐渐兴起，僧人阶层开始进入吐蕃统治高层。于是，吐蕃相制中的特殊形式——僧相制应运而生。

吐蕃的第一任僧相是娘·定埃增和勃阐伽允丹。赤德松赞时期的盟誓大会的名单记载了娘·定埃增的职位——沙门同平章事，可以进入小御前会议。而根据《唐蕃会盟碑》的记载，勃阐伽允丹被任命为"沙门参政大诏仪"。

"沙门同平章事"和"沙门参政大诏仪"均可统称为"僧相"。然而，两者是有区别的。其一是职能上的区别。李方桂先生通过对《唐蕃会盟碑》碑文的研究和解读，得出了沙门参政大诏仪"权及内外"，也就是负责内外的事务；沙门同平章事的工作则是辅助沙门参政大诏仪，是其下属。其二是地位上的不同。根据《册府元龟》的记载，唐朝使节刘元鼎出使吐蕃时，看到了吐蕃宰相们的站位：允丹"立于赞普座右，其余宰相大臣均列于台下"。显然，沙门参政大诏仪在地位上高于所有吐蕃官员。

虽然僧相权势大、地位高，但由于其笃信佛教，不敢违抗佛教不杀生的禁忌，所以对外扩张的军权交给了"天下兵马元帅同平章事"等世俗宰相。

赤德松赞除了设立"僧相"外，还制定了吐蕃境内僧侣免除一切徭役赋税的政策，僧侣生活所需物资均由政府和供养者提供，并且规定寺庙田产不得买卖和兼并。另外，他还十分注重译经质量，制定了严格的程序确保译经的标准化。总之，在当时的僧侣眼里，赤德松赞是个好赞普。

815年，年仅40岁的赤德松赞驾鹤西去。他的儿子热巴巾（意思是有辫子的人）继位，汉文史书称他为"可黎可足"。

热巴巾继位时，吐蕃与唐朝互相征伐已有百年之久，两国十分疲惫；而在与兴起的回鹘等势力的相互角逐中，吐蕃也始终未能取得实质性的有利地位；此外，随着国内佛教势力的兴起，僧侣阶层参与国家军政，在很大程度上使吐蕃放慢了对外扩张的脚步，转而与唐朝议和。

议和的转机出现在817年和820年。817年，吐蕃遣使前往唐朝长安报丧。唐朝立即停朝三日，派遣使者前去参加赤德松赞的葬礼。同时两国达成协议，释放彼此的战俘。820年，唐穆宗即位，吐蕃遣使前去朝贺，并且赠送了重礼。双方互相遣使虽说是平常的礼节，却结束了自赤松德赞以来两国长期的"外交冰冻期"，两国关系开始从敌对向友好转变。

821年，吐蕃派遣使者前往长安递交国书，表达了愿与唐朝和好的愿望。经过数次友好谈判后，双方达成了会盟的共识，遂于长庆元年（821年）十月、长庆二年（822年）五月先后在长安附近和吐蕃都城逻些进行会盟。823年，唐蕃的议和官员在拉萨立下盟誓碑，即著名的唐蕃会盟碑。

会盟碑规定了双方的疆界，并约定在将军谷设立边市进行贸易。于是，后世史学家将821—823年这些事件统称为"长庆会盟"。吐蕃赞普热巴巾为了庆祝和纪念这一难得的和平，给自己取了个年号，叫"彝泰"，取长久安泰的意思。这个年号是吐蕃史上唯一的一个年号。

从823年唐蕃会盟碑树立以后，双方渐渐进入前所未有的"蜜月期"。然而，在真正进入"蜜月期"之前，发生了一个值得一说的突发事件——维州事件。

大和五年（831年）九月，吐蕃维州（今四川理县）守将悉怛谋想投降唐朝，就向时任西川节度使的李德裕提出请求。李德裕接到消息后，心里十分激动。维州是吐蕃在四川的著名坚城，又名"无忧城"。在此之前，心机颇深的剑南节度使韦皋都未能攻下此城。维州守将投诚，如同天上掉馅饼一样，刚刚上任的李德裕哪里会放过这个大好机会。但是，李德裕是个官场老手，他想要知道悉怛谋葫芦里卖的是什么药，献城究竟是真是假，于是派人联络悉怛谋。悉怛谋深知自己私自献城的罪过颇重，没等到李德裕答复就抢先一步率领守军将士弃城出逃，奔入今成都。李德裕见状，立即派兵进驻维州城，防止生变。

李德裕就这么"戏剧性"地

▲ 唐蕃会盟碑，立于大昭寺门前

得到了维州，这件事在唐朝和吐蕃迅速传播开来。吐蕃当局觉得被羞辱了，因为崇尚勇武的吐蕃在此之前没有成建制投降的纪录，好端端丧失了一座城，岂不让天下人耻笑吗？因此，吐蕃方面十分痛恨悉怛谋一行人的所作所为。唐朝兵不血刃得到维州城理应是件值得庆贺的事，但唐朝内部却因此再次陷入党争的混乱中。

李德裕得到维州后，以为现在是进攻吐蕃的大好时机——"东北繇索丛岭而下二百里，地无险，走长川，不三千里，直吐蕃之牙"（《新唐书·李德裕传》），

牛李党争

唐宪宗到唐宣宗时代，以牛僧孺、李宗闵为首的牛党和以李德裕、郑覃为首的李党之间的斗争历时 40 余年。双方的争斗起源于一件微不足道的事。

唐宪宗在位时期，有一年长安举行科举考试，举人牛僧孺、李宗闵在考卷里批评了朝政，但考官认为两人符合择录标准，便把他们推荐给了唐宪宗。这件事传到宰相李吉甫（李德裕的父亲）的耳朵里。李吉甫对这两个批评朝政、揭他短处的人十分不满，恐他二人对自己不利，于是在唐宪宗面前说这两个人与考官有私人关系。宪宗信以为真，就把几个考官降了职，牛僧孺和李宗闵也没有受到提拔。此事引起朝野哗然，大臣们争为牛僧孺等人鸣冤叫屈，谴责李吉甫嫉贤妒能。迫于压力，唐宪宗只好于同年将李吉甫贬为淮南节度使，另任命宰相。这样，朝臣中分成了对立两派。但此时李德裕、牛僧孺尚未进入朝廷供职，所以派系斗争色彩尚不浓厚。

因为此前受李吉甫的压制，牛僧孺、李宗闵入朝后将不满情绪发泄到了李德裕身上。但是，陈寅恪先生在《唐朝政治史述论稿》中分析了牛李二党的地位，认为李党代表北朝以来传统的山东士族阶层，牛党则代表科举出身的新兴官僚阶层。或许是这种地位上的差距，让双方展开搏杀，以维护各自代表的利益。"维州事件"，恰恰是牛李党争的缩影。

于是上奏朝廷，建议攻伐吐蕃。李德裕这一设想得到了皇帝及许多大臣的赞同，而牛僧孺认为此法不妥。在他看来，朝廷已经和吐蕃修好，并且有会盟碑的实物铁证在，如果因为这件事悍然进攻吐蕃，影响将极为恶劣。他驳斥李德裕道："若因为得到一座维州城就悍然发动战争，第一没法撼动吐蕃的势力，第二会让自己的信誉大打折扣。现在吐蕃发兵，不出三日就能到达咸阳桥，那时你要千百个维州城又有何用？"牛僧孺这席话如雷贯耳，立即使皇帝醒悟过来。他指示李德裕将维州城还给悉怛谋，李德裕见状，无可奈何地派人去联络悉怛谋。

此时的悉怛谋已在成都，本以为自己能安享太平，不料得到了李德裕将维州送还给他的消息。于是，他怀着不安、悲伤的心情踏上了归途。行至边境，悉怛谋就被吐蕃边将杀死。维州事件就此告一段落。对此，司马光有一段评论：

> 是时唐新与吐蕃修好而纳其维州，以利言之，则维州小而信大；以害言之，则维州缓而关中急。然则为唐计者，宜何先乎？悉怛谋在唐则为向化，在吐蕃不免为叛臣，其受诛也又何矜焉！且德裕所言利者也，僧孺所言义者也，匹夫徇利而忘义犹耻之，况天子乎！

在热巴巾时期，僧侣和佛教又得到了进一步的保护。热巴巾不仅彻底免除了僧侣的一切徭役赋税，加强了对他们的物质供养，使其成为吐蕃社会结构的一个特权阶层，还制定了更加严格的"僧侣保护法"：凡是用手指僧侣的人，被发现后要砍其手；凡是对僧侣怒目而视的人，要剜其双眼。然而，赤松德赞、牟尼、赤德松赞和热巴巾四任赞普推行的"崇佛政策"，却引起了信奉苯教的氏族贵族的反感和仇视。那么，吐蕃赞普为什么要冒这种风险大力推崇佛教？这种一味推行佛教的政策最终导致了什么后果？

首先，我们要理清吐蕃赞普和氏族贵族之间的关系。赞普虽说是最高统治者，拥有最高行政权、军事权，也被吐蕃人视为天神的化身，但并不能随心所欲地行使权力，反而处处受制。如前文所述，吐蕃是一个部落联盟性质的国家，国家权力名义上由赞普一人独享，但实际上并不如此。

首先，根据早期苯教的教义，赞普王室和氏族贵族是关系平等的兄弟，既然是兄弟，权力当然要共享。于是，氏族贵族们就要求与赞普共享权力。然而，历代吐蕃赞普对此内心是拒绝的。他们认为，打着苯教教义的旗号来与自己分享权力，其最终目的是削弱赞普王室的影响力。于是，他们打算寻找另一种宗教力量来协助对抗，于是选中了佛教。实质上，双方都是打着宗教的旗号来展开权力对抗。从赤松德赞将僧侣引入吐蕃官僚体系，再到之后设立"僧相"一职可以看出，赞普要借提升僧侣阶层的政治地位，打压传统氏族贵族的势力。

其次，赞普并不能完全按照他本人的意愿行使权力。前文我们提到了"小贵族会议"（即小御前会议），除此之外，还有个"大贵族会议"。所谓的"大贵族会议"，就是由除宰相之外的官僚贵族组成的会议。赞普首先将需要行使的权力交给小贵族会议讨论，然后再由大贵族会议讨论，实际上是一种告知。最终，等两"会"都同意了，权力才能行使。赤松德赞将僧侣引入官僚体系和之后赤德松赞设立僧相两事可以看出，赞普想在小贵族会议中找到支持者。之后，随着僧侣地位抬高，小贵族会议、大贵族会议的职能就不那么明显了，因为僧侣成了赞普的主要顾问。

再次，吐蕃后期颁布的一系列崇佛政策，诸如七户养僧制、豁免僧侣一切徭役等，很大程度上削弱了吐蕃的农业生产水平和军事力量。吐蕃的军制，实际上是以部落兵制为主，所有平民都有义务当兵参战。在大规模、长时期的扩张战争中，许多氏族发了财，极大地满足了自己的物质生活需求。然而，由于战事延长，吐蕃平民的经济压力越来越大，加之瘟疫和天灾爆发，情况变得更加糟糕。于是，很多平民要求皈依佛门，以求豁免徭役和兵役，躲避战乱和饥饿带来的痛苦。大批平民削发为僧后，传统氏族贵族的兵源越来越少，自身经济入不敷出不说，手中土地也因没人照料而变成荒地。所以，吐蕃与唐朝彻底握手言和。

由于氏族贵族的利益受到极大的损害，有些氏族官员就按捺不住了，他们把屠刀伸向了赞普热巴巾。据《贤者喜宴》《西藏王臣记》记载，一日午后，热巴巾正醉醺醺地享受着日光浴，这时，大臣韦·甲多热和属卢·列扎从背后偷袭他，先用钝器打碎了他的颈椎，然后扭断了他的脖子。热巴巾就这样离开了人世。

热巴巾无嗣，于是韦·甲多热拥立朗达玛为赞普。朗达玛"嗜酒，好畋猎，喜内，且凶愎少恩，政益乱"（《新唐书·吐蕃传》）。《资治通鉴》记载，朗达玛"荒淫残虐，国人不附，灾异相继，吐蕃益衰"。由于朗达玛无能昏庸，大权落在了以韦·甲多热为首的"反佛派"手中。

韦·甲多热等人先后铲除了娘·定埃增、赞普热巴巾等"拥佛派"的中坚人物，一时间，僧侣和佛教陷入了前所未有的危险境地。吐蕃历史上第二次灭佛风潮即将掀起。

与前一次灭佛行动一样，韦·甲多热等"反佛派"下令关闭全国的寺庙，停建在建的寺庙，撤销佛经译场，大量销毁佛经，甚至逼迫部分僧人参军服役，将大昭寺等大型佛寺改造为血腥的屠宰场……"反佛"风潮如火如荼，激起了僧侣们的怒火。他们将报复的矛头指向了和这次"反佛"运动并无实际关联的朗达玛赞普。

禁佛的这一年里，吐蕃境内自然灾害不断："自是国中地震裂，水泉涌，岷山崩，洮水逆流三日，鼠食稼，人饥疫，死者相枕藉……"（《新唐书·吐蕃传》）。佛教徒认为这是上天的报应，加之自己的人身安全和利益受到极大的危害，于是他们准备反攻。这时，努氏家族的成员努·桑杰益西找上了一位佛学素养很高的僧人，名叫拉陇贝吉多杰（以下简称"多杰"）。桑杰益西请他出面拯救佛教，谋杀朗达玛赞普。多杰是行伍出身，在出家之前曾经率兵镇守边关多年，他答应了桑杰益西的请求，带着弓箭奔往逻些。朗达玛尚不知自己死期将至，在落日的余晖中审视着先祖树立的唐蕃会盟碑，突然一支飞箭射来，他的生命便结束了。但是，谁也没想到，多杰射出的飞箭引发了之后一系列的动乱，这些动乱加速了吐蕃的崩溃。

朗达玛死后，吐蕃出现了三次大动乱。

由于赞普之位空悬，选谁当继承人成了必须解决的问题。继承人有两个人选，一个是正妃那囊妃的养子——永丹，另一个是沃松。由于那囊氏家族势力过大，几乎没人可与这股力量抗衡，因而赞普的王冠落在了3岁的永丹身上，由那囊妃摄政。但那囊妃摄政后独揽大权，很多大臣对此不满。他们将沃松立为赞普，并视其为正统。于是，吐蕃出现了两个赞普，两个权力中心。永丹派和沃松派为了争夺最终的国家统治权而相互倾轧，这也是吐蕃历史上的"长幼之争"。

吐蕃最高权力中心的动荡很快传到边境，引起了一批心怀鬼胎、拥兵自重的将领的注意，其中就有洛门川讨击使论恐热。论恐热出身苏毗王族，因家族早年被吐蕃征服，不得已向吐蕃称臣。如今到了他这代，吐蕃内部的虚弱和瓦解使他感到起兵的机会已经到来。于是他联合吐蕃青州节度使共同举兵，并自称为"国相"。论恐热率军在渭州遇到了屯驻在此的吐蕃大相尚思罗，尚思罗势单力薄，很快就被打败。随后，论恐热实力大增，推进到松州。

论恐热叛乱给本已混乱的吐蕃制造了更深的动荡。正当论恐热大张旗鼓继续前进时，一个人挡在了他的面前，这个人就是出身吐蕃大族末庐氏的尚婢婢。

与武夫出身的论恐热不同，尚婢婢为人宽厚，并且饱读诗书，富有计谋和远见。他知道自己的兵力无法和论恐热相抗衡，于是摆出十分怯懦的姿态。他一面送食物给论恐热，赞扬他拯救国难有功；一面写信给论恐热，信中说："我是个读书人，除了喜欢读书别无他求，蒙受先赞普（指热巴巾）授予我一官职，勉强苟活到今日。如果您能放过我，保证我的人身安全，我今后就对您言听计从。"论恐热果然上当，他大笑道："尚婢婢果然是个书呆子！这么一个书呆子，怎么能阻挡我的步伐？"于是，他更加放心地进攻。

会昌三年（843年）九月，论恐热屯兵大夏川。尚婢婢派他麾下的两员大将——庞结心和莽罗薛吕前去迎战。战前，尚婢婢特意设置了一个口袋阵，并让部将故意前去辱骂论恐热。论恐热不堪辱骂，毫无理智地率军穷追，中了尚婢婢的埋伏，几乎全军覆没。此后，尚婢婢的部将拓跋怀光于咸通六年（866年）在鄯州俘虏了论恐热，并处死了他。论恐热之乱就此宣告结束。

论恐热虽然死了，但并不意味着吐蕃就此转危为安。更大的动乱还在后面。

第二场动乱是沙州张议潮起义。沙州，即今甘肃敦煌，早在786年，吐蕃就占领了敦煌。为了巩固在敦煌等地区的统治，吐蕃仿照唐朝节度使制度，设立了所谓的"东道节度衙"。根据匈牙利藏学家乌瑞（Uray）、日本藏学家山口瑞凤对敦煌文书的研究考证，吐蕃东道节度衙下辖青海、沙州、鄯州、河州和瓜州。其长官在一定时间内由吐蕃大相兼任，负责这一地区的军事、民事等事务。后来随着战事的增多，吐蕃对这一地区的人力、财力征用越发频繁。

尚婢婢和论恐热的火并，使远在沙州的张议潮觉得是时候率领部众脱离吐蕃的控制了。于是，他在里应外合的有利条件下占领了沙州。851年，张议潮致书唐朝皇帝，表示愿意归顺。唐宣宗封张议潮为沙州防御使。此后，张议潮逐步扩大势力，"收复"了唐朝的失地。大中五年（851年）十一月，他因此被提拔为归义军节度使。于是，一个以张议潮为领导核心的地方政权——归义军登上了历史舞台。

第三次动乱是著名的嗢末、邦金洛大起义。随着吐蕃对地方的控制力逐渐减弱，再加上长期积累的宗教和社会矛盾，吐蕃底层的百姓、奴隶终于揭竿而起，给了即将倾覆的吐蕃王朝最后一击。

首先起义的是被称为"嗢末"的社会群体。根据《新唐书·吐蕃传》的解释，"嗢末"指的是吐蕃的奴隶阶层。奴隶，是吐蕃社会的最底层，也是人数最多、成分最复杂的阶层，包括吐蕃对外征战时俘虏的当地原住居民，如中原（唐）人、吐谷浑人、回鹘人、尼婆罗人、突厥人等。张议潮也在他的奏章上说道："嗢末百姓本是河西、陇右陷没孙。"随着吐蕃当局陷入动乱，奴隶们纷纷揭竿而起，杀死吐蕃官员，夺取城池，与唐朝建立"外交关系"（实质上是换取唐朝对其政权的承认和保护）。

在河湟地区爆发"嗢末"起义的同时，吐蕃内地发生了更大规模的起义。这场起义，被称为"邦金洛（藏语，意为平民）起义"。邦金洛起义与朗达玛赞普死后的"长幼之争"和吐蕃赞普兴佛有十分紧密的联系。"长幼之争"是当地氏族之间的攻伐战争，但氏族的兵源来自当地平民（"桂"阶层），然而这些平民很容易受氏族首领的蛊惑。原因在于之前吐蕃王室的兴佛政策，如七户养僧制，引发了平民的强烈不满。而氏族贵族们由于之前被兴佛的赞普排挤打压，再加上凡是进入僧侣阶层的人豁免一切徭役赋税，氏族贵族的利益大大受损。因此，无论是平民还是贵族，心中都有仇恨的火焰，而平民受到的压力更大。根据《贤者喜宴》的记载，邦金洛大起义的目标是摧毁历代吐蕃赞普的陵墓。关于吐蕃赞普陵墓的内部情况，《旧唐书·吐蕃传》的说法是："以人为殉，衣服珍玩及尝所乘马弓箭之类，皆悉埋之。"《王统世系明鉴》（汉译本）记载："（松赞干布陵）大小之量正好是一由旬，形状正方中间如同网格……陵内的网格填满珍宝……"

昔日强大一时的吐蕃在内乱中走到了尽头。吐蕃崩溃后，原吐蕃的氏族贵族、赞普王室后裔纷纷在故土上建立政权，著名的有拉达克王朝、古格王朝、青唐政权等。这些政权虽然在实力上远逊于昔日强大统一的吐蕃，但仍旧有顽强的生命力。然而，那又是另一段波澜壮阔的历史了……

参考文献

[1]（后晋）刘昫 . 旧唐书 [M]. 北京：中华书局，2014.

[2]（宋）欧阳修，宋祁 . 新唐书 [M]. 北京：中华书局，2015.

[3]（宋）司马光 . 资治通鉴 [M]. 北京：中华书局，1956.

[4] 巴卧·祖拉臣哇 . 贤者喜宴 [M]. 黄颢，译 . 北京：中国社会科学院民族研究所，
1989.

[5] 安应民 . 吐蕃史 [M]. 宁夏：宁夏人民出版社，1989.

[6] 林冠群 . 唐代吐蕃历史与文化论集 [C]. 北京：中国藏学出版社，2011.

[7] 敦煌吐蕃文书译释 [M]// 王尧 . 王尧藏学文集第四卷 [C]. 北京：中国藏学出版社，
2011.

[8]（俄）李特文斯基 等编 . 中亚文明史 [M]. 北京：中国对外翻译出版公司，2003.

[9] 邓广铭 . 隋唐五代史讲义 [M]. 北京：中华书局，2015.

太建北伐预演

南陈平定江州豪强叛乱

作者／陈峰韬

南朝陈天嘉六年（565 年）七月，陈文帝陈蒨终于等来了盼望已久的消息，为祸数年的江州豪强周迪被斩首于临川，临川太守骆文牙以最快速度把周迪的首级送到京师建康。皇帝陛下心中一块悬着的大石头落了地，但这场为时 6 年的超级叛乱似乎耗尽了他的心血，8 个月后他便溘然长逝。不知临死前的陈文帝是否会想起，永定三年（559 年）他刚刚听说江州豪强叛乱时的心情……

乱世其惟武称雄——打遍陈朝名将者究系何人

公元 6 世纪中叶，南朝以侯景之乱为标志，揭开了最后一个朝代——陈朝的序幕。中国历史上第二高寿的皇帝梁武帝萧衍，没有处理好侯景投降事宜，后者遂以八百残兵起家，一路狂飙突进，挟十万之众打破台城，将梁朝撕得粉碎。

在平定侯景之乱的过程中，名位卑下的吴兴陈霸先凭借过人的才智和武力，逐渐崛起，并打败梁末第一军神王僧辩，于梁敬帝太平二年（557 年）十月建立陈朝，改元永定，是为陈武帝。

陈朝建立之后，军事形势极其严峻。在荆湘一带，前梁朝故将王琳与陈霸先势不两立，宣称要复辟梁室，发兵攻取湘州、郢州等地。王琳是兵家出身，长相奇伟，站直时头发长到垂地。他本是梁元帝（梁武帝之子萧绎）妃子的兄弟，掌握着万余人的兵力。王琳折节下交，对部下非常好，士卒皆乐为之死。面对这一心腹之患，陈霸先即位后，于永定元年（557 年）十月即起倾国之兵西上进攻王琳，陈朝开国名臣猛将侯安都、周文育、吴明彻、徐敬成、周铁虎率兵倾巢出动，不料在沌口（今湖北汉阳东）惨败，除吴明彻外，其余 4 名大将全部被俘。本文主角之一、陈文帝陈蒨（时为临川王）临危受命，于永定二年（558 年）八月再发兵 5 万西上进攻王琳。放眼北方，陈朝与北齐刚刚经历了几次大战，北齐入侵江南的 10 万大军全军覆没，两国结下了死仇。从地方势力一跃成为国家核心，陈武帝和他的陈朝遽然承担起四面八方的压力，陷入风雨飘摇之中。

江州的四姓豪强，便是在这一时期拉开叛乱的序幕。

所谓四姓豪强，是指以豫章熊昙朗、临川周迪、东阳留异、晋安陈宝应为代表的四股较大的地方豪强势力。在梁陈易代之际，他们利用陈朝对外战争频繁、无暇顾及地方势力的机会，盘踞一方，彼此勾结，把江州这一广大地区几乎经营成豪强势力的自留地，给陈朝中央带来无穷的祸乱，以至于陈朝不得不投入全部兵力，派出开国名将轮番参战，最终花费 6 年时间才扑灭叛乱。

那么这四姓豪强究竟是什么状况，且来逐一梳理。

第一个是熊昙朗，豫章郡南昌县的大姓豪强。所谓大姓，即地方宗族势力的代名词。梁陈易代之际，侯景之乱带给江南极大的破坏，最突出的表现有两点：其一是中央政权被摧毁，江南几大行政区域呈土崩瓦解之势，荆州、湘州、郢州、扬州、江州、广州、益州各自为政，互相攻伐；其二是士族被大量屠杀，南朝二百余年来士族的衰落从量变完成了质变，他们不仅丧失了对中央政权的影响力，在地方的控制力也遭到毁灭性的打击，终于彻底退出了政治舞台。这两个方面的变化直接导致地方豪强势力崛起。熊昙朗状貌奇伟，膂力绝人，他利用大姓宗族的影响力，号称保据乡里，不断召聚乡民扩大武装，就连附近啸聚于山林的桀黠群盗也往来应和归附。

彼时江南各地都出现了乡民聚党自保的现象，《陈书·文帝纪》载："侯景之乱，乡人多依山湖寇抄，世祖独保家无所犯。时乱日甚，乃避地临安。……时宣城劫帅纪机、郝仲等各聚众千余人，侵暴郡境……"《陈书·荀朗传》载："侯景之乱，朗招率徒旅，据巢湖间，无所属。……时京师大饥，百姓皆于江外就食，朗更招致部曲，解衣推食，以相赈赡，众至数万人。"《陈书·鲁悉达传》载："侯景之乱，悉达纠合乡人，保新蔡，力田蓄谷。时兵荒饥馑，京都及上川饿死者十八九，有得存者，皆携老幼以归焉。悉达分给粮廪，其所济活者甚众，仍于新蔡置顿以居之。招集晋熙等五郡，尽有其地。"

中央政权为了笼络这些豪强势力，不得不授予他们所在州的太守之职，好让他们出力进攻侯景。各地豪强力量有大有小，与中央的关系也不尽相同。以荀朗、鲁悉达等为代表的势力与中央保持了一致，在陈朝建国过程中立下不少功劳，逐渐被吸收改编为国家武装力量。熊昙朗则是与中央对抗的典型代表。

梁末陈初，岭南实力派萧勃率军北上进攻江州，与中央为敌。战争发生在熊昙朗本乡附近，他周旋于两方之间，一边哄骗萧勃的部将欧阳頠，声言帮他进攻陈霸先的大将黄法氍，但需要其支援一些甲杖物资，欧阳頠信以为真，便送给他

300领铠甲；一边找到黄法氍，与之约定共同击破欧阳頠。待到决战那天，熊昙朗与欧阳頠以掎角之势向前，两军合战时熊昙朗却率军逃跑，欧阳頠被黄法氍打得大败亏输，熊昙朗趁机尽取其军马器械，充实了自己的力量。

除了对朝廷虚与委蛇、巧计渔利，对待本乡的小股豪强，熊昙朗也是要尽手段，千方百计扩大自己的势力。巴山豪强陈定也拥兵立寨自守一方，熊昙朗假意嫁女于陈氏，又伪称临川的其他豪强不同意两家结亲，有可能会武力干预，要求陈定派兵来接亲。陈定攀上这个大豪强，高兴还来不及，哪里会想到其中有诈。他派了300名甲士和本乡头面人物去接亲，不料被熊昙朗全数扣押。熊昙朗声称，想要人可以，一个一个按价赎买。可怜陈定小家小户，部下实力有限，哪里经得起这般黑吃黑。虽然史书没有记载他的下场，估计在熊昙朗面前讨不了好去。据《陈书》熊昙朗本传记载，"兵力稍强，劫掠邻县，缚卖居民，山谷之中，最为巨患"。

第二个是周迪，临川南城（今江西南城）人。侯景之乱时，其宗族首领周续起兵称雄于本郡，梁朝驻本郡太守萧毅畏惧豪强势力，拱手让出临川郡。周续所统诸军大将，都是本郡豪强，一贯骄横霸道、不服管辖，周续申明纪律要加以管束，结果众豪强不服，联手杀了周续，推举周迪做了临川郡守。周迪在工塘（江西南城东南40余里）筑起新城，继续扩大武装规模，实力越来越强。萧勃率军北上进攻江州，与陈军[1]展开激战，周迪按兵不动，坐观成败。陈军大将周文育不敢得罪这位地方实力派，只是客客气气地请周迪提供一些必要的援助。周迪没有派兵援助，但给陈军提供了大量粮饷，为消灭萧勃起到了较大作用，周迪因此得到了江州刺史的职位。江州的范围大致包括今天江西、福建的大部以及浙南一部分，地盘极其广大，经过东晋南朝二百余年的开发，农业经济已相当发达。周迪这个刺史事实上并不能统管江州所有地盘，熊昙朗、陈宝应等豪强仍然各行其是，但能得到这一任命，无疑极大地刺激了他划境自守的政治野心。

第三个是留异，东阳郡（今浙江金华）大姓。他在本乡仗势欺人，连郡县长官都不放在眼里，一直是地方官的心头之患。侯景叛乱爆发后，各地豪强纷纷聚

---

[1] 此时还是梁末敬帝朝，但权柄已转入陈霸先手中，为方便称呼，文中对陈霸先一系势力统称为陈军。

兵勤王，还在外地做县令的留异奔还东阳，大肆招募本乡子弟编成武装力量。大约是这种明目张胆的行动引发了官方的强烈不满，东阳郡的郡丞与留异产生了矛盾，留异凭借手中的武力，公然引兵杀了郡丞全家。东阳太守沈巡要带兵去建康台城勤王，大乱之际，无暇兼顾本郡这些事，与临川郡把太守让与周氏如出一辙，沈巡也把东阳太守之位让与留异。

留异似乎也抱有一定野心，想要借平乱之役进一步捞取资望和利益，便让他的侄子留超在东阳临时负责，他自己率子弟兵跟随沈巡北上救援台城。只是这位实力派并没有什么长远的见识，他也预料不到侯景之乱到底是什么能量级的叛乱。各地的勤王兵马在台城下被侯景击败，于是一哄而散各还本乡，留异好处没有捞到，灰头土脸地跟着梁朝临城公萧大连（梁武帝之孙，简文帝萧纲之子）回到东阳。

侯景攻下台城后，派大将宋子仙率兵追击萧大连于东阳。留异抵挡不住宋子仙，便反戈一击，带领宋子仙擒获了萧大连。由此，留异被侯景任命为东阳太守。然而他并没有得到侯景的全部信任，其妻小被带到建康作为人质，以控制其行动。

侯景之乱被平定后，留异先后被梁元帝和王僧辩授予官职。得到官方任命的留异愈加公开地扩大私人武装，俨然成了东阳一带的土皇帝。陈霸先收取三吴之地的战争中，留异虽然表面支持，并给陈氏提供粮饷，但实际上陈霸先很明白时下的形势，他不仅不敢征调东阳的兵力参战，还得对留异加以笼络——把陈蒨的女儿嫁给了留异儿子，以确保东阳不添乱。即使是这样，留异也不肯完全支持陈霸先，还暗中与盘踞在湘州的王琳通使往来。

第四个陈宝应，晋安候官人，是闽中四大姓之一。陈宝应之父陈羽是本郡豪杰之士，他充分利用了梁末晋安郡频繁出现的叛乱，游走于官军和叛军之间，一方面不断煽动大族发动叛乱，一方面又引导官军袭破之，在这个过程中逐渐扩大了自己的武装。《陈书·陈宝应传》甚至说："由是一郡兵权皆自己出。"到了侯景之乱时，梁朝中央完全丧失了对地方政权的控制，陈氏在晋安的影响力更加强大，晋安太守萧云虽是梁朝宗室，也已无法压制陈氏，便主动将官位让与陈羽。陈羽夺得晋安一郡，自己主持政事，让他的儿子陈宝应管军。陈宝应极有谋略，他趁着三吴地区被侯景搅得一片糜烂之际，不断派兵从海道北上，抄掠浙东临安、永嘉、会稽等郡县，掠夺人口。同时他还带着晋安的米粟到会稽等地进行贸易，换来大批玉帛财货。彼时三吴地区天灾人祸横行，发生严重的饥荒，许多饥民都逃到相对富庶的晋安，充实了晋安的人口。陈霸先代梁后，为了安抚江州的形势，允许陈羽将太守之位传给陈宝应。到了陈文帝即位后，因为要应付湘州的战事，不得不对江州诸豪强表示出更大的诚意，于是陈宝应被录入陈朝皇族宗籍，家中子女无论大小都被赐予了爵位。

身逢兴运犹乱常——连珠炮式的地方豪强叛乱

陈永定元年，因为熊、留、周、陈诸人"共相连结，闽中豪帅，往往立砦以自保"，陈武帝遣给事黄门侍郎萧乾入江州，向诸豪强传达招抚的意图。

萧乾是南齐高帝萧道成的曾孙，其人只以书法、经义闻后，并无多大才能，派他去江州反映出陈武帝对江州并无野心。江州诸豪强在形式上表示拥护陈朝，陈武帝就势任命萧乾为建安（今福建建瓯）太守，但可怜萧乾一介文官，手下并无一兵一卒，未对江州形势产生任何影响。羁縻政策究竟只是暂时的，一旦形势发生变化，拥有武力的江州豪强必将起兵作乱。

陈永定三年，熊昙朗最先发动了叛乱。

事实上陈武帝在经营西、北两面时，已经逐步对江州众豪强采取了一些动作。王琳及岭南萧勃与陈朝开战期间，新吴（今江西奉新）豪强余孝顷屡屡响应二者起兵，陈朝主力大军多次进击余孝顷部。永定三年，为了彻底消灭这一股豪强势力，陈朝开国头号大将周文育率军再次进攻余孝顷弟弟孝劢、儿子公飏所率残部。熊昙朗与周迪均参与了这场战役，听从周文育的指挥。而当年四月，临川王陈蒨、镇北将军徐度先后率众筑城于南皖口（今安徽安庆西，皖水入长江之口）。这一举动明面上是防备王琳沿江东下进攻，实则不止如此：南皖口与豫章郡距离很近，如果陈军彻底拿下新吴，又有了一座威胁江州的军事要点，那豫章就危险了。不管陈武帝彼时有没有对豫章产生想法，这两个行动都十分敏感，利益所系，熊昙朗从中嗅出不一样的味道。

周文育率诸军迅速击败余孝顷残部，新吴本来将毫无悬念地被陈军收入囊中，但湘州王琳出于唇亡齿寒的考虑，派兵东下援救新吴，陈军猝不及防，吃了一场败仗。熊昙朗所部万余人似乎并未参与到作战中，周文育率本部人马移就熊部，暂避王琳军队的锋芒。

胜负本是兵家常事，周文育对此并不十分在意。他是陈霸先帐下最得力的大将之一，幼时便甚有勇力，能够在水中来回游数里之远，平地起跳能蹦五六尺高，其家人让他读书书，他说："谁能学此？取富贵但有大槊耳！"因而学习骑射，练就一身武艺。后来他在梁朝名将陈庆之帐下效力，战功卓著。陈霸先平定广州后，周文育归入其麾下，在平定侯景之乱、进攻王琳、抗击北齐等历次大战中，周文育立下汗马功劳，深受陈武帝的倚重。

这场小小败仗并未挫动大军根本，以 20 余年戎马生涯的经验，周文育明白，只需稍事休整，利用好熊昙朗这支生力军，很快便能击退只有区区 2000 人的王琳援军。虽然已经有传言说熊昙朗似乎要有异动，但周文育考虑到新败之后部队数量处于劣势，如果先发制人造成内讧，势必会导致故军趁乱进攻；况且熊昙朗如有异动，必会招致陈军主力的反制，对熊昙朗而言，这样代价未免太大。思之再三，周文育最终放松了对熊昙朗的防备。恰巧在这时，被击溃逃散的周迪派人送来了书信，说诸部败残人马都已收拢。周文育见信大喜，随即持信去见熊昙朗，意思是要他效法周迪，一齐为国家效力。然而熊昙朗在心里已经完成了所有转折。一边是陈朝的步步紧逼，一边是王琳的不断招诱，周文育的这场败仗最终促使他下定了决心——与陈朝分道扬镳！熊昙朗不由分说，在座间命人杀死周文育，并迅速分兵制住周文育麾下大小诸将，吞并其所部官军，而后率兵退过浊水，进入新淦县（今江西樟树市），沿赣江摆开城池据守，正式与陈朝为敌。其时，江州诸豪帅虽然互相勾结，但并未与中央撕破脸，熊昙朗公然举兵对抗中央，立时与其余豪帅产生了矛盾，其中尤以与新淦相隔不远的临川为甚。

熊昙朗要想在江州地区生存下来，单靠豫章一郡万万难为，何况豫章郡已被陈军借着平叛之机控制了许多地盘，于是熊昙朗仗着有王琳的声援，悍然举兵侵犯临川郡。据《陈书·周敷传》载，熊昙朗发动万余兵力[1]进攻临川郡原治所（有

---

[1] 熊氏本部不过万余人，又需留兵据守新淦大本营，故笔者认为所用之兵大约不足万人。

别于周迪新建的临川工塘）。周敷是临川周氏中比较倾向于归附中央的代表人物，熊昙朗来攻，周迪主力又新败于外，于公于私，他都必须坚持下来。两家在临川城下大战，熊昙朗既失道义，又是客地作战，被周敷杀得溃不成军，奔逃 50 余里。熊昙朗本人与军队失散，其人马悉数被周敷所得，他狼狈地逃归老巢收拢余众，才算勉强稳住阵脚。

在周、熊两家大战之时，陈朝一反常态，并未采取行动。原因很简单，王琳的援军还盘踞在江州境内，况且陈武帝彼时已得重病，根本无暇顾及江州豪强的内讧。

作为陈朝数一数二的大将，周文育的死讯对重病中的陈武帝不啻千钧一击。在亲自为周文育举哀后，仅过了 5 天，连病带气的陈武帝不幸驾崩，他死前做出的最后一次军事部署，便是令镇北将军侯安都率兵继续进攻王琳的援军。后者不久后终于消灭王琳部将曹庆、常众爱等人，肃清了江州境内的敌军。

陈武帝驾崩后，侯安都率军北返，护送在南皖口筑城的临川王陈蒨入京即位，是为陈文帝。文帝天嘉元年（560 年）二月，王琳趁陈朝国丧，举兵再次东下进攻建康，其兵锋迅速深入江州，占领了湓城（今江西九江）。陈朝急调临川周迪、巴山黄法氍等部赴援。熊昙朗闻讯，立即在豫章郡沿江连城，阻挡周、黄两部北上。可叹熊昙朗究竟只是一个据地自守的豪强，这次盲目的军事投机最终葬送了他的性命。

王琳与陈朝大战经年，虽然占据了湘、郢二州，还曾在几次大战中颇占上风，然而在政治上王琳死抱着前梁的法统不放，又与北齐暗通款曲，接受其封号，事实上已沦落为一个军阀。梁末 10 余年大乱，人心思稳，而陈朝是维系国家气运、保证生民乐业的希望所在，江南民心实已慢慢倒向陈朝，从这个层面来讲，王琳是决计战胜不了陈朝的。从军事上讲，经过数次大战，王琳始终无法攻入陈朝的核心区，其没有国家形态的军阀政权已慢慢显出后劲不足的颓势。熊昙朗选择与王琳同盟，实在是不智之至。

恶果很快显现出来。黄、周二部沿赣江北上受阻，于是立即合兵围攻熊昙朗。周氏痛恨熊昙朗去年进攻临川，因而进攻最积极。熊昙朗本来指望得到王琳的援助，岂料王琳的主力部队在芜湖决战中被精锐尽出的陈军一举消灭，王琳弃军逃入北齐。豫章城内闻知此信无不大惊，士众纷纷离散。周氏俘获熊昙朗部众万余口，熊昙朗本人逃入民间，后被村民斩杀，传首于建康，其全族皆被朝廷处死。豫章熊氏豪强至此宣告灭亡。

陈朝挟战胜之威，为了鼓舞士气，除了对芜湖大战中的诸将进行高规格封赏外，对平灭熊昙朗之乱的诸将也进行了赏赐。其中临川周敷进号为安西将军，受封鼓吹一部①。

陈文帝此次行赏，特意忽略了临川周氏的一号人物周迪。从帝王心术的角度理解，他这么做似乎是为了培植忠于朝廷的势力。然而周敷和周迪的差距实在太大，如此赏赐不一，无异于向周迪挑衅。周迪早在永定元年王琳来攻时，便想借势"自据南川，乃总召所部八郡守宰结盟，声言入赴"，陈武帝当时察觉出周迪的异心，不许他带兵入京。可以说周迪心中一直有鬼，此时面对陈文帝的政治挑衅，周迪一下子炸毛了。

熊昙朗擅杀朝廷大将带来的示范效应是灾难性的，周迪左思右想，也产生了造反的念头。但还没等他有所行动，东阳留异抢先一步发难了。

原来，在消灭王琳之前，陈文帝便想解决留异这个心腹之患。东阳与建康地理距离最近，留异的势力相比周迪、陈宝应又最弱小，于是首当其冲，成了陈朝急于处置的对象。陈朝任命左卫将军沈恪为东阳太守，率兵前往东阳进行武力接管。留异不接受朝廷的诏命，率兵自东阳北出，在建德（在今浙江建德东）和下淮（今浙江桐庐东与杭州富阳区交界处）一线击败了沈恪所部。由于彼时陈军与王琳激战正酣，陈朝便没有采取进一步行动，反而降下诏书，良加抚慰，暂时安抚住东阳一郡。

留异随之加紧备战，增派兵力戍守建德至下淮一线河口，防备陈军从钱塘江杀来。天嘉二年（561年）十二月，陈大将侯安都率军进攻东阳。留异先前与陈宝应联姻，将女儿嫁与陈宝应为妻，陈宝应闻知留异与陈朝开战，迅速遣兵助之。

侯安都是与周文育名位相亚的名将，是陈霸先起事讨伐侯景时的元从宿将。

---

① 鼓吹本是指高官显贵出行时吹奏乐曲以壮声势的仪仗队，后来逐渐演化为超格赏赐的象征。

他原本也是始兴郡豪强出身，不过迥异于其他质朴无文的豪强，侯安都不仅武艺绝人，还颇通文墨，据《陈书》记载，侯安都"工隶书，能鼓琴，涉猎书传，为五言诗，亦颇清靡"，算得上乱世豪强中的一股清流。不过时当乱世，立功最快的途径还是从军，从陈霸先起事到陈朝建国的全部大战他都参与了，不仅能够作为方面之帅统领大军征战，还锐于亲临一线作战。陈朝立国前一年，北齐遣10万大军南渡入侵建康一带，侯安都敢于率12骑正面冲击敌阵，并且一举击溃之。他还曾单骑对战北齐猛将东方老，将其刺伤于马下。东方老是北朝名将高敖曹的部将，后者是名冠东魏的顶级名将，侯安都能够刺伤东方老，足见其勇猛。

侯安都获悉留异重兵屯塞于钱塘江口，明知再顺江而下先失地利，便兵锋一转，沿会稽、诸暨、乌伤（今浙江义乌）一带旱路，出永康（今浙江永康），直趋东阳；又遣临海太守钱道戢率军出松阳，两面夹击东阳郡；另以贞毅将军程文季率军出新安郡，进攻留异的部将向文政。为了确保成功，陈文帝不惜派他最信任的将军韩子高出征。韩子高容貌美丽，《陈书》本传称他"状似妇人"，陈文帝非常宠信他，几乎不离左右。但韩子高并非文弱之人，他颇善骑射，并且轻财下士，统军甚是得力，还一度统领台城禁兵，全权负责陈文帝的安全。

留异闻知陈军出旱路攻其侧背，不由大惊，弃郡不守，退守至桃枝岭，树大栅以自守。此地在今浙江缙云县桃花岭，从地理方位上看，留异主力本在东阳之北，他弃本郡不顾南逃至此，似乎是想寻求陈宝应的帮助。侯安都大军紧逼不舍，将留异堵在桃枝岭。留异被逼到绝路，在岭口与陈军展开殊死搏斗。

韩子高受钦命而来，是陈文帝的脸面，因此作战极为积极。他单马入阵厮杀，颈项、左面受伤，发髻都被削落一半。侯安都亲自到岭下参加战斗，被留军砍伤。南丹阳太守戴僧朔持单刀步行冲入阵中，救侯安都于危急。侯安都又令众军把攻城的大型器械连起来，像堡垒一样向前推进，进逼岭上关隘，他亲自在城下指挥作战，不料被流矢射中，血流至踝也不肯撤退。然而桃枝岭过于险峻，陈军进攻全无效果。侯安都于是改变战术，他根据附近地形逼仄的特点，指挥部队筑起大堰。到了天嘉三年（562年）夏天，雨季来临，山间大水涨满，侯安都便乘楼船浮水而进，船身涨得与岭上城墙一样高。陈军用楼船上的拍杆击打城墙堞楼，彻底击毁了城上的防守设施，一举攻入城中。留异大败，带着第二子留忠臣趁乱逃跑，到晋安投奔了陈宝应。侯安都俘获留氏子女兵甲，东阳留氏又被陈朝消灭。

留异举兵的同时，周、陈两家豪强都开始行动起来。先前陈文帝征周迪去溢城任职，周迪拒不受命，及至留异起兵，周迪遂决心起兵。此时陈宝应又送给周迪兵马钱粮，大力支持周氏起兵。大约在天嘉元年年底，周迪发兵，首先攻向临川郡周敷所部，其弟周方兴被周敷击败。但《陈书·周迪传》引天嘉三年尚书下符[①]称"屠破述城，虏缚妻息"，可见周迪还派兵袭破了与工塘近在咫尺的述陂。述陂在古临川城之西15里，如此来看，周迪还是取得了一定战果。

周迪麾下另一部兵奉命北上偷袭溢城。彼时赣江流域水上交通及货运十分发达，周迪企图效法吕蒙白衣渡江取荆州的故技，让部队伪装成赣江上的商贾乘船向溢城进发。孰料事机不密，其计被寻阳太守华皎得知。华皎与韩子高相交甚深，亦是陈文帝的心腹之臣，他以寻阳郡太守的身份兼知江州事，似乎是陈朝预备来替代周迪的江州刺史的。华皎对临川方向十分警觉，闻讯立即发兵逆击，周迪的部队被击败，船只甲仗都被华皎俘获。

东昌县（今江西吉安东南）人修行师响应周迪，率兵攻打庐陵郡郡治。庐陵古城在吉水县以北，是赣江中流重镇。庐陵太守陆子隆本是吴地豪帅张彪的部将，陈朝攻灭三吴豪强时，陆子隆归入陈文帝帐下，并受到了充分信任，一度被调入内廷担任皇城宿卫官。后来他被外放到不是很太平的江州诸郡县任职，透露出文帝对江州的一些图谋。陆子隆经历过侯景之乱的残酷战争锤炼，对付修行师这种地方上的豪强自是不在话下。他把精锐部队调出郡城，然后紧闭城门，把城中部队都藏起来，示之以弱，修行师果然上当，未及认真部署便仓促攻城，陆子隆指挥部队内外夹击，将修行师打得全军覆没，其本人被押送至京师，后被叙用为陈将。

天嘉三年三月，陈军仍在全力进攻留异，但面对周迪的猖狂挑衅，陈文帝毅然做出了消灭周迪的决策，并部署了一次规模空前的军事行动。他任命后来名震南北的大将吴明彻为吴、江二州刺史，作为此次战役的统帅，调发多个方向的军马，合力进剿临川。具体的兵力部署如下：

---

① 尚书省下的官方文书称为符。

第一路，吴明彻主力，下辖吴兴太守胡铄、宣城太守钱法成、天门和义阳二郡太守樊毅、合州刺史焦僧度、建州刺史张智达，沿江直下临川工塘，而原隶属于吴明彻的吴州刺史陈详自吴州进攻周迪在濡城的别营；

第二路，高州刺史黄法氍节度前安成内史刘士京、巴山太守蔡僧贵、南康内史刘峰、庐陵太守陆子隆、安成内史阙慎，奔临川故郡治；

第三路，寻阳太守华皎、巴州刺史潘纯陀、郢州刺史章昭达合兵一路进攻工塘；

第四路，原隶属于周迪的镇南将军司马刘广德、隶属于章昭达的平西将军司马孙晓，与北新蔡太守鲁广达和安南将军鲁悉达兄弟合兵一路，共约1万人，从旱路出兴口；

第五路，远镇湘州的镇南将军徐度发一部兵，越过罗霄山脉远道来攻临川；

第六路，广州刺史欧阳頠率其弟交州刺史欧阳盛、太子右率欧阳邃、衡州刺史欧阳晓，北上进攻临川。

这六路大军虽不知其具体兵力数字，但已是陈朝开国以来最大规模的用兵。所征之兵遍及扬、吴、江、郢、湘、广诸大州，声势之大，远非周迪这个一郡之豪所能比。

吴明彻率主力军最先抵达临川工塘，连城与周迪对攻。因为周迪占了地利，陈军久攻不下，此时陈军内部的问题暴露了出来。吴明彻虽是陈朝名将，但他投靠陈霸先较晚，在陈霸先平灭侯景、入据京口时代方才被纳入陈系将领，就资望来说，他远远不如周文育、侯安都、徐度等人。而其余五路军马中，徐度是陈霸先起事时的谋主，地位之高无庸赘言；黄法氍是江州豪强出身，历来与建康陈系将领没有什么交集；华皎、章昭达是陈文帝的心腹和故交，论政治资本，丝毫不亚于吴明彻；欧阳頠都督广、交、越等十九州诸军事，是岭南天字第一号实力派；鲁悉达、鲁广达和樊毅也都是各自地方的豪强实力派。将如此众多的老将、实力派、豪强揉到一起作战，协调难度可想而知。再加上吴明彻性格刚直，在统御部下、协调诸军的过程中激发了许多矛盾，导致诸军无法合力作战。

大概到当年九月间，陈军仍然无法取胜，陈文帝决意换帅，遣其弟安成王陈顼到临川前线总督诸将，吴明彻没有功劳也有苦劳，被准以本号还朝。陈顼以皇弟的身份督战，陈军士气为之一振，诸军的矛盾也被暂时压下去，进攻立时显出成效。周迪以一郡之力对抗陈朝倾国之兵，终究独力难支，在陈军的持续攻击下败下阵来。天嘉四年（563年）正月间，工塘城终于被攻破，周迪妻小被擒，他本人逃到晋安陈宝应处。

但这并不意味着周迪的彻底失败。

江州豪强之所以能得势，根源在于江州多年来的政治传统。周迪和其他许多豪强一样，在经营当地经济、把控地方军政上下了极大的功夫。在陈朝统治秩序尚未深入到江州时，本地民心实际上更多地倾向于周迪。侯景之乱时，周迪起兵保据一方，从不掠夺乡民，还把一些土地分给农民耕种，督促他们恢复生产，使得本郡人民都有一定积储。在此基础上，周迪建立起严密的征调补给体系，使临川一郡粮草丰给，邻郡遇到荒年缺粮的，临川还有能力赈济，这在梁末大乱的大背景下是难能可贵的。周迪还严格加强政治控制和文化教化，使本郡乡民都服从于他。作为一郡之首，周迪也不摆架子，他为人质朴，素怀信义，轻财好施，保持了本乡本色，所以临川郡人都对他十分信服。有这样的民众基础，周迪很快于天嘉四年六月卷土重来。

临川郡民群起而响应，拥护周迪复入临川。东兴、永成、南城诸县蜂起响应，一时间临川郡内战火重燃。陈朝遣大将章昭达率军征讨。

章昭达是江东寒人势力的代表人物，其家祖居于吴兴武康（今浙江德清），祖父在南齐出仕为广平太守，父亲在梁朝任职扬州议曹从事，他本人在梁朝也当过东宫直后。章昭达为人倜傥，轻财尚气，结交广泛，是个英杰，美中不足的是他盲了一目，是个"独眼龙"。关于盲眼，还有个小小的趣事。他年少时找人看相，相士说他面貌太完美，如果想发达，必须有一些小损伤。后来章昭达醉酒堕马，摔伤了鬓角，他十分高兴，以为这是发达的吉兆，岂料相士却说未必，结果到了侯景之乱时，章昭达率本乡武装援救台城，混战中被流矢射瞎一只眼，相士这才说他不久后便会富贵发达。后来章昭达与陈文帝结为至交，被任以将帅之职，宠遇超出同侪。

陈朝开国诸将帅，以杜僧明、周文育、侯安都、徐度、吴明彻、章昭达等并为一流。其时杜、周二将已故，侯安都因为过于跋扈被处死，徐度因政略强于军事而被派出去镇守湘州，吴明彻能战但刚刚经历了劳师无功的挫折，因此陈文帝派出章昭达领衔进剿周迪。

周迪余部虽然啸聚甚快，但在陈军主力打击之下全无招架之力，迅速被击溃于临川，周迪脱身藏匿于山野之间。章昭达在临川展开了大规模搜索，为了获知周迪的下落，甚至杀了一批当地乡民豪强。临川士民心向周氏，无论如何也不肯透露周迪的讯息。章昭达无奈之下放弃了寻找周迪，因为他还有更大的任务——消灭陈宝应！

对陈朝来说，是时候解决陈宝应这个江州最后的豪强了。留异、周迪举兵反叛时，背后都有陈宝应送粮送兵，而且他敢于接纳留异，便是公然反叛朝廷。有了消灭熊、留、周三姓豪强的底气，陈文帝不需要再瞻前顾后了。

天嘉四年十二月，陈朝发三路兵进攻闽中诸郡。除章昭达率主力越过东兴岭直趋建安外，另有余孝顷、程文季等率水军自海道南下，直攻陈宝应老巢晋安；韩子高率禁军一部自旱路南下支援，与章昭达会于建安。据《陈书·陈宝应传》引天嘉四年尚书符，另有义安太守张绍宾、南康内史裴忌、轻车将军刘峰、东衡州刺史钱道戢等合为一路，岭前十九州诸军事欧阳纥（欧阳颜之子，此时欧阳颜已去世）为一路，新任江州刺史黄法氍为后援。参照临川之战诸路并举但实际只有主力作战的情况，这几路兵实际上也只是声援。

陈宝应最初与留异结亲时，会稽名士虞寄（初唐名臣虞世南的叔父）看出他要造反，数次规劝他不要妄动。虞寄与其兄虞荔都是会稽高士，陈宝应想借他的文名招揽人心，故而一直十分尊重他，但在对陈朝的态度上，陈宝应内心十分坚决，虞寄劝谏时，陈宝应并不正面回应。一次陈宝应听到侍人读《汉书》中"蒯彻劝韩信反汉王刘邦"时，蹶然而起说："蒯彻可谓是智士。"虞寄反驳他说："蒯彻之谋，让郦食其丧命于齐，让韩信滋长不臣之心，何智之有？你不如读一读班彪所作《王命论》，这才是知晓顺逆的正论。"陈宝应十分不悦。虞寄唯恐祸及自身，便假托脚疾隐居起来。陈宝应百般相请他也不肯出山，陈宝应甚至用上了晋文公请介子推的手段，派人烧虞寄的屋子，虞寄宁可死于火中也不出来。到了留异反叛时，陈宝应派兵助战，虞寄又作书劝谏陈宝应，他在信中列了十条所谓"顺逆之理"，都是一些正统所归、人心向背以及形势分析的大话，陈宝应看后大怒，本有心加害，考虑到虞寄是民望所在，才放了他。

周迪第一次举兵时，陈宝应便派兵入据建安。陈朝委派的建安太守萧乾是一介文士，手下素无兵卒，陈宝应逼来时，他狼狈地弃郡而去。"独眼龙"将军章昭达与陆子隆一到建安，便与陈宝应展开大战。陈军远道而来，陈宝应军却以逸待劳，两军一交，章昭达部失利，被陈宝应俘获鼓角等物资，幸赖陆子隆率部力战，击退陈宝应，才暂时稳住战线。

陈军势大，闽中兵少，陈宝应便沿着山水之势树起许多木栅抵御陈军。陈军数次进击均无法得手，于是章昭达将诸军分布于闽江两岸，伐木造筏，在上面竖起拍杆，并用大索连起来列营。陈宝应屡屡挑战，章昭达只是按兵不动。

成长于三吴地区，自幼习于水边，章昭达是陈军中最擅长水战的大将。560年，陈军与王琳决战于芜湖，两军水师在江面大战，正是章昭达运用近身拍击战术，击毁、击伤王琳无数大舰，为陈军获胜立下大功。此次，想必章昭达也打算采用这一战术。果然，到了暴雨水涨之时，章昭达水军大出，抵近陈宝应木栅，以拍杆猛击，尽破其水上寨栅。陈军又发步兵进攻陈宝应陆寨，两军正合战时，自海道攻入晋安侧后的余孝顷、程文季所部杀到。陈宝应前后失据，被陈军击溃，闽中诸郡随即逐次削平，陈宝应和留异都被俘获，送入建康斩首示众。

天嘉五年（564年），不甘心失败的周迪，不顾四姓豪强势力基本已被摧毁的现实，再次招引乡人部众，作乱于临川。刚刚征讨过陈宝应还未归还本郡的宣城太守钱肃，暂驻于东兴，在乱军围逼之下投降。吴州刺史陈详率所部兵马进剿，此公在第一次围剿周迪时曾袭破周迪濡城别营，然而此次他似乎低估了周迪的能量，率部轻进至南城，结果被叛军击败，阵亡。

原来镇守临川的周敷被调任南豫州任刺史，此时也随军征讨。大军行至定川（今江西抚州市临川区），与周迪对峙。周迪见陈军势大，便用计诱骗周敷，声称两人原系同宗兄弟，戮力同心效忠陈朝，如今不愿再兵戎相见，希望待罪还朝，并提出要与周敷登坛立誓。周敷轻信了周迪的鬼话，到其营中升坛立誓，不幸当场被杀，时年仅35岁。

这个小小的插曲并未产生多大影响，陈朝再遣中护军程灵洗为都督，发众军从鄱阳别道进剿。程灵洗是海宁人，少有勇力，一日能步行二百余里（南朝时二里大约相当于今一百四五十里），又善于骑射。侯景之乱中，此公率乡兵坚决抵抗乱军。陈霸先与王僧辩火并时，程灵洗在台城与陈霸先大战，不敌被俘，后为陈将。程灵洗与其子程文季都是一时勇将，在陈朝历次大战中均有功绩，虽然稍次于侯安都、吴明彻、章昭达等一流将帅，仍是名显于当时。

可怜周迪被陈朝顶级名将轮番收拾，饶是他颇有民众基础，在陈军主力的坚决打击之下，终于再也支持不住：乱军被打得星落云散，周迪与十余名心腹辗转藏匿于山野洞穴。陈朝严令临川诸县加强搜索，追寻周迪的下落。周迪左右从人耐不住逃命的辛苦不断逃散，一天他遣人到临川的集市上买鱼，被临川太守骆文牙侦获，随即派遣勇士潜入山中，终于抓住周迪，并迅速斩于当场。

至此，为祸数年的江州四姓豪强终于全部灰飞烟灭。

其若驭朽陈文帝——步履艰难的"天嘉小康"

消灭江州四姓豪强是陈文帝统治时期主要的军事成绩之一，其意义与平灭王琳、击退北周入侵湘州平分秋色，是稳定国防形势、扩大国力的基础性战争，这一系列战争基本贯穿了陈文帝时代。对陈文帝来说，消灭江州豪强的成果无疑来得有些太晚，周迪被斩后没几个月，这位生于忧患、终生谨慎、压力山大的皇帝便因病去世了。

陈文帝的一生是十分艰难的。其父陈道谈在侯景之乱中阵亡，他随陈霸先起事，多次遇到杀身之祸。陈霸先一族人丁不旺，兄陈道谈、弟陈休先都先于陈霸先去世。陈霸先平侯景时，为了取得江陵梁元帝的信任，还把仅存的儿子陈昌和侄子陈顼（即陈宣帝，陈文帝的弟弟）送到江陵当人质。江陵被西魏攻陷，陈氏兄弟都被俘虏到长安。后继无人这一尴尬情况直到陈霸先去世时都没能解决，永定三年，他唯一的儿子陈昌还被北朝扣留在长安。面对皇帝新亡、宗枝薄弱的现实，陈霸先的心腹中书舍人蔡景历（负责下发皇帝诏命）、中领军杜棱（掌京师禁兵）秘不发丧，急召在南皖口筑城的陈蒨还朝。陈霸先遗孀章皇后更想让自己的儿子陈昌回朝即位，陈蒨也过于谨慎谦让，不敢站出来接位，关键时刻，大将侯安都力排众议说："如今四方未定，哪有工夫去等陈昌回来，临川王有大功于国家，理应即位。"然后按剑上殿，威胁章皇后把玉玺交给陈蒨，随即解开陈蒨的头发，把他推到孝子主丧的位置上，这才勉强完成了帝位交接。

陈文帝即位后，除了陈霸先留下的军事力量较为强大，其余都很糟糕。

统治版图上，只有扬州一带统治比较稳固；郢州、湘州都被王琳占据；岭南虽是陈霸先起家之地，但也先后由萧勃和欧阳氏控制；江州则是最闹心的一块地方，针插不进水泼不入。

经济上，江南连年战乱，百姓流离，素以鱼米之乡著称的三吴地区竟然出现了饥荒，陈朝的国库捉襟见肘。陈文帝在应付战争的同时，多次下诏减省皇室用度，减轻百姓负担，并以国家诏令的形式劝课农桑，陈朝朝政在外有大战的情况下，慢慢恢复了元气。与三吴地区战乱频仍、百业凋敝对比鲜明的是，江州、闽中经过南朝二百余年的开发，农业经济逐渐兴旺起来，而且由于侯景之乱波及江州较少，这片区域比较繁荣和稳定。

政治上，陈朝面对的难题最大。陈初政局呈现出王纲不振、豪强遍地的特点。国家统治力量在地方上反不如豪强有影响力，许多地方豪强掌控了地方政权，并且可以私相授受，在子弟中世袭交接，不顾国家意志。例如，巴山黄法氍被调离本郡后，其太守职位给了族人黄法慧；大将程灵洗的部众在他去世后由其子程文季统领；大将徐度在湘州刺史任上去世，其职务便由儿子徐敬成承袭；岭南欧阳頠去世，广、交等十九州诸军事便由其子欧阳纥接管。不仅地方上的军权和政权是这样运行，连在朝为官的大将也是如此，如侯安都、周文育、吴明彻等大将都有其子代为统领部众、出征时代监政事的记录。这种政治格局无疑极大地削弱了中央的权威，使梁末以来天下碎裂的趋势延续了下来。

江州正是这种政治传统的典型代表，四姓豪强的势力强大到地方官不得不主动让位，将地方军政财大权悉数交给豪强，江州俨然成了独立王国。这种胶缠甚深的问题，甚至要比王琳这种单纯的外敌更难解决。陈霸先在世时无暇顾及江州豪强的问题，全都留给了陈文帝。

用左支右绌来形容天嘉初年的政局一点也不过分，陈文帝一面要应对上游王琳的严峻挑战，一面要全力解决东南腹地豪强问题。北朝周齐两国也虎视眈眈，不时骚扰。为了搅乱陈朝政局，北周还使出极其阴狠的一招——把陈昌放归南陈，名义上是两国修好放还人质，实际却为挑战陈文帝的法统地位，引发南陈宗室内战。

陈文帝机敏地应对了这一政治危机：派大将侯安都亲自过江迎接陈昌，并在过汉江时巧妙地设计了一场溺水事故，让陈昌合理地死在了江中，化解了一场大难。

在打击豪强问题上，陈文帝更是艰难。为何？因为陈霸先本身就是地方豪强出身，侯景之乱中，陈霸先依凭的基本武力就是以侯安都为代表的始兴豪强。要强化皇权就必须打击豪强势力，这是非此即彼的问题，不存在和谐共容的环境，然而要抵御外敌又必须依赖豪强武力，陈文帝在两难环境中如履薄冰地一路前行。他一面对开国诸老将极尽尊宠，好让他们率兵征战；一面又在打击江州豪强的过程中搞区别对待，宣布只消灭与朝廷敌对的首恶，余人不计，同时又极其欢迎豪强归附朝廷。像临川周敷、巴山黄法𣋃、新蔡鲁悉达等都是招抚政策带来的良将，即使是曾经与陈朝为敌的，也尽量优待，只要归顺便可叙用，例如王琳的部将潘纯陀、孙场，新吴洞主余孝顷，还有响应过周迪叛乱的修行师，都归为陈将。

对侯安都、淳于量、吴明彻、徐度、章昭达等大将，陈文帝丝毫不敢怠慢，不仅在官位上宠之以贵，对诸将的家兵部曲也都承认他们的私有属性，默认他们的兄弟子侄对家兵的继承权。但这一切的前提都是诸将能够发挥正面作用，一旦出现与中央离心的倾向，陈文帝也是毫不犹豫地进行打击。熊、留二氏起兵反叛后，陈文帝对豪强势力更是深恶痛绝，以至于在留异叛乱刚刚削平、周陈二姓已萌叛意的情况下，发生了陈朝唯一一例诛杀大将的恶性事件。

这起事件的主角便是陈朝首屈一指的大将侯安都。侯安都平灭留异、拥立陈文帝即位，功勋之高，朝野无人能比，他慢慢变得骄傲自大：向文帝奏事时，已经封好的奏表马上要呈上，侯安都突然想起来忘了某事，便随意拆开，添上某某事项；与文帝宴饮时，他随意箕踞斜倚，不尊重皇帝的威仪。有一次饮酒正酣，侯安都想起自己拥立皇帝的得意之作，便问文帝说："此时的感觉比当临川王怎么样？"这样极不礼貌的问题让文帝非常不满，于是没有回答。侯安都反而再三追问，文帝心知这个莽夫是要夸耀自己的功劳，便强忍着不高兴道："虽说我即位是天命所归，但与明公的功劳是分不开的。"

能臣恃功而骄是常有的事，侯安都的所作所为反映的不过是其自身修养不够，说白了倒也没什么大不了。真正触怒文帝的是侯安都招纳士人、庇护不法之徒。侯安都自诩是陈朝第一功臣，招纳了不少文士武将，或是举行骑射较艺，或是进行诗赋答对，根据其优劣进行赏赐，俨然一副天子之下即我的派头。其部下将士也被带得骄横异常，许多人在京师横行不法，一旦被问罪便跑去找侯安都，侯安都则庇护他们使其免罪，隐然与朝廷分庭抗礼。

历来权贵私纳士人、结党营私都是大忌，根本原因就是这种行为实际上是臣子在与皇帝争夺人心并扩大私人力量。况且侯安都手握重兵，还经常不知收敛，皇宫遇到火灾时他带兵入殿，这是对皇帝的极大威胁。一旦此人行为更加放肆并超出一定界限，将会酿成极其严重的后果。

后来周迪反叛，朝野都以为一定会任命侯安都挂帅去平叛，结果文帝任命吴明彻统御诸军，这无疑是在释放疏远侯安都的信号。同时，陈文帝派钦使多次查问侯安都部下犯法之事，侯安都心怀惴惴，想通过中书舍人蔡景历探听文帝的虚实；然而陈文帝决心已定，很快即逮捕侯安都，并专门下诏痛斥其意图谋反，赐死于台城西省。

侯安都事件实质是陈文帝对豪强势力公开宣战，然而这场宣战却显得很力不从心。虽然诛杀侯氏令大大小小的豪强有所收敛，但帝国武力的基本盘仍然是各路豪强在支撑。陈文帝在加紧培养自己亲信将领的同时，不得不继续依靠像黄法氍、鲁悉达、樊毅等豪强进行征战。他能做的，只是在力所能及的范围内限制豪强势力扩大，然后用时间消灭那些功勋卓著的开国宿将。皇帝做成这样，实在是不容易，故而《陈书》评论文帝："及国祸奄臻，入承宝祚，兢兢业业，其若驭朽……"

陈文帝在位 7 年，留下一个国势粗定、民生恢复的良好局面，后世称之为"天嘉小康"。结局善则善矣，个中忧恼，也只有文帝自知了。

南朝二百余烬起——剿灭豪强战争的军事意义

从军事层面来看，南陈消灭江州豪强意义深远。

陈朝承梁末余烬，江南本已残破至极，濒临亡国之危，陈霸先忽施擎天之手，打理出一派大好江山，竟然又将南朝国脉延续了三十多年。然而比起宋齐梁三朝，陈朝领土狭小，东边丧失淮南地，中部丧失荆襄，西部失去益州，只以大江为限，与北周、北齐对峙，形势可谓极其险恶。北朝周、齐两国，国力、军力都远远强于陈朝，对南朝领土都垂涎三尺。特别是北周，接连夺下益州、荆州两大区域后，又企图染指湘州一带，所幸北人不擅水战，最终陈军反击成功，稳住了西线形势。

天嘉年间，北朝由于周、齐两国世仇，不断相互攻杀，给陈朝留下了休养生息、巩固统治的良好机会。偏巧此时发生江州豪强叛乱，陈朝相继投入数支主力进行围剿。而这一系列战争因为其规模不大、烈度不高又旷日持久的特点，成为陈军主力极佳的练兵场。

其一是强化了陈朝对地方军队的控制。陈军先后投入平叛战争的将领极多，开国大将侯安都、周文育、吴明彻相继为帅，使得陈霸先一系的大将有了统御指挥地方军队的机会。第一次进剿临川周迪时，吴明彻主力序列中便有豪强樊猛的部队。樊氏豪强在侯景之乱中自为一军，原是与陈霸先分庭抗礼的豪强，此时经过统一的指挥和调度，逐渐融入陈军序列。

其二是锻炼了诸军的协同能力。在举国规模的战争中，诸路兵马协同是一个重大问题，如果协同不好，规模优势便发挥不出来。陈文帝在统筹规划江州一系列战争时，进行过两次大手笔的诸路合击，他的眼光无疑是十分高远的。虽知要做到诸路兵马分进合击并不现实，但进行这一番调动，相当于对全国军队进行了一次协同训练，让处于各自为战状态的陈军第一次有了共同的作战目标和统一的行动。这么做的意义是十分显著的，最直观的效果便是太建北伐。陈宣帝继位后，于太建五年（573 年）发动了南朝最后一次北伐。太建北伐的一个突出特点是分路进击，在西起豫州、东至大海的广袤战线上，分为两个方向、四路大军一齐发起攻击。太建北伐的对象北齐左支右绌，完全无法应付，陈军迅速进军至淮水一线，将国境线前推至梁朝极盛时的区域。太建北伐的统帅便是第一次进攻周迪的吴明彻，西路军首将是黄法氍，东路军首将是徐敬成，他们均在围剿江州豪强的战争中独领一路部队。从一定程度上说，江州系列战役几乎是太建北伐的预演。

往者已矣，当时、当事之人如陈文帝、吴明彻等辈，毕竟不能像后人一样对讨伐豪强战争做出全面而深刻的分析。或许他们在发动战争时，心中想的只是：尽人事，听天命。或许，从未来不可预料这个层面上讲，陈文帝比我们更能享受到前途不可知的期许与乐趣。而这，正是与命运搏斗的独特魅力！

参考文献

[1] 李延寿 . 南史 [M]. 北京 : 中华书局 ,1975.

[2] 魏收 . 魏书 [M]. 北京 : 中华书局 ,1974.

[3] 令狐德棻 . 周书 [M]. 北京 : 中华书局 ,1974.

[4] 姚思廉 . 梁书 [M]. 北京 : 中华书局 ,1973.

[5] 姚思廉 . 陈书 [M]. 北京 : 中华书局 ,1972.

[6] 杜佑 . 通典 [M]. 北京 : 中华书局 ,1984.

[7] 司马光 . 资治通鉴 [M]. 北京 : 中华书局 ,1956.

[8] 马端临 . 文献通考 [M]. 北京 : 中华书局 ,2011.

[9] 顾祖禹 . 读史方舆纪要 [M]. 北京 : 中华书局 ,2005.

[10] 李百药 . 北齐书 [M]. 北京 : 中华书局 ,1972.

[11] 何兹全 , 张国安 . 魏晋南北朝史 [M]. 北京 : 人民出版社 ,2013.

[12] 田余庆 . 东晋门阀政治 [M]. 北京 : 北京大学出版社 ,2005.

[13] 唐长孺 . 魏晋南北朝隋唐史三论 [M]. 北京 : 中华书局 ,2011.

[14] 唐长孺 . 魏晋南北朝史论丛 [M]. 北京 : 中华书局 ,2011.

[15] 周一良 . 魏晋南北朝史札记 [M]. 北京 : 中华书局 ,1985.

[16] 周一良 . 魏晋南北朝史论集 [M]. 北京 : 北京大学出版社 ,1997.

[17] 胡阿祥 . 魏晋南北朝史十五讲 [M]. 南京 : 凤凰出版社 ,2010.

[18] 贾小军 . 本位、正统与守国 : 魏晋南北朝政治格局新论 [M]. 兰州 : 甘肃文化出版社 ,2014.

[19] 高敏 . 魏晋南北朝兵制研究 [M]. 郑州 : 大象出版社 ,1998.

[20] 张金龙 . 魏晋南北朝禁卫武官研究 [M]. 北京 : 中华书局 ,2004.

[21] 钟少异 . 中国古代军事工程技术史 [M]. 太原 : 山西教育出版社 ,2008.

[22] 刘洪涛 . 中国古代士兵生活与征战 [M]. 北京 : 商务印书馆 ,1995.

创作团队简介

指文烽火工作室：由众多历史、战史作家组成，从事古今历史、中外战争的研究、写作与翻译工作，致力于通过严谨的考证、精美的图片、优美的文字、独到的视角为读者理清历史的脉络。目前已经出版军事历史类图书四十余本，其中包括《战争事典》《战场决胜者》《透过镜头看历史》《信史》四款MOOK系列丛书，以及《中国古代实战兵器图鉴》《倭寇战争全史》《明帝国边防史》《拿破仑战记》《秘密战三千年》《帝国强军：欧洲八大古战精锐》《帝国强军：中国八大古战精锐》等专题性图书。

涂晓烈：世界史硕士，主攻近代早期西欧社会史，对古典至近现代的东西方战争史均有涉猎，并对国内外军事史研究前沿有较为深入的了解。

李珂：现就读于河南大学，曾在白俄罗斯国立大学交换学习。从2015年年初起，在澎湃新闻、《大河报》上发表二十余篇历史文化类文章，并译有十余篇英语、俄语新闻、论文，参与"白俄罗斯近现代新闻史""一带一路上的穆斯林群体"等研究课题项目。目前与西南政法大学助理教授孙力舟合译《奥朗则布史——基于波斯语的资料编纂而成》。

赵子威：历史爱好者和研究者，喜好阅读中外历史，尤喜中外古代史和中古史，通晓英语和德语，现自学阿拉伯语。曾参与图书《战争事典029》的写作工作。

陈峰韬：历史爱好者，主攻南北朝历史，特别对北周政治演进、府兵制等重要史实有深入研究，致力于推广和普及北周历史。曾参与《秘密战三千年》《战争事典》等图书的写作工作。

《战争事典》小编微信号：zven02

扫描二维码，或搜索"zven02"关注"指文小编-DD"，即可获悉《战争事典》最新动态，更有历史小段子、小知识放送。您还可直接和小编线上交流，不管是讨论选题、投稿，还是咨询进度都可以哒。

·关注有礼，扫码便赠《现代奥运会趣事》《帝国骑士：27位二战德国最高战功勋章获得者图传》《东南亚空战1945—1975：详解从肯尼迪到尼克松时代的越南战争》电子读物各一份。
·每个关注小编的id可享有一次5折购买《战争事典》系列图书的机会（淘宝），不限数量。

"战争事典"系列书目参考